KB200161

완주자

하나님의 길을 끝까지 달려가는 믿음의 사람

완주자

다니엘 김

규장

아름다운 완주자

하나님이여 나를 어려서부터 교훈하셨으므로
내가 지금까지 주의 기이한 일들을 전하였나이다
하나님이여 내가 늙어 백발이 될 때에도 나를 버리지 마시며
내가 주의 힘을 후대에 전하고
주의 능력을 장래의 모든 사람에게 전하기까지
나를 버리지 마소서 시 71:17,18

나에게는 한가지 소원이 있다. 끝까지 완주하는 것이다. 내가 아직 어렸을 때 나를 불러주신 하나님께 마지막 순간까지 '합격'되는 것이다. 비록 아직도 여전히 부족하고 연약하고 때로는 넘어지고 실수도 하지만, 나는 이 믿음의 경주를 최종 목적지까지 달려내기 원한다.

믿음의 경주를 완주하는 것은 내가 완벽하기 때문에 가능한 것이 아니라, 나를 부르신 그분이 신실하시기 때문에 감히 꿈꿀 수 있는 아름다운 도전이다. 다만 세상의 무자비한 요동침과 세월의 무차별적인 변화 속에서도 내가 절대로 놓쳐서는 안 되는 그것을 꼭 붙잡을 수만 있다면 말이다.

하나님이 택하신 사람

이것이 다윗의 인생을 살펴보기 원하는 첫 번째 이유이다. 그는 절대로 놓쳐서는 안 되는 그것을 꼭 붙잡았던 사람이기 때문이다.

다윗은 사나운 세상과 냉혹한 세월에 정면으로 충돌했다. 그러나 절대로 놓쳐서는 안 되는 그 한 가지만은 손상되지도, 변질되지도, 상실되지도 않았다. 하나님께서는 일찍이 다윗 안에서 그것을 발견하시고 그를 택하셨다.

> 내가 보는 것은 사람과 같지 아니하니 사람은 외모를 보거니와 나 여호와는 중심을 보느니라 삼상 16:7

절대로 놓쳐선 안 되는 한 가지란 '하나님 앞에서의 온전한 중심'을 말한다. 다윗의 '중심'이 그가 하나님께 선택받는 기준이 되었다. 그뿐만 아니라 때로 하나님께서는 그 중심을 보시고 그의 회개를 받으셨고, 또 그의 죄를 용서하셨다. 그리고 그를 엄격하게 연단하시는 하나님의 손길 속에서 그의 중심은 삶을 지탱하는 견고한 기둥이 되었다. 다윗은 비록 완벽한 사람은 아니었지만, 그는 완주했다. 한 사람의 중심을 세밀하게 찾으시고 한평생 끊임없이 점검하시는 하나님께 합격했기 때문이다.

세상이 가치 있다고 추켜세우는 여러 능력이 있다. 어떤 이는 IQ(지능지수)가, 어떤 이는 EQ(감성지수)가 또 어떤 이는 AQ(역경지수)가 중요하다고 하며, 이런 것들이 인생을 싸워 돌파하는 능력이

라고 단정 짓는다. 물론 이와 같은 것들은 우리가 세상을 사는 데 중요한 요소가 된다. 하지만 인생의 주관자 되시는 하나님의 관심은 다른 곳에 있다.

> 하나님께서 세상의 미련한 것들을 택하사 지혜 있는 자들을 부끄럽게 하려 하시고 세상의 약한 것들을 택하사 강한 것들을 부끄럽게 하려 하시며 고전 1:27

세상이 값지게 평가하는 능력을 아무리 많이 소유하고 있어도 신앙의 경주를 완주해내는 것과는 별개의 문제다. IQ가 뛰어나다고 완주할 수 있는 것이 아니다. 언젠가부터 IQ보다 중요한 능력이라고 각광 받는 EQ가 탁월하다고 해서 끝까지 쓰임 받는 것도 아니다. 그리고 역경을 이겨내는 지수인 AQ가 남다르다고 해서 저질러진 죄나 실패를 주님 앞에서 제대로 해결하고 딛고 일어나 남은 경주를 끝까지 달려낼 수 있는 것도 아니다. 그렇기에 우리가 생각하고, 갈망하고, 소유해야 하는 것은 하나님이 부르신 길을 끝까지 달려내는 '완주능력'(The Power to Run till the End)이다.

'완주능력'은 하나님께 합격된, 그리고 한평생 끊임없이 합격되는 한 개인의 '중심'이라고 말할 수 있다. 그 중심만 소유한다면, 그 중심을 보시는 신실하신 하나님께서 친히 그 사람을 이끄시고, 만지시고, 만드시고, 완성하실 것이기 때문이다. 그래서 나는 이 책을 펼치는 당신에게 묻기 원한다.

"당신은 끝까지 완주할 준비가 되어 있는가? 당신의 중심은 어떠한가?"

절대 변하지 말아야 할 것

모든 인생은 누구도 예외 없이 다 빠른 속도로 흘러가는 세월 속에서 살아가고 있다. 불가피한 변화 속에서 어느 날 문득 우리는 이렇게 말한다.

"어느새 이렇게 세월이 흘렀네요."

젊은 날의 아름다움도 녹아내리고, 청년의 호기롭던 고백은 왕년의 추억으로 자리 잡았으며, 아무리 달려도 지칠 줄 모르던 그 열정도 결국 세상 풍파의 매서운 현실 앞에서 한풀 꺾이고 만다. 그리고 마침내 인정한다.

"나도 예외는 아니었네."

희망찬 봄과 활기찬 여름이 정점을 찍으면 어김없이 가을과 겨울을 향한 발걸음이 시작되는 것처럼, 우리의 인생도 마찬가지 아닌가 싶다. 이것은 우리 모두의 삶이다. 이것은 창조주께서 정해놓으신 순리이며 또한 인생을 향한 전능자의 은혜이다. 그렇기에 이것을 절실히 깨닫고 순수하게 인정하는 것이야말로 우리의 본분이다.

> 네가 흙으로 돌아갈 때까지 얼굴에 땀을 흘려야 먹을 것을 먹으리니 네가 그것에서 취함을 입었음이라 너는 흙이니 흙으로 돌아갈 것이니라 하시니라 **창 3:19**

그러나 한 가지, 절대로 잊어서는 안 되는 것이 있다. 세월로 인해 세상은 변해도 나의 중심이 변질되어서는 안 된다는 것이다. 그 중심만 순전하다면 신실한 하나님의 역사는 우리를 결단코 포기하지 않을 것이며, 우리를 기어이 완주시키실 것이기 때문이다.

오늘, 당신의 중심은 어떠한가? 주님을 향한 당신의 중심은 성공할 때나 실패할 때나 동일한가? 주님을 향한 당신의 겸손은 일할 때나 안식할 때나 변함이 없는가? 주님을 인식하고 인정하고 두려워하는 당신의 자세는 청년의 때나 노년의 때나 한결같은가? 우리가 흙으로 돌아갈 날이 다가오고 있다. 당신은 그날까지 완주할 자신이 있는가? 그리고 맡겨주신 사명을 완수할 준비가 되어 있는가?

시시각각 다가오는 인생의 계절

다윗의 인생을 살펴보기 원하는 또 한 가지 이유가 있다. 인생의 한 단면만을 보는 '스냅샷'(snapshot) 같은 이해가 아닌 전체적으로 개관할 수 있는 '파노라마적인'(panoramic) 성경적 인생관을 소유하기 위해서이다. 인생에 찾아오는 다양한 계절을 우리가 어떻게 이해하고, 받아들이고, 소화하고, 살아내야 하는가에 대한 답을 얻기 위해서이다. 소년 시절과 청년의 때와 장년의 계절과 백발의 노인이

되었을 때, 나의 신앙과 열정과 섬김과 헌신과 고백은 어떻게 되어야 가장 아름다운가에 대한 답을 조금이나마 생각해보기 위해서이다.

"인생에 찾아오는 다양한 계절마다 우리는 어떻게 신앙을 감당해야 하는가?"

청년 때의 열정은 사라지고 육신이 쇠하여갈 때, 나는 무엇으로 남은 길을 달려내야 하는가? 세상에서 나의 존재감이 작아져갈 때, 나는 나의 인생을 어떻게 납득하고 만족해야 하는가? 더 이상 사역을 감당하지 못하게 될 그날이 왔을 때, 나는 무엇으로 주님을 끝까지 섬길 것인가?

이런 질문들에 대한 답을 다윗의 인생을 살펴보며 발견할 수 있다. 다윗에 대한 기록은 한 사람의 인생을 소개하는 고대 문서 중 가장 길고 구체적이다. 그 안에서 우리는 인생 계절의 변화에 대응하여 성장하는 한 신앙인의 모습을 발견하게 될 것이다. 인생의 불청객인 노화 앞에서 우리도 주님과 함께 끝까지 걸을 수 있다면 얼마나 행복하겠는가!

그를 통해 예수 그리스도를 보라

다윗의 인생을 조명하게 된 마지막 이유를 소개하고 싶다. 사실, 이것이 가장 중요한 이유이다. 다윗은 예수 그리스도의 예표이다. 요한계시록 22장 16절에 보면 예수 그리스도는 자신을 이렇게 소개하신다.

> 나 예수는 교회들을 위하여 내 사자를 보내어 이것들을 너희에게 증언하게 하였노라 나는 다윗의 뿌리요 자손이니 곧 광명한 새벽 별이라 하시더라

다윗은 참된 왕이 오실 것이라는 하나의 표지판에 불과하다. 주인공은 예수 그리스도시다. 우리는 예수님을 사모한다. 예수님을 갈망한다. 예수님을 깊이 만나기 원한다. 예수님 닮기를 간절히 소망한다.

그렇다면 '다윗의 인생'이란 예술적 매개체를 통해 예수 그리스도의 아름다운 초상화로 다가가자. 다윗이 그 인생을 아름다운 완주

로 마무리하기까지 그의 한평생을 지켜낸 그 방패를 우리도 의지하자(시 3:3). 다윗의 연약함을 능가하시는 참된 왕을 경배하자. 다윗 왕국을 통해 하늘 왕국을 완성하신 영원하신 하나님을 예배하자!

CONTENTS

PART 2

드디어 왕으로 세워지다

하나님의 사람으로 완주하다

하나님의 길을 끝까지 달려가는 **믿음의 사람**

하나님이 부르셨다

삼상 16:1-13

1 여호와께서 사무엘에게 이르시되 내가 이미 사울을 버려 이스라엘 왕이 되지 못하게 하였거늘 네가 그를 위하여 언제까지 슬퍼하겠느냐 너는 뿔에 기름을 채워 가지고 가라 내가 너를 베들레헴 사람 이새에게로 보내리니 이는 내가 그의 아들 중에서 한 왕을 보았느니라 하시는지라 … 7 여호와께서 사무엘에게 이르시되 그의 용모와 키를 보지 말라 내가 이미 그를 버렸노라 내가 보는 것은 사람과 같지 아니하니 사람은 외모를 보거니와 나 여호와는 중심을 보느니라 하시더라 … 12 이에 사람을 보내어 그를 데려오매 그의 빛이 붉고 눈이 빼어나고 얼굴이 아름답더라 여호와께서 이르시되 이가 그니 일어나 기름을 부으라 하시는지라 13 사무엘이 기름 뿔병을 가져다가 그의 형제 중에서 그에게 부었더니 이 날 이후로 다윗이 여호와의 영에게 크게 감동되니라 사무엘이 떠나서 라마로 가니라

CHAPTER

그 마음에 합한 자

하나님이 찾으시는 한 사람

하나님께서는 예나 지금이나 늘 사람을 찾고 계신다. 지금 우리 주변에는 수많은 교회와 화려한 집회가 있고, 또 그 안에서 주님을 향해 세련된 신앙고백을 올려드리는 많은 사람이 있지만, 정작 하나님이 찾으시는 사람은 드문 것 같다. 만약 그 고백들이 주님께 다 열납되었다면 오늘날 수많은 교회의 현실이 이렇지는 않을 텐데…. 열매를 보면 나무를 안다고 했다. 이제는 맹목적인 확신이 아니라 우리가 맺고 있는 열매를 보고 냉정하게 판단해야 할 때가 아닌가 싶다. 정말로 우리 가운데 주님이 계신 것이 맞는지, 우리가 과연 주님이 찾고 계시는 그 사람이 맞는지 아픈 심정으로 돌아봐야 한다.

하나님이 받으시는 모든 예배와 찬양과 고백과 헌신은 드리는 사람의 입장이 아니라 받으시는 분의 기준으로 성립된다. 내 기준으로는 '주님께 드렸다'고 생각할 수 있겠지만, 정작 하나님께서는 아무것도 받지 않았다는 사실을 깨닫는다면 어떻겠는가? 그렇다면 주님은 어떤 예배를 받으시는가? 또 어떤 사람을 찾으시는가? 우리는 하나님이 찾으시는 그 한 사람이 될 수 있겠는가?

사무엘상 16장에 하나님이 받으신 한 사람의 인생이 기록되어 있다. 그 당시 수많은 사람 중에 하나님께서는 한 사람을 택하시고 그의 인생을 받으셨다. 그리고 하나님이 그렇게 그의 인생을 받으셨을 때, 그를 통해 얼마나 위대한 역사가 일어났는지 우리는 알고 있다. 그의 인생이 막을 내리고 오랜 시간이 흐른 후에 하나님은 그에 대해 한마디로 이렇게 정의하셨다.

"내 마음에 합한 사람이라"(행 13:22, 개역한글).

다윗의 인생이 어땠기에 하나님은 그를 그토록 기쁘게 받으시고 높이 평가하셨는가? 하나님은 과연 어떤 사람을 찾으시는 것일까?

성경의 다른 곳에서는 하나님이 찾으시는 사람에 대해 이렇게 정리한다.

> 여호와의 눈은 온 땅을 두루 감찰하사 전심으로 자기에게 향하는 자들을 위하여 능력을 베푸시나니… 대하 16:9

하나님은 '전심으로 자기에게 향하는 자들'을 찾기 위해 두루 감찰하신다. 이것을 다른 말로 하면, 하나님의 관심은 화려한 예배나 그럴듯한 고백에 있지 않다는 것이다. 하나님이 사람을 찾으시는 분명한 기준이 있다. 그것을 본문은 이렇게 표현한다.

나 여호와는 중심을 보느니라 삼상 16:7

중심을 보시는 하나님께서 다윗을 선택하셨다. 그렇다는 것은 다른 사람에게는 없는 중심이 다윗에게는 있었다는 뜻이다. 그 중심이 토대가 되었기에 그는 결국 '하나님의 마음에 합한 자'라는 평가를 받을 수 있었다.

다윗의 삶을 지탱한 원칙

다윗의 삶의 중심에는 흔들리지 않고 살아 숨 쉬던 원칙이 있었다. 그래서 어떤 상황에서든 그는 그 원칙에 따라 반응할 수 있었다. 설령 죄를 지었거나 실패했을 때에라도 말이다. 그렇다면 다윗이 하나님의 선택을 받을 수 있었던 그 중심의 원칙은 무엇인가?

결론을 간략하게 언급하자면, 다윗이 살아낸 삶을 보면 그가 하나님의 마음에 합한 사람이 될 수 있었던 세 가지 필수조건이 발견되는데, 첫째가 동기, 둘째가 기준, 셋째가 능력이다. 이 세 가지 조건이 다윗의 삶을 지탱한 기둥들이었고, 그것이 한평생 흔들림 없는 그의 '인격'(character)을 유지할 수 있게 해주었다.

각각의 내용을 살펴보기 전에, '인격'이라고 표현한 '캐릭터'(character)라는 단어를 조금 살펴보고 싶다. 이 단어는 우리말로 번역하기가 쉽지 않다. 일상적인 대화에서 사용하는 '캐릭터'는 '성품, 성격, 기질' 정도로 표현할 수 있다. 하지만 성경에서 말하는 '캐릭터'는 하나님이 형성하시는 믿음 안의 어떤 성질을 말하는데, 연단을 통해 나타나는 우리 안의 굳센 것을 뜻한다. '캐릭터'라는 단어의 헬라어 원어는 대장장이들이 철판에 못을 대고 망치로 때려 글을 새기는 작업을 뜻하는 단어에서 유래되었다고 한다. 철판에 글씨를 새기는 것은 만만한 작업이 아니다. 못을 대고 망치로 때리고 내려쳐서 파내야 한다. 마찰이 있고 불꽃이 튄다. 그러나 그렇게 철판에 한번 새겨지면 물속에 들어가도, 심지어 풀무불 속에 들어가도 그 글자는 없어지지 않는다. 어떤 압력과 세월의 흐름 속에서도 사라지거나 변질되지 않는다.

하나님의 연단을 통해 그 중심이 바로 선 사람들은 강철에 새겨진 글씨처럼 단단한 인격을 갖고 있다는 것이다. 그래서 실수를 하거나 죄를 지을 때라도, 반대로 성공을 한대도 그 중심의 원칙은 흔들림이 없다. 눈앞에 펼쳐지는 상황과 감정에 따라 기준 없이 마구 흔들리는 것은, 그 안에 강철처럼 새겨진 하나님의 기준이 없기 때문이다. 이런 사람은 감정에 끌려가는 신앙생활을 하게 된다. 우리는 감정이 아니라 중심에 세워진 원칙을 따라 신앙생활을 해야 한다. 다윗은 그 중심에 흔들리지 않는 원칙이 세워져 있었기에, 그의 인생에 펼쳐진 수많은 사건에도 불구하고 흔들림 없이 그 원칙에 따라 반응할 수 있었다. 그리고 하나님은 그의 그런 중심을 보시고 그를 택하셨다. 이제 그의 삶을 지탱한 원칙이 무엇이었는지 하나씩 정리해보자.

동기 - 주의 무대 위에 세워진 자

첫째로 다윗은 주님의 무대 위에 세워진 자였다. 이것이 그의 유일한 '동기'가 되었다.

사무엘상 16장에 보면, 하나님은 사울을 버리고 이스라엘에 새로운 왕을 세우기로 작정하셨다. 그래서 사무엘을 베들레헴의 이새의 집으로 파견하시며 그 아들 중 한 사람을 지명하겠다고 말씀하셨다.

> 여호와께서 사무엘에게 이르시되 내가 이미 사울을 버려 이스라엘 왕이 되지 못하게 하였거늘 네가 그를 위하여 언제까지 슬퍼하겠느냐 너는 뿔에 기름을 채워 가지고 가라 내가 너를 베들레헴 사람 이새에게로 보내리니 이는 내가 그의 아들 중에서 한 왕을 보았느니라 하시는지라 삼상 16:1

이것은 상당히 위험한 임무였다. 현직 왕이 여전히 왕좌에 앉아 있었으니, 사실 사울 왕의 입장에서 보면 반역 행위요 반란이었다.

그래서 하나님은 사무엘에게 한 가지 작전을 세워주셨다.

"너는 베들레헴에 가서 제사를 드리러 왔다고 해라. 그리고 그 제사의 현장에 이새의 가족을 초청해라. 거기에 등장하는 아들들이 있으리니 그중에 한 사람을 내가 지명할 것이다. 너는 그에게 기름을 부어서 왕으로 세우면 된다."

그럼에도 불구하고 여전히 위험한 임무임에는 틀림없었다. 그러나 사무엘은 하나님의 말씀에 순종하여 베들레헴으로 갔다. 그리고 이새와 그의 아들들을 제사의 자리에 초청했다.

사무엘이 베들레헴에 이르자 비상이 걸렸다. 한번 상상해보라. 만약 세계적으로 유명한 목사님이 우리 집에 심방을 오신다면 어떤 일이 벌어지겠는가? 나보다 부모님이 더 긴장하실 것이다. 방문 날짜가 정해지는 순간 대대적인 인테리어 공사에 들어갈지도 모른다. 시집 장가 간 딸 아들에게 전화해서 두 번 다시 없을 기회이니 그날 어떻게든 시간을 내서 손자손녀 다 데리고 오라고 신신당부할 것이다. 날짜가 임박하면 어머니는 목사님에게 대접할 음식을 준비한다고 정신이 없을 것이다. 또 그날을 위해 최고로 깨끗하고 좋은 옷을 준비해둘 것이다.

유명한 목사님이 방문한다고 해도 이럴 정도로 긴장감이 맴도는데, 사무엘이 베들레헴이라는 작은 마을에 방문했을 때는 어땠겠는가? 그는 보통 선지자가 아니었다. 이스라엘의 1대 왕을 세운 국가 대표 선지자 아니었는가? 그런 선지자가 이새와 그의 아들들을 초청했다. 아마도 그들은 '이게 무슨 일이지?' 당황하면서도 어깨가 으쓱했을 것이다. 다시는 없을 이런 기회에 최대한 좋은 모습을 보이기 위해 정중하게 제사에 임했을 것이다. 어쩌면 이런 반응을 보였을지도 모르겠다.

'내가 사무엘 앞에 서다니, 내 일생일대의 기회야. 지금 당장 사무엘에게 뽑히지 않는다 해도 지금 잘 보여놓는다면 언젠가 나를 기억해줄지도 몰라. 내가 세상 무대에 데뷔할 수 있는 절호의 기회야!'

이새의 아들들은 저마다 이런 소망을 품고 최고의 모습을 갖추고는 그날 제단 앞에 펼쳐진 무대 위에 한 사람씩 등장했을 것이다.

사무엘은 이새의 아들들을 지켜보며 하나님이 선택하신 이가 누구인지 찾기 시작했다. 오늘날 우리 식으로 표현하면 오디션 같은 자리가 마련된 것이다. 그들은 최대한 자신의 장점을 과시하며 그 무대 위에 올라섰다.

하나님의 기준은 세상과 다르다

사무엘은 제일 먼저 엘리압에게 주목했다. 무엇보다 그의 외모에 끌렸다. 엘리압은 외모가 뛰어나고 키가 컸기 때문이다. 요즘 말로 하면 '얼짱, 몸짱'이다. 요즘엔 외모가 준수하고 키가 크다고 하면 "모델감이네, 연예인 해도 되겠네" 정도로 생각하지만, 그 당시 외모가 준수하고 키가 크고 건장하다는 것은 오늘과는 다른 의미로 상당히 중요한 요소였다.

당시 왕은 왕좌에 앉아서 명령만 하는 사람이 아니었다. 오늘날 우리는 '대통령'이란 렌즈로 '왕'을 이해하기 때문에, 청와대 혹은 백악관에 앉아 군사 지도자들을 불러 모아놓고 의논하여 최종 결정을 내리는 사람, 즉 사령관 정도로 생각하는데, 당시 왕은 사령관이 아니라 장군의 역할을 감당했다. 전쟁터에서 가장 앞에 서는 사람은 졸병이 아니라 왕이었다.

사울 역시 전쟁을 직접 치렀다. 다윗도 마찬가지였다. 따라서 전쟁터에 나가야 하는 왕에게 키는 상당히 중요한 요소였다. 왜냐하면 키에 비례하여 그들이 소장하는 칼의 길이가 정해지기 때문이다. 키가 크다는 것은 남들보다 긴 칼을 가질 수 있다는 것이고, 그것은 전쟁에서 매우 유리한 조건이었다. 엘리압은 바로 그 조건에서 합격점이었던 것이다. 그는 외모도 뛰어나고 키도 큰 건장한 청년이었다. 세상의 기준으로 볼 때 이상적인 왕의 후보였다.

그러나 하나님의 기준은 달랐다.

> 여호와께서 사무엘에게 이르시되 그의 용모와 키를 보지 말라 내가 이미 그를 버렸노라 내가 보는 것은 사람과 같지 아니하니 사람은 외모를 보거니와 나 여호와는 중심을 보느니라 하시더라 삼상 16:7

이 시대에도 수많은 엘리압들이 경연대회 무대 위에 세워진다. 사람이 보는 기준에 맞춰 자기 실력과 장점을 과시하기 위해 애쓴다.

뛰어난 외모, 큰 키, 화려한 스펙을 갖춘 사람들이 너무 많다. 분별력 없는 군중은 거기에 압도되어 "저 사람이 이 시대의 종이야!"라고 칭찬한다. 물론 능력과 스펙과 언변과 외모 같은 조건을 갖추는 것이 잘못은 아니다. 하지만 하나님은 세상의 기준과 하나님의 기준이 다르다고 말씀하신다. 하나님은 '중심'을 보는 분이시다. 그 기준에서 우리는 다시 생각해봐야 한다. 나는 가장 중요한 것, 다시 말해 하나님이 보시는 그 '중심'을 소유하고 있는가?

하나님이 보시는 중심

그렇다면 하나님이 보신다는 그 '중심'은 구체적으로 무엇인가? 우리말로는 '중심'으로 되어 있는데, 영어성경에는 'heart', 즉 '사람의 심장을 보시는 하나님'으로 표현되어 있다. 여기서 '중심' 혹은 '심장'을 본다는 것은, 우리가 얼마나 뜨겁게 하나님을 사랑하는지 우리의 감정이나 불타는 열정을 본다는 뜻이 아니다. 이것을 조금 더 정확하게 이해하기 위해서는 단어의 의미를 재정비할 필요가 있다.

성경에서 말하는 '중심'은 원어로 '레프'(LEV) 혹은 '레바'(LEVAH)라는 단어인데, 이것을 원어의 뜻에 최대한 가깝게 다시 옮겨보자면 '동기'로 볼 수 있다. 하나님이 다윗의 중심을 보셨다는 것은 그가 가진 존재의 이유, 즉 그의 동기를 확인하셨다는 것이다. 왜 사는지, 왜 날마다 애쓰고 노력하는지, 왜 그 무대에 오르기 원하는지 그 인생의 동기 말이다. 사람들은 저마다 자기 나름의 동기를 가지고 살아간다. 하나님은 겉모습이 아닌 그 동기를 보신다는 것이다.

동기가 달라도 겉모습은 비슷하게 나타날 수 있다. 동기가 하나님인 사람이나 혹은 자기 자신인 사람이나 둘 다 동일하게 예배에 와서 울며 찬양하고 은혜를 받고 집으로 돌아간다. 어떤 사람은 단기선교를 준비하면서 하나님의 마음을 품는가 하면 어떤 사람은 '이번 휴가 보람 있게 보냈다'라고 생각한다. 많은 사람이 주님을 위해 예배와 섬김과 헌신을 드렸다고 고백하지만, 그 동기를 살펴보면 자기 인생의 존재 이유를 확보하기 위해서인 경우가 많다. 이런 사람들의 동기는 주님이 아니다. 중심이 잘못됐다. 따라서 하나님의 마음에 합한 사람이 아니란 것이다.

다윗에게는 하나님이 찾으시는 그 중심이 있었다. 인생의 한 걸음, 한 걸음이 온전한 동기로 움직여졌다. 때로는 넘어지고, 실수하고, 잘못 판단할 때도 있었지만 근본적인 인생의 동기만큼은 언제나 정확했다. 그는 항상 하나님을 바라보고 있었다.

'하나님의 마음에 합한 자'는 착한 사람을 의미하지 않는다. 살면서 실수나 죄를 저지른 적이 없는 사람이라는 뜻도 아니다. 사람은 그 사람이 도덕적으로 착하냐 아니냐, 인생에 오점이 있느냐 없느냐를 본다. 그러나 하나님께 그런 것은 아무것도 아니다. 그분은 인생의 밤이 찾아올 때, 인생의 마지막 숨을 내쉬는 순간 무엇을 붙잡는지를 물으신다. 동기가 온전한 사람은 하루를 마무리할 때,

혹은 인생의 막을 내릴 때 분명히 드러날 것이다. 그 인생에는 오직 하나님 한 분만 계시다는 사실이 말이다. 하나님은 그 중심이 있는지를 보기 원하시는 것이다.

나는 어떤 무대에 올랐는가?

사실 사람의 중심을 분별하기란 쉽지 않다. 그러나 본문 말씀에 비춰보면 중심을 진단할 수 있는 한 가지 잣대를 발견할 수 있다. 바로 이 질문이다.

'나는 나의 무대를 위해, 내가 빛나기 위해 살고 있는가? 아니면 주님이 세우시는 무대에서, 그곳이 스포트라이트 한번 비취지 않는 초라한 자리일지라도 그 자리에 충실히 살아내고 있는가?'

세상에는 언젠가 자기가 주인공으로 오를 그 무대를 위해 쉬지 않고 일하는 사람이 너무 많다. 열심히 스펙을 쌓고, 외모를 가꾼다. 다이어트를 하고, 운동을 하고, 성형을 해서라도 준수한 외모를 갖추기 위해 노력한다. 엘리압이나 이새의 다른 아들들처럼 사무엘 앞에 세워진 그 무대 위에서 빛나는 모습을 보일 수 있도록 계속해서 자신을 만들어간다. 언젠가 자기에게 스포트라이트가 비칠 그날을 기대하며.

예수님을 믿는다고, 주님을 섬긴다고 하는 이들도 다르지 않다. 세계적인 무대에 서서 멋지게 주님을 섬겨야겠다는 생각에 사로잡혀, 언젠가 주님을 위해 위대한 일을 행하겠노라 결단한다. 하나님을 위해 살겠노라고 하지만 사실 자기를 위해 무대에 올라가는 자들이다. 그들의 내면 깊은 곳에는 이런 위험이 도사리고 있다.

'내가 이런 일을 해서 이렇게 멋지게 하나님께 쓰임 받는다면 내 인생은 헛되지 않아. 의미 있는 인생을 사는 거야.'

어떤 이들은 생명을 걸기도 한다. 그러나 중심이 잘못됐다.

반대로 어떤 사람들은 '언젠가' 자기가 서게 될 무대를 갈망하며 살지 않는다. '지금' 자기가 놓인 삶의 현장이 하나님이 이미 나를 세우신 무대라는 사실을 깨닫고, 그냥 그 자리에서 충실하게 살아간다. 누구도 주목하지 않고 조명도 비치지 않는 곳이라 할지라도, 주님의 시선이 멈추는 곳이라면 그것으로 만족하며 충실하게 살아간다. 위대한 삶보다는 바른 삶을 살기를 바란다. 그들은 성공하는 과정 가운데 주님이 작아지는 길을 선택하기보다 주님과 함께라면 실패라도 기쁘게 받아들인다.

당신은 어떤 삶을 살고 있는가? 언젠가 내가 서게 될 화려한 무대를 향해 달려가고 있는가? 아니면 주님이 오늘 나에게 허락하신 무대를 누리고 있는가? 주님이 오늘 나에게 허락하신 무대는 나를 돌봐주는 사람 한 명 없는 외로운 가정일 수도 있고, 아무도 나를 주목하지 않는 직장일 수도 있다. 그렇게 하루하루 지내다 정신 차리고 보면 1년이 지나 있고, 또 1년이 지나 있고, 무엇을 위한 인생인지 아무 의미도 없는 것 같다는 생각이 들기도 한다. 그러나 하나님의 목적은 그런 인생 속에서도 오늘 하루를 통해 주님을 더 알아가는 것이다. 오늘 하루, 주님과 함께 하나님이 원하시는 세상을 이루어가는 것이다. 당신은 어느 쪽인가?

나에게 주신 '오늘'의 무대를 소중히 여기는 것

이새의 모든 아들들이 집합한 무대 위에 다윗이 등장하지 않았던 것에 주목해야 한다. 다윗은 형들이 사무엘과 함께 제사 드리고 있던 그 시간에도 양 떼를 지키고 있었다. 자신에게 맡겨진 양 떼와 함께하는 그 자리가 다윗에게는 하나님을 만나는 최상의 제사 현장이요, 가장 행복한 무대였던 것이다.

우리는 유명한 시편 23편의 고백에서도 그의 중심의 소리를 들을 수 있다.

"여호와는 나의 목자시니 내게 부족함이 없으리로다."

이 고백은 "출세하지 않아도, 그 무대 위에 오르지 못해도, 왕궁에 들어가지 못해도 괜찮아요. 내 영혼은 평안합니다. 오늘 이곳, 주님이 나에게 정해주신 곳에서 주님을 만나고, 주님에 대해 배우고, 주님 한 분으로 채워지고, 주님을 누릴 수 있다면 나는 이미 가장 복된 자리에 있는 것이고 목적지에 도달한 것입니다"라는 고백인 것이다.

출세와 성공을 강요하는 세상 속에서 우리는 이 시대의 흐름과 요구에 따라 좌로, 우로 계속 치우친다. 이렇게 하면 저 무대에 설 수 있을 것 같고, 저렇게 하면 쓰임 받을 수 있을 것 같다. 하지만 중심이 바른 사람, 그 인생의 동기가 정확한 사람은 오직 주님 한 분만으로 만족하고, 그분이 오늘 내게 주신 삶의 무대에 충실하다. 그런 사람의 동기는 오직 주님 한 분이다. 언젠가 쓰임 받는 것은 그리 중요하지 않다. 주님과 함께 오늘 하루를 충실히 보내는 것, 그것이 그의 동기이다.

그렇기 때문에 주님이 찾으시는 중심을 소유한 사람은 헛된 꿈을 꾸지 않는다. 뜬구름을 좇지도, 무지개를 찾아 떠나지도 않는다. 어떻게 보면 꿈이 너무 소박한 것 아닌가 싶기도 하다.

가끔 청소년들을 만나 꿈이 뭐냐고 물어보면 두 가지 문제점을 발견하게 된다. 어떤 아이들은 아예 꿈이 없고, 어떤 아이들은 꿈이 너무 원대하다. 꿈이 없는 것도 문제지만, 너무 큰 것도 문제다.

대전에서 어느 고등학생을 만난 적이 있다. 기도해달라는 아이가 귀하게 느껴져서 기도제목을 물었다. 그 아이는 이렇게 대답했다.

"하나님을 위해 사업을 크게 해서 대한민국에서 가장 많은 십일조를 드리는 하나님의 종이 되고 싶어요."

나는 그 아이를 위해 기도할 때 '동기를 바르게 해달라'고 기도해주었다.

하나님이 오늘 나에게 주신 무대를 정말 중요하게 생각하고 감사하는 사람들은 꿈이 소박하다. 그들은 오늘의 일상 속에서 발견되는 주님으로 만족한다. 그러면서도 일상에서 발견되는 주님의 마음이 아프시다면 "제가 땅 끝으로 가겠습니다"라고 기꺼이 고백한다. 하지만 처음부터 '저를 위대하게 사용하여주옵소서'라고 구하진 않는다.

내가 정말 강조하여 부탁하고 싶은 것이 있다. 지금 자기 자신의 중심을 다시 한번 확인하고 '나는 정말 내게 맡겨진 무대에 만족하고 있는가?' 돌아보자는 것이다. 깨진 가정, 산산조각 난 환경, 매일 반복되는 직장생활과 학업의 현장 등 오늘 내게 주어진 무대가 힘들고 초라할지라도 중심을 하나님 앞에 바로 세우고 그 자리에, 하나님이 주신 오늘에 충실했으면 좋겠다. 우리는 주님 한 분만으로 이미 만족한 사람들 아닌가.

〈무지개를 찾아다니시나요〉라는 찬양이 있다.

무지개를 찾아다니시나요 돌고 도는 생활 하시나요
헛된 모든 꿈을 다 가지고 주님 발 앞에 모두 놓아요

맑은 날만 있다 하지 않아요 궂은 날도 있을 거예요
그런 날도 찬송할 수 있지요 주님이 우리 도와주세요

드려요 모두 다 주님께 드려요 깨진 꿈 상한 맘 지친 몸
드려요 모두 다 주님께 드려요 슬픈 마음 기쁨으로 변해요

이 찬양은 오래된 미국 찬양이다. 옛날부터 미국에서 전해 내려오

는 이야기가 하나 있다. 무지개가 땅에 닿는 곳을 파보면 금덩어리가 묻혀 있다는 것이다. 하지만 사람들은 이렇게 이야기한다.

"가보면 거기엔 무지개가 없어요. 무지개는 저쪽에 있어요. 또 그쪽으로 가보면 무지개는 또 저기 있어요."

그래서 '무지개를 찾아다닌다'는 표현은 한평생 노력해도 잡을 수 없는 것을 잡기 위해 정신없이 달려만 가는 인생을 말한다. 우리 평생 손에 잡히지 않는 덧없는 것을 정신없이 좇는 인생을 살지 말자. 언젠가 무지개같이 멋지고 화려한 무대에 오를 생각 하지 말고, 오늘 주님 한 분만으로 만족하며 맡기신 양 떼들을 그 자리에서 성실하게 돌보는 우리 한 사람 한 사람이 되었으면 좋겠다.

기준 - 주의 얼굴 앞에 지내는 자

둘째로 다윗은 주의 얼굴 앞에서 지내는 자였다. 이것이 그의 흔들리지 않는 기준이 되었다.

> 이새가 그의 아들 일곱을 다 사무엘 앞으로 지나가게 하나 사무엘이 이새에게 이르되 여호와께서 이들을 택하지 아니하셨느니라 하고 또 사무엘이 이새에게 이르되 네 아들들이 다 여기 있느냐 이새가 이르되 아직 막내가 남았는데 그는 양을 지키나이다 사무엘이 이새에게 이르되 사람을 보내어 그를 데려오라 그가 여기 오기까지는 우리가 식사 자리에 앉지 아니하겠노라 이에 사람을 보내어 그를 데려오매

그의 빛이 붉고 눈이 빼어나고 얼굴이 아름답더라 여호와께서 이르시되 이가 그니 일어나 기름을 부으라 하시는지라 삼상 16:10-12

여기서 우리는 한 가지 질문을 하게 된다. 하나님께서는 왜 사울을 버리셨을까? 하나님께서 사울을 버리지 않으셨다면 이런 작전은 필요 없었을 텐데. 하나님이 찾으시는 새 왕은 사울과는 다른 모습이어야 했다. 하나님이 사울을 버리신 그 이유가 새 왕을 선택하는 기준이 되었기 때문이다.

하나님이 사울을 버리신 이유는 그의 인생에서 끊임없이 누적되어 왔다. 하지만 결정적인 이유는 사무엘상 15장에 나오는 한 사건 때문이다.

하나님께서는 사울에게 아말렉을 쳐서 그들의 소유 하나 남기지 말고 그 백성을 완전히 진멸하라고 명령하셨다. 그러나 사울은 그 명령을 어긴다. 아말렉 왕인 아각을 죽이지 않고 생포한 데 이어 자기가 보기에 쓸 만한 것은 보전하는 죄를 범했다.

사울과 백성이 아각과 그의 양과 소의 가장 좋은 것 또는 기름진 것과 어린 양과 모든 좋은 것을 남기고 진멸하기를 즐겨 아니하고 가치 없고 하찮은 것은 진멸하니라 삼상 15:9

하나님의 명령을 받았음에도 불구하고 자기 기준에 따라 행동했던 것이다. 사울에게도 나름의 이유는 있었다. 그래서 그는 사무엘에게 이렇게 호소하며 변명한다.

내가 범죄하였나이다 내가 여호와의 명령과 당신의 말씀을 어긴 것은 내가 백성을 두려워하여 그들의 말을 청종하였음이니이다

삼상 15:24

이것이 바로 하나님이 사울을 버리신 결정적 이유였다. 그는 하나님의 마음에 합한 자가 아니라, 사람의 마음에 합한 자였던 것이다. 사울은 더 이상 하나님의 종이 아니라 사람의 종이었다. 하나님의 마음에 합한 자로 살아가기 위해 몸부림치는 것이 아니라 사람의 마음에 합한 자로 살아가기 위해 만사를 결정하기 시작했다. 이것이 그가 버림받은 원인이다.

그런데 이것도 부족해서 사울은 사무엘에게 이런 비참한 애원을 하기에 이른다.

내가 범죄하였을지라도 이제 청하옵나니 내 백성의 장로들 앞과 이스라엘 앞에서 나를 높이사 나와 함께 돌아가서 내가 당신의 하나님 여호와께 경배하게 하소서 하더라 삼상 15:30

이것이 무슨 뜻인가? “하나님, 제가 잘못했으니 저를 불쌍히 여겨

주세요"라고 읍소한 것이 아니었다. "사람들 앞에서 내 체면 좀 세워주세요. 꼭 좀 살려주세요"라고 한 것이다. 그만큼 사울은 그 중심이 하나님에게서 멀어졌다.

결정적인 순간, 우리는 자기 명예를 지킬 것인가, 아니면 하나님의 뜻을 좇을 것인가? 변명을 늘어놓을 것인가, 아니면 하나님 앞에 돌아가는 계기로 삼을 것인가? 사도 바울은 자문한다.

"내가 사람을 좋게 하랴, 하나님께 좋게 하랴?"

하나님의 사람에게 사실 다른 기준이 없다. 내가 사람을 좋게 하느냐, 하나님을 좋게 하느냐이다. 사람을 좋게 하는 자는 하나님의 종이 아니다. 다윗 역시 연약한 존재였다. 때로는 넘어지고 실수했다. 눈에 보이는 유혹에 넘어가기도 했고, 자기 대신 싸워줄 용사가 몇 명인지 궁금하여 하나님의 뜻에 반하여 백성을 계수하는 일을 감행하기도 했고, 자기 열정에 취해 웃사에게 언약궤를 옮기도록 하기도 했다. 그럼에도 그는 결정적인 순간에는 사람을 기쁘게 하지 않고 하나님의 종으로 살아냈다. 그래서 하나님으로부터 "이는 내 마음에 합한 자라"라는 평가를 받을 수 있었던 것이다.

하나님이 '내 마음에 합한 자'라고 하신 부분을 영어성경으로 보면 'a man after my own heart'라고 되어 있다. 직역하면 '하나님의 마음을 추적하는 자'이다. 주님의 마음, 주님의 시선, 주님의 생각을 좇으며 주님의 기준에 합격되고자 더 예민하게 하나님만 바라보는 사람이다.

다윗은 정말 그랬다. 그는 원수를 바라보지 않고 하나님만 봤다. 골리앗을 보지 않고, 그 배후에 계신 하나님을 바라봤다. 사울왕을 죽일 수 있는 기회를 보지 않고 그 뒤에 계신 하나님을 봤다. 밧세바를 범하는 죄를 지은 후에도 죄의 대가를 보지 않고 그 배후에 계신 긍휼을 베푸시는 하나님을 봤다. 그리고 자신을 주님의 손에 온전히 맡겨버렸다. 이로써 다윗은 이스라엘 역사 속에서 오래도록 기억되고 기념될 수 있는 하나님의 사람으로 서게 되었다.

하나님은 사람의 종이 아닌 하나님의 종으로 살고자 하는 중심, 그 중심에 뿌리를 내려 맺히는 열매를 보신다. 하나님이 찾으시는 종은 그의 시선이 하나님 한 분께만 머무는 사람이다. 사람을 두려워하지 않고 하나님을 두려워하는 사람이다.

능력 - 주의 능력으로 채워진 자

셋째로 다윗은 주의 능력으로 채워진 자였다.

> 사무엘이 기름 뿔병을 가져다가 그의 형제 중에서 그에게 부었더니 이날 이후로 다윗이 여호와의 영에게 크게 감동되니라 사무엘이 떠나서 라마로 가니라 삼상 16:13

결국 하나님께서 다윗을 왕으로 지명하셨고, 다윗이 기름 부음을 받았다. 성경은 기름 부음을 받는 순간 여호와의 영이 다윗에게 임했다고 전한다. 기름 부음은 한 사람이 왕으로 세워질 때, 혹은 선지자나 제사장으로 세워질 때 부어졌다. 이때 기름을 부으면 기름이 머리카락 사이사이로 다 흘러내린다. 우리가 물세례를 받을 때 머리가 물에 조금 젖는 정도의 차원이 아니다. 중동의 건조한 지역에서 기름이 부어지면 얼마 안 가서 피부에 스며들기 시작한다.

기름이 피부에 스며드는 것처럼 하나님의 영도 우리 삶에 임하실 때 그렇게 임하신다. 우리의 삶 구석구석으로 다 흘러들어가신다. 주님의 영은 그저 나와 함께 일하시는 분이 아니라 내 안에 스며들어서 나의 나 됨을 만드시는 분이다. 그것을 성경에서는 이렇게 표현한다.

"여호와의 영에게 크게 감동되니라."

다윗은 그 안에 임하신 여호와의 영과 더불어 호흡하기 시작했고, 그에게 임하신 성령께서 이제 그를 세워나가기 시작하셨다.

우리가 다윗에 대해 크게 오해하는 것이 한 가지가 있다. 다윗이 양 떼를 치면서 목양과 리더십, 즉 지도자의 자질을 배웠다고 하는 것이다. 하지만 나는 그렇게 생각하지 않는다. 양 100마리를 치는 것과 한 민족의 왕으로서 각자 자기가 원하는 대로 행하려는 사람을 다스리는 것은 별개다. 한 분야에서 리더십이 통했다고 해서 그것이 모든 영역에서 통한다는 결론이 나올 수 없다는 뜻이다.

우리는 한 가지 질문을 던지게 된다.

"무엇이 양치기 소년인 다윗을 위대한 왕이 되게 했는가?"

여러 학자들의 분석에 의하면 다윗이 기름 부음을 받았을 때 그의 나이는 많아야 12,13세 정도였다고 한다. 12세까지 양을 쳤던 소년이 어떻게 이스라엘의 왕이 될 수 있었느냐는 것이다. 게다가 다윗은 그냥 왕이 아니다. 나는 자주 이스라엘을 방문하여 섬기고 있는데, 수천 년이 지난 지금까지도 다윗이 이스라엘과 이스라엘 민족에게 끼치고 있는 영향력에 새삼 놀라곤 한다. 유명한 것, 중요한 것, 소중한 것들은 다 '다윗'의 이름이 붙어 있다. 예를 들어, 유명한 오성급 호텔의 이름은 '다윗 호텔', 유명한 번화가의 이름은 '다윗 스트리트', 유명한 맛집의 런치 스페셜은 '다윗 스페셜' 같은 것들이다. 즉, 그들에게 다윗은 그냥 왕이 아니다. 이스라엘의 상징이자 민족의 대표이다. 한 마디로 왕 중의 왕이다.

양치기 소년이 운이 좋아서, 시대를 잘 만나서, 사람을 잘 만나서, 기회를 잘 만나서 왕이 된 것이 아니다. 그러면 그 양치기 소년은 어떻게 역사에 길이 남는 왕 중의 왕이 될 수 있었을까? 본문의 말씀이 너무나 정확하고 시원하게 답해주고 있다.

"이날 이후로 다윗이 여호와의 영에게 크게 감동되니라."

하나님이 일하시는 방법

어떤 사람은 이 구절이 뭐 그리 대단한 구절이냐고 한다. 하지만 그렇지 않다. 사무엘상은 사사기서의 연장선이다. 하나의 다리로 사사기와 사무엘상은 연결되어 있다. 이스라엘의 마지막 사사이자 왕의 시대를 펼쳐낸 선지자 사무엘이란 다리로 말이다.

사사 시대 때 하나님이 어떻게 역사하셨는가? 하나님은 사사들을 들어 사용하심으로 이스라엘을 구원하셨는데, 사사들이 어떤 존재였는가? 태어날 때부터 특출한 위대한 존재였는가? 아니다. 그들은 동굴에, 언덕에 숨어 있던 연약한 자들이요, 비겁한 자들이었다. 굴복한 자들이요 타협한 자들이었다. 포기한 자들이었다. 그러나 어느 날 여호와의 사자가 그에게 임하여 말씀하신다.

"일어나라 강한 용사여!"

그러면 그가 가서 이스라엘을 압제하는 이방민족을 쳤다. 사사들은 위대한 자들이 아니라 그저 하나님의 영에 붙들린 사람들이었다.

그러던 어느 날, 사사 시대가 막을 내리고 왕의 시대가 도래했다. 그런데 중요한 것은 하나님이 일하시는 방법은 바뀌지 않았다는 것이다. 많은 이들이 생각하는 것처럼 다윗은 떡잎부터 다른, 이미 양을 치면서 왕으로서의 수업을 모두 마친 위대한 존재가 아니었다. 그가 남들과 달랐던 것이 있다면 하나님 앞에 선 그의 중심, 그가 인생을 살아가는 기준이었을 뿐이다. 하나님은 동기와 기준을 보시고는 아무것도 없는 자에게 그 영이 임하심으로 능력을 부으시어 왕으로 만들어내시는 분이다.

즉 다윗이 여호와의 영에 크게 감동되었던 그날, 하나님은 그를 꽉 붙드시고 그때부터 왕으로 세워가셨다. 그리고 그는 역사에 기록되었고, 예수 그리스도의 예표가 되었으며, 그 가문의 뿌리가 되었고, 하나님나라를 확장하는 자가 됐다.

한마디로 표현하면 다윗이 그런 왕 중의 왕이 될 수 있었던 것은 하나님께서 쏟아부으신 능력 덕분이었다. 다른 말로 은혜이다. 따라서 주님이 우리에게 묻고 계신 질문은 이것이다.

"너는 무엇을 믿고 사니?"

사람 잘 만나면, 기회만 잘 타면, 내가 잘만 하면 그 자리에 도달할 수 있을 것 같은가? 어느 선까지는 갈 수 있을지도 모른다. 그러나 왕 중의 왕은 불가능하다.

어릴 땐 "너는 할 수 있어! You can do it"이라는 어른들의 말을 믿는다. 내가 열심히 하면 하늘까지라도 솟을 수 있을 것 같다고 착각한다. 그러나 어느 정도 열심히 달려가다 보면 우리 눈에 안 보이는 유리천장(glass ceiling)이 존재한다는 사실을 깨닫게 된다. 이미 사회의 기득권자들이 선을 긋고 막아놓은 유리천장 말이다.

다윗이 뚫은 것이 무엇인가? 어느 양치기 소년이 왕이 됐다는 것은 힘들긴 해도 어쩌면 운이 따라주고 열심히 노력하면 가능했을지도 모른다. 디즈니나 헐리우드 영화에서 흔히 볼 수 있는 영웅들의 성공담이다. 그러나 다윗의 경우는 다르다. 일반적인 왕이 아니라 왕 중의 왕이었기 때문이다. 유리천장을 돌파하여 날아오른 것이다. 그 유리천장을 뚫고 왕 중의 왕의 자리에 오를 수 있었던 것은 딱 한 가지로만 설명이 가능하다.

"여호와의 영에게 크게 감동되니라."

그런 영향력은 주님으로부터만 온다.

우리는 오늘 하나님의 은혜를 의지하며 살아가고 있는가? 우리 자녀를 은혜 아니면 살아갈 수 없는 존재로 키우고 있는가? 내 가정과 내 교회를 하나님의 은혜 없이는 한 걸음도 움직일 수 없다고 고백하는 존재로 이루어가고 있는가? 주의 은혜를 생각할 때마다 눈물을 흘릴 수밖에 없는 신앙고백으로 살아가고 있는가?

은혜로만 살 때 하나님께 합격

나는 본래 말을 잘 못하는 사람이다. 찬양도 잘 못한다. 처음 집회를 시작할 때, 청년들과 같이 찬양하면서도 마이크는 입에도 못 댔다. 심지어 설교 준비를 하는데 한국어 타이핑이 잘 안 돼서 제일 먼저 준비한 설교는 사촌 남동생에게 옆에서 내가 말하는 것을 받아서 치게 했다. 그때 준비했던 첫 설교가 "가야 할 길"이란 제목의 설교였다.

정말 감사한 것은 그렇게 들어선 이 길을 걷는 동안 말 한 마디 제대로 못했던 나에게 하나님이 조금씩 말을 가르쳐주셨다는 것이다. 나를 제일 잘 아시는 우리 어머니는 지금의 나를 보며 얼마나 놀라시는지 모른다. 지금도 나는 사역을 마치고 집으로 돌아가며 하늘을 바라볼 때면 '하나님, 이것이 정말 웬 은혜입니까?'라며 감격한다. 하나님의 은혜에 매일 눈물이 난다.

본문을 묵상하며 하나님 앞에 정말 감사했던 것이 있다. 그것은 하나님이 사용하시는 사람의 조건이다. 하나님의 조건은 그 사람의 스펙이나 능력이나 배경 같은 데 있지 않았다. 그분의 조건은 오직 이것이었다.

'네 인생에서 출세를 원하느냐, 나를 원하느냐? 사람을 두려워하느냐, 나를 두려워하느냐? 나의 은혜를 의지하여 살아가느냐, 아니면 너 자신을 의지하여 살아가느냐?'

이 질문에 "오직 하나님"이라면 "합격!"이다. 우리가 다 하나님의 은혜에 대한 감격으로 이렇게 고백할 수 있으면 좋겠다.

"하나님, 저는 주님의 은혜 없이는 살아갈 수 없습니다!"

주님은 그런 사람을 찾기 원하신다.

포기하고 싶을 때 주신 선물

이런 메시지를 나누면 낙심하는 사람이 많다.

"정말 찔리는 말씀입니다. 이 말씀을 들으니 신앙생활을 포기하고 싶어요. 저는 이미 저질러놓은 죄도 너무 많고, 너무 오랫동안 이렇게 살아서 어떻게 돌아가야 할지도 모르겠어요. 주님을 향한 순수함과 열정도 다 식어버렸습니다. 이 말씀은 좋은 말씀이긴 하지만 저에게는 해당사항이 없습니다. 전 그냥 적당하게 살겠습니다."

그런데 그런 우리에게 주님이 참 좋은 소식을 전해주신다. 상한 갈대를 꺾지 아니하며 꺼져가는 등불을 끄지 않으신다고 하신다(사 42:3). 지금까지 잘못 살아왔다고 해도, 방향이 잘못되었다고 해도, 열정이 식어버렸다 해도 주님은 우리를 놓지 않으신다는 것이다. 그 이유가 무엇인가? 시간이 지나면 언젠가 타오를 것 같아서? 언젠가 쓸모 있을 것 같아서? 아니다. 상한 갈대를 꺾지 않으시고 꺼져가는 등불을 끄지 않으신다는 약속 앞에 이런 말씀이 있다.

> 내가 붙드는 나의 종, 내 마음에 기뻐하는 자 곧 내가 택한 사람을 보라 내가 나의 영을 그에게 주었은즉 그가 이방에 정의를 베풀리라
>
> 사 42:1

이 말씀이 무슨 뜻인가? 하나님이 붙드시는 종, 그 마음에 기뻐하는 하나님이 택하신 종, 즉 하나님의 마음에 합한 종이 있는데, 그 종 때문에 우리를 참으신다는 것이다. 그 종이 누구인가? 지금 살펴보고 있는 다윗인가? 만약 다윗이 오늘날 우리와 함께 있다면 이렇게 이야기할 것이다.

"사무엘상 16장의 주인공은 제가 아닙니다. 저는 표지판일 뿐입니다. 그 표지판에는 이렇게 기록되어 있습니다. '진짜 다윗, 진짜 왕이 올 것이다. 진짜 하나님의 마음에 합한 자가 올 것이다. 참된 종이 올 것이다!'"

그리고 그 종이 인간의 형상을 입으시고 다윗의 후손으로, 왕 중의 왕으로 진짜로 이 땅에 오셨다! 하나님의 기름 부음을 받으신 그리스도시다. 그리고 하나님 아버지께서는 그분에 대하여 이렇게

소개하신다.

이는 내 사랑하는 아들이요 내 기뻐하는 자라 하시니라 마 3:17

한 마디로 '내 마음에 합한 자라'는 말씀이다.

그런 종이라면 왕궁으로 들어가 왕좌에 앉아야 하지 않겠는가? 사람들의 칭송을 받으며 왕이 되어야 하지 않겠는가? 그런데 참으로 희한하게도 그 종은 왕궁에 들어가기보다 골고다 언덕에 오르셨고, 왕좌에 앉기보다는 십자가에 달리셨으며, 사람들의 칭송을 받기보다 침 뱉음 당하고 죽임 당하셨다. 그 이유가 무엇인가?

그가 찔림은 우리의 허물 때문이요 그가 상함은 우리의 죄악 때문이라 그가 징계를 받으므로 우리는 평화를 누리고 그가 채찍에 맞으므로 우리는 나음을 받았도다 사 53:5

바로 우리를 위해서다. 그분이 상하심으로 우리의 죄악이 사함을 받고, 그분이 징계를 받으심으로 우리는 평화를 누리며, 그분이 채찍에 맞으심으로 우리는 나음을 입었다.

그런 주님을 우리 인생의 유일한 목적으로 맞이하자. 사람을 보지 말고 그분을 바라보자. 하나님이 직접 채우실 그분의 능력을 의지하고, 그분의 손을 신뢰함으로 진정으로 주님만을 선택하자.

지금이라도 늦지 않았다. 아직 돌이킬 수 있다. 그동안 잘못되어 있었던 내 신앙의 동기, 내가 삶을 살아가는 기준, 그리고 살아가면서 내가 의지했던 것들을 하나님 앞에서 모두 뿌리째 뽑아버리고 참된 신앙으로 돌아오는 은혜가 있기를 바란다. 그리하여 우리가 세상을 떠난 후 우리의 흔적을 기리는 영적 비석에 '하나님의 마음에 합한 자'라는 주님의 칭찬이 새겨지기를 바란다.

삼상 17:25-27,32-47

… 32 다윗이 사울에게 말하되 그로 말미암아 사람이 낙담하지 말 것이라 주의 종이 가서 저 블레셋 사람과 싸우리이다 하니 33 사울이 다윗에게 이르되 네가 가서 저 블레셋 사람과 싸울 수 없으리니 너는 소년이요 그는 어려서부터 용사임이니라 34 다윗이 사울에게 말하되 주의 종이 아버지의 양을 지킬 때에 사자나 곰이 와서 양 떼에서 새끼를 물어가면 35 내가 따라가서 그것을 치고 그 입에서 새끼를 건져내었고 그것이 일어나 나를 해하고자 하면 내가 그 수염을 잡고 그것을 쳐죽였나이다 … 45 다윗이 블레셋 사람에게 이르되 너는 칼과 창과 단창으로 내게 나아오거니와 나는 만군의 여호와의 이름 곧 네가 모욕하는 이스라엘 군대의 하나님의 이름으로 네게 나아가노라 46 오늘 여호와께서 너를 내 손에 넘기시리니 내가 너를 쳐서 네 목을 베고 블레셋 군대의 시체를 오늘 공중의 새와 땅의 들짐승에게 주어 온 땅으로 이스라엘에 하나님이 계신 줄 알게 하겠고 47 또 여호와의 구원하심이 칼과 창에 있지 아니함을 이 무리에게 알게 하리라 전쟁은 여호와께 속한 것인즉 그가 너희를 우리 손에 넘기시리라

C H A P T E R

주의 용사

하나님의 때와 하나님의 일하심

사무엘상 16장에 다윗이 기름 부음 받는 장면이 기록된 것을 토대로 사무엘상 17장이 전개된다. 여기에는 다윗이 골리앗을 물리치는 장면이 기록되어 있는데, 성경은 다윗이 기름 부음을 받고서 시간이 얼마나 지났는지는 말해주지 않는다. 아마 1,2년 정도 흐른 후가 아닐까 싶다. 신학자들의 연구나 주석서를 보다 보면 이 사건이 일어난 때가 기름 부음을 받은 그해였을 거라고 생각하는 사람들도 있는데, 사실 몇 가지 말이 안 되는 부분이 있다.

사무엘상 16장 말미에 다윗이 기름 부음을 받고 일어난 일이 기록되어 있는데, 일종의 아르바이트처럼 다윗이 악한 영에 시달리는 사울 앞에 나아가 악기를 연주하고 수종을 드는 모습이다. 그리고 그런 다윗을 사울은 많이 아꼈던 것으로 나온다.

다윗이 사울에게 이르러 그 앞에 모셔 서매 사울이 그를 크게 사랑하여 자기의 무기를 드는 자로 삼고 또 사울이 이새에게 사람을 보내어 이르되 원하건대 다윗을 내 앞에 모셔 서게 하라 그가 내게 은총을 얻었느니라 하니라 삼상 16:21,22

그런데 바로 다음 장인 17장을 보면 아주 의아한 장면이 나온다. 골리앗을 물리치는 다윗을 보고 사울이 질문하는 내용이다.

왕이 이르되 너는 이 청년이 누구의 아들인가 물어보라 하였더니 삼상 17:56

사울이 그에게 묻되 소년이여 누구의 아들이냐 하니 다윗이 대답하되 나는 주의 종 베들레헴 사람 이새의 아들이니이다 하니라 삼상 17:58

이상하지 않은가? 16장에서 사울은 분명 다윗을 알았다. 그러나 17장에 와서는 다윗을 알아보지 못한다. 추측하기로 성장기에 있는 어린아이가 청소년기를 거치며 급성장을 해버린 것 같다. 열한 살 내지는 열두 살 소년에게 기름을 붓고 약 1년에서 3년 정도가 흘러 키도 자라고 얼굴도 조금 변했을 것이다. 여드름이 났을지도 모르겠다. 그래서 이 사건이 벌어지고 있는 시점에 다윗은 아마도 열다섯 살에서 열일곱 살 정도의 소년이었을 것으로 생각된다.

사실 이것은 우리가 꼭 알아야 할 것이 아니기 때문에 성경에 정확히 기록되어 있지 않을 것이다. 하지만 한 가지 중요한 사실을 기억하고 넘어가야 한다. 그 시간이 얼마가 됐든 다윗이 기름 부음을 받자마자 왕이 된 것이 아니란 사실이다. 이것이 중요한 이유는, 하나님의 일하심은 우리의 시간 개념으로는 도저히 이해되지 않음을 보여주기 때문이다.

사실 하나님이 하나님의 사람을 택하시고 그를 통해 일하실 때는 대부분 오랜 시간을 투자하신다. 하나님이 노아에게 방주를 준비시킨 연수는 짧게는 60년 길게는 100년 넘는 기간이라고 추정한다. 그 시간 동안 방주를 지으며 홍수를 대비했던 노아의 심정은 어땠을까? 아브라함은 20년 동안 아들을 기다렸다. 요셉은 애굽 총리의 자리에 앉기까지 노예와 죄수로 13년을 지내야 했다.

우리는 흔히 하나님이 응답해주시면 그것이 속히 이루어질 것으로 생각한다. '오늘'이란 렌즈로 하나님의 응답을 이해하려다 보니 이런 잘못된 해석이 나오는 것이다.

하나님이 분명히 응답을 약속해주셨는데, 아무런 소식이 없어서 답답한가? 우리가 가지고 있는 시간 개념을 내려놓는다면 하나님의 음성이 전혀 다르게 들리기 시작할 것이다. 다윗은 기름 부음을 받고 곧바로 왕좌에 앉은 것이 아니라 다음 날 또 양을 치러 나갔다. 기름 부음을 받고도 꽤 오랫동안 그는 여전히 이새의 아들이었고, 형들의 동생이었고, 양치기 소년이었다. 그렇게 일상의 삶을 충실히 감당하던 어느 날, 갑자기 하나님의 계획이 구체적으로 펼쳐지기 시작한다. 하나님의 때는 정해진 시기가 있는 것이지 내가 몸부림친다고 앞당겨지는 것이 아니다.

하나님의 경영은 갑작스레 펼쳐진다

또 한 가지 주목할 것은 하나님의 때는 우리가 예상하는 형태로 시작되지 않는 경우가 많다는 것이다. 다윗의 경우는 어땠는가? 사울의 신하들이 다윗을 왕으로 모시고 싶다고 찾아오지 않았다.

"당신이 기름 부음을 받았다고 들었습니다. 저희가 당신을 왕으로 모시고 싶어서 왔습니다."

사울이 죽임을 당해 새로운 왕을 추대한다는 소식이 떠돈 것도 아니었다. 사울을 반대하는 사람들이 다윗 주변에 모여 어떤 세력을 구축하기 시작한 것도 아니었다. 하나님은 이런 식으로 이야기를 펼치지 않으신다. 하나님은 질서에 따라 모든 일을 진행하시는 분이시다.

하나님께서 기름을 부으시고, 오랜 세월 아무런 소식이 없다가 갑자기 하나님의 경영이 펼쳐지기 시작했다. 아마도 다윗은 하나님의 경영이 펼쳐지는 것도 몰랐을 것이다. 그것은 하나의 심부름으로 시작했기 때문이다.

이새가 그의 아들 다윗에게 이르되 지금 네 형들을 위하여 이 볶은 곡식 한 에바와 이 떡 열 덩이를 가지고 진영으로 속히 가서 네 형들에게 주고 이 치즈 열 덩이를 가져다가 그들의 천부장에게 주고 네 형들의 안부를 살피고 증표를 가져오라 그때에 사울과 그들과 이스라엘 모든 사람들은 엘라 골짜기에서 블레셋 사람들과 싸우는 중이더라

삼상 17:17–19

다윗의 아버지 이새가 다윗에게 전쟁터에 있는 형들에게 도시락을 가져다주라고 심부름을 시켰다. 상관들의 먹을 것까지 싸서 형님들 잘 부탁한다고 인사도 할 겸 군대 면회를 가게 한 것이다.

이렇듯 하나님께서 우리에게 기회를 주실 때는 많은 경우 내가 생각했던 형태로 다가오지 않는다. 하나님이 우리에게 축복을 주실 때는 그 전에 어떤 일을 맡기신다. 그런데 그 일이 우리에게는 아주 작고 사소한 일, 보잘것없는 일로 다가올 때가 많다. 얼핏 보기에는 출세하는 길이 아니다. 왕궁으로 들어가는 통로가 아니다. 그래서 너무나 많은 사람들이 그 기회를 놓친다.

내가 존경하는 빌리 그래함 목사님도 그렇게 시작하셨다. 그는 어느 전도집회의 행정위원으로 집회 준비를 돕고 있었다. 그런데 집회의 설교자가 나타나지 않는 사고가 생겼고, 그가 대타로 단상에 올랐다가 요즘 말로 대박을 쳤다. 대타로 시작한 삶이었다. 그러나 하나님은 그 길을 통해 일하셨다. 하나님께서는 오늘도 작은 일

에 충성하는 자들을 찾고 계신다.

용사가 된 소년

형들이 있는 전쟁터로 심부름을 가면서 시작된 이 스토리는 우리가 너무나 잘 알고 있다. 다윗이 도착했을 때, 이스라엘 군대와 블레셋 군대가 계곡을 사이에 두고 신경전을 벌이고 있었다. 블레셋 장수 골리앗이 나와 이스라엘 군대를 모욕하며 싸움을 걸고 있었다.

"너희는 한 사람을 택하여 내게로 내려보내라 그가 나와 싸워서 나를 죽이면 우리가 너희의 종이 되겠고 만일 내가 이겨 그를 죽이면 너희가 우리의 종이 되어 우리를 섬길 것이니라!"

어릴 때부터 익숙하게 접해온 다윗과 골리앗의 사건이다. 그런데 여기서 우리가 꼭 물어야 할 질문이 있다.

"무엇이 양치기 소년을 용사가 되게 했는가? 모두들 두려워하여 도망가고자 할 때 무엇이 그 소년을 용감하게 했는가? 모두들 포기하고 낙망할 때, 왕조차 낙망하여 두 손 놓고 있을 때 무엇이 '사람이 낙담하지 말 것이라 주의 종이 가서 저 블레셋 사람과 싸우리이다'(32절)라고 할 수 있게 했는가? 무엇이 이 소년을 통해 역사를 이루게 하였는가?"

다윗이 어떤 군사 교육을 받았다는 기록은 아무 데도 없다. 그렇다고 해서 그의 체구가 골리앗만큼 크고 뛰어난 것도 아니었다. 골리앗은 키가 2미터 70센티미터나 되는, 요즘으로 말하면 자동차에 탈 수도 없는 거인이었다. 그럼에도 불구하고 다윗이 골리앗을 쓰러뜨릴 수 있었던 이유는 무엇인가? 이 질문에 답하기 위해서는 또다시 수많은 질문에 맞닥뜨리게 된다.

"왜 그는 낙망하지 않았는가? 왜 그는 그 문제 뒤로 도망가지 않았는가? 왜 그는 그 문제 앞에 굴복하지 않았는가?"

이제 '주의 용사'의 특성을 세 가지로 정리하면서 이 질문을 점검해보려고 한다.

전쟁의 동기

다윗이 주의 용사로 세워질 수 있었던 첫 번째 이유는 전쟁을 향한 그의 동기 때문이었다. 이미 살펴본 바와 같이 삶의 동기가 '주님'이었던 다윗에게는, 전쟁을 위한 동기도 '주님'이었다.

> 이스라엘 사람들이 이르되 너희가 이 올라온 사람을 보았느냐 참으로 이스라엘을 모욕하러 왔도다 그를 죽이는 사람은 왕이 많은 재물로 부하게 하고 그의 딸을 그에게 주고 그 아버지의 집을 이스라엘 중에서 세금을 면제하게 하시리라 다윗이 곁에 서 있는 사람들에게 말하여 이르되 이 블레셋 사람을 죽여 이스라엘의 치욕을 제거하는 사람에게는 어떠한 대우를 하겠느냐 이 할례 받지 않은 블레셋 사람이 누구이기에 살아 계시는 하나님의 군대를 모욕하겠느냐 백성이

전과 같이 말하여 이르되 그를 죽이는 사람에게는 이러이러하게 하시리라 하니라 삼상 17:25-27

전쟁에서는 어떻게 싸우는가보다 무엇을 위해 싸우는가가 중요하다. 이것은 전쟁에 참여하는 한 사람 한 사람이 용사로서 전쟁터에서 생명도 아끼지 않게 하는 원동력이 되기 때문이다. 따라서 전쟁에서 가장 중요한 것은 '동기 부여'이다.

전쟁 영화를 보면 흔히 등장하는 장면이 있다. 생명을 걸고 나가지 않으면 안 되는 전투의 현장에서 장군이 연설하는 모습이다.

"지금 이 전쟁을 통해 우리의 가족을 지키자. 오늘 우리가 여기서 죽는다 해도 우리 자녀에게, 우리 가족에게 더 나은 내일을 안겨줄 수 있다면 얼마나 복된 인생인가? 사람이 목숨만 부지한다고 다 산다고 할 수 없고 죽어서 더 위대한 역사를 남길 수 있다. 우리가 그런 역사의 주인공이 되자!"

이런 유의 연설들이다. 이런 연설을 하는 이유는 죽음도 두려워하지 않고 전쟁터에 뛰어 들어갈 수 있게 하는 동기를 제공하기 위함이다. 장교 훈련에서 가장 많이 받는 훈련 중에 하나가 바로 이런 리더십 훈련인데, 리더십의 가장 첫 걸음이 동기 부여이다. 왜 총탄이 날아다니는 전쟁터에 뛰어 들어가야 하며, 왜 싸워야 하고, 왜 이겨야 하는가에 대한 동기 부여를 해줄 수 있어야 한다.

사실 우리는 자기 생명을 위협받기 전까진 참된 동기를 살펴볼 기회가 없다. 예를 들어, 전쟁터에서 죽음을 각오하기 전까지는 내가 왜 여기서 싸우는지 알 방법이 없다. 선교지에서 유서를 써보기 전에는 내가 왜 선교를 하고자 하는지 그 진정한 동기를 확인할 기회가 많지 않다. 혹은 믿음의 경주를 달리는 가운데 큰 희생을 요구받기 전까지는 내가 왜 헌신하고 주님을 섬기려 하는지 내 안에 있는 참된 동기의 정체를 밝혀내기가 쉽지 않다.

본문에서 우리는 다양한 동기로 전쟁터 한복판에 서 있는 사람들을 만나게 된다. 그들의 동기에 대해 성경은 이렇게 지적한다.

> 그를 죽이는 사람은 왕이 많은 재물로 부하게 하고 그의 딸을 그에게 주고 그 아버지의 집을 이스라엘 중에서 세금을 면제하게 하시리라 삼상 17:25

즉, 그들의 동기는 '보다 나은 삶'이었다. 문제는 이것을 위해서는 오늘 당장 죽는 것이 쉽지 않다는 사실이다. 이스라엘 민족이 왜 낙망하고 두려워하며 주저앉아 있는가? 바로 이 동기 부여가 잘못되었기 때문이다. 그들이 전쟁에 나가 싸우는 이유가 '보다 행복하고 편안한 삶'에 있었기 때문에 전쟁터에서 막상 자기 생명이 위협을 받게 된다면 '일단 살고보자'는 마음이 우선 되는 것이다.

믿음의 전투에 있어서도 수많은 사람들이 그 내면에 이런 동기를 숨겨 놓고 있다. 보다 나은 삶, 평탄한 길, 출세의 길, 먹고사는 문제의 해결. 결국 내가 잘 사는 것이 우리 안의 참된 동기다. 그렇기 때문에 믿음의 길을 걷는다고 하면서도 정작 자기 생명을 걸어야 하는 순간이 닥치면 희생하지 못한다.

스스로에게 질문해보자.

'나는 왜 지금 이 사역의 전투, 믿음의 전투, 선교의 전투, 신앙의 전투를 하고 있는가?'

우리가 드리는 기도의 내용을 가만히 생각해보자. 때로는 그것으로 우리의 동기를 확인할 수 있기 때문이다. 보다 의미 있는 삶을 살기 위해 신앙생활을 하고, 의지할 곳이 필요하여 주님을 붙들고, 축복받기 위해 혹은 벌을 피하기 위해 신앙생활을 유지하고 있는 것은 아닌지 우리의 동기를 점검할 기회가 우리에게 꼭 필요하다.

그의 동기는 하나님의 일

본문을 보면 다윗이 사람들과 이야기를 나누고 있다. 저 골리앗만 이긴다면 부와 명예를 얻을 수 있다는 이야기, 왕의 딸과 결혼할 수 있다는 것, 세금을 면제해주는 등 특혜를 받을 수 있다는 이야기들이다. 자기가 갖고 싶은 것, 얻고 싶은 것들을 꿈꾸며 이야기를 나눈다. 저 앞에 원수가 우뚝 서 있는데도 말이다.

오늘날 수많은 교회 안에서도 이런 모습을 종종 목격할 수 있다. 많은 이들이 주님을 섬긴다고 하지만, 우리가 부르는 찬양의 가사처럼 "주를 위한 이곳에 예배하는 자들 중에 그가 찾는 이 없어 주님께서 슬퍼하신다."

그런데 다윗의 관심은 어디에 있었는가?

> 이 블레셋 사람을 죽여 이스라엘의 치욕을 제거하는 사람에게는 어떠한 대우를 하겠느냐 이 할례 받지 않은 블레셋 사람이 누구이기에 살아 계시는 하나님의 군대를 모욕하겠느냐 삼상 17:26

그의 관심은 부와 명예와 행복과 특혜가 아니라 '하나님의 일'에 있었다. 그리고 그곳에 모인 사람들을 향해 전쟁을 치러야 하는 참된 동기에 대해 동기 부여를 하기 시작한다. 전쟁을 이끄는 장군의 역할은 위치와 계급이 아닌 영향력에 있다. 다윗은 이미 여기서 어린 소년이 아니라 장군의 역할을 맡기 시작한 것이다. 사람들의 생각을 바꿔놓기 시작했다.

여기서 "하나님의 군대를 모욕하겠느냐"라는 표현은 이스라엘 군대를 모욕했다는 뜻이라기보다 하나님을 직접 모욕했다는 표현이다. 왜냐하면 우리가 보고 있는 전쟁은 엄밀히 말해서 이스라엘 군대와 블레셋 군대의 전쟁이라기보다 신들의 전쟁이었기 때문이다. 이것은 사무엘상 시작부터 우리에게 알려주고자 하는 중요한 주제 중 하나다.

사무엘상 4장을 보면 이스라엘과 블레셋 군대가 충돌하는 장면이 나온다. 에벤에셀 곁에 진 치고 블레셋 군대와 싸우던 이스라엘은 그 전투에서 패해 언약궤를 빼앗기고 만다. 그리고 블레셋 사람들은 빼앗은 언약궤를 아스돗의 다곤 신전에 두었다. 그러자 그때부터 희한한 일이 벌어졌다.

> 그 이튿날 아침에 그들이 일찍이 일어나 본즉 다곤이 여호와의 궤 앞에서 또다시 엎드러져 얼굴이 땅에 닿았고 그 머리와 두 손목은 끊어져 문지방에 있고 다곤의 몸뚱이만 남았더라 삼상 5:4

다곤 신상이 언약궤 앞에서 엎드러져 그 머리와 두 손목이 끊어져 있었다. 더 흥미로운 것은, 다윗이 블레셋 사람 골리앗과 싸워 이긴 후 그를 죽일 때 어떻게 죽였는가?

> 다윗이 달려가서 블레셋 사람을 밟고 그의 칼을 그 칼집에서 빼내어 그 칼로 그를 죽이고 그의 머리를 베니 블레셋 사람들이 자기 용사의 죽음을 보고 도망하는지라 삼상 17:51

다곤 신상이 여호와의 궤 앞에 엎드러져 그 머리가 잘린 것처럼 골리앗도 다윗 앞에 엎드러져 그 머리가 잘려나갔다. 이런 형태의 공개 사형을 집행한 것은 블레셋을 대표하는 골리앗에게 다곤신상과 동일한 운명을 재연하기 위해서이다. 즉, 그날 골리앗이 조롱한 것은 이스라엘 군대도 아니요 이스라엘 국가도 아니었다. 그날 골리앗이 조롱한 것은 하나님이었다. 다윗은 이 사실에 견딜 수 없는 불쾌감을 느꼈고, 그래서 용사로 일어나게 된다. 다윗의 동기는 하나님의 이름, 하나님의 영광이었기 때문이다. 따라서 골리앗의 패배와 죽음도 그들의 신인 다곤과 같았던 것이다.

동기를 온전히 하려면 주의 영광을 보라

이런 이야기를 나누면 많은 사람들이 이런 질문을 한다.

"동기만큼은 내 마음대로 안 되는데 어떻게 하란 말입니까?"

사실 우리의 외모와 습관 같은 것은 내 노력으로 바꿀 수 있다. 조금 과장하여 이야기하자면 회개하면서 흘리는 눈물까지도 우리의 노력으로 어떻게 해볼 수 있다. 하지만 동기는 내 마음대로 되지 않는다.

그렇다면 어떻게 해야 올바른 동기로 인생을 살아갈 수 있는가? 어떻게 하면 올바른 동기로 인생의 전투 현장에서 주님의 용사로 일어설 수 있을까? 우리의 동기를 어떻게 바꿀 수 있을까? 그 답은 모세가 이미 우리에게 주었다. 주의 얼굴을 목격하면 된다.

하나님께서는 모세에게 이렇게 말씀하셨다.

"이스라엘 민족을 가만히 보니 목이 곧은 백성인즉 약속의 땅으로 동행 못할 것 같다. 나는 신실한 하나님이기 때문에 너희를 반드시 약속의 땅으로 들여는 보내주마. 그러나 나는 너희와 함께 가지 아니하리라."

일종의 동기 체크다. 하나님이 이렇게 말씀하신다면 당신은 뭐라고 답하겠는가? 하나님이 이렇게 말씀하신다면 말이다.

'네가 원하는 것 다 허락해줄게. 기도 응답 다 해줄게. 모든 문제 다 해결해줄게. 대학 입시 허락해줄게. 취업 허락해줄게. 하지만 그 인생엔 내가 들어갈 자리가 없어. 너만 가.'

아마도 순간 대답할 말을 잃고 고민에 빠질 것이다. 그렇다면 모세는 어떻게 대답하는가?

> 모세가 여호와께 아뢰되 주께서 친히 가지 아니하시려거든 우리를 이곳에서 올려 보내지 마옵소서 출 33:15

동기 체크가 이 대답에서 이루어진다. 이 말씀을 다른 말로 표현하면 이런 뜻이다.

"약속의 현장에 들어간다 해도, 축복의 자리에 앉는다 해도, 기도 응답이 이루어진다 해도, 주님이 안 계시면 거기는 또 다른 형태의 광야일 뿐입니다. 나는 하나님 없이는 약속의 땅에 들어가기 싫습니다. 지금 내가 처한 이 현장이 지옥이고 광야이고 가슴 아픈 현실이라 할지라도 주님이 나와 함께 계신다면 난 이미 목적지에 도달했습니다. 내 인생의 목적지는 주님이십니다."

한 마디로 "오직 내 인생의 동기는 주님이십니다"라고 고백한 것이다. 그러고 나서 모세가 뭐라고 하는가?

"주의 영광을 내게 보이소서"(출 33:18).

모세의 이 말에 하나님은 뭐라고 대답하시는가?

"네가 내 얼굴을 보지 못하리니"(출 33:20).

여기서 '영광'과 '얼굴'은 같은 뜻으로 쓰인다. 모세는 하나님께 주의 영광 보기를 구했지만, 주님은 "내 얼굴을 보지 못하리니"라고 말씀하셨다.

여기서 잠시 '영광'이라는 단어를 정리해보자. 사람과 사람이 대화를 나누고 교제를 나눌 때 어디를 바라보며 교제하는가? 얼굴을 보며 교제를 나눈다. 그 사람을 가장 잘 드러내는 부분이 얼굴이기 때문이다. 얼굴을 보면 그 사람의 감정과 생각을 어느 정도 알 수 있는 문이 형성된다. 그러므로 '얼굴'을 구한다는 것은 '교제'를 구하는 것이라고 할 수 있다. 즉, 모세는 하나님께 '주님과의 교제를 구합니다. 내가 주님을 정말 좋아하기 시작했으니 다른 것은 원하지 않습니다'라고 구한 것이다. 그러므로 우리 인생의 동기를 바꿀 수 있는 유일한 방법은 주님과 교제하는 것, 그리고 그 교제를 통해 주님께 반해버리는 것이다. 즉, 주님의 아름다움과 영광을 목격해버리는 것이다.

그러면 주님의 영광을 보기 위해서는 어떻게 해야 할까? 주님의 영광을 보기 위해, 주님의 얼굴을 보기 위해, 주님과의 교제로 들어가기 위해서는 주님 앞에 앉아 있어야 한다. 오래 기도한다고 기도 응답이 이루어지는 것은 아니다. 그러나 오래 기도하는 것의 특별한 비밀과 능력이 있다. 오래 앉아 있는 만큼 주님의 아름다움을 묵상할 기회가 더 많아지기 때문이다. 그 아름다움을 더 많이 묵상하면 묵상할수록 주님의 영광을 위해 내가 감당할 수 있는 분량이 커진다.

하지만 이것을 너무 신비적으로 생각하면 안 된다. '5시간 기도하면 5시간만큼의 능력이 나타나게 되어 있어!' 이런 것이 아니다. 다만 분명한 것은 오래 기도할수록, 그리고 주님의 임재 안에 더 깊이 들어갈수록 주님의 아름다움이 더 두드러지게 내 안에 나타난다는 것이다. 또한 더 오랫동안 묵상할 수 있고, 더 많은 것을 체험할 수 있다. 거기서 내가 얼마나 세상을 감당할 수 있느냐, 또 얼마나 주님을 내 인생에 동기로 삼을 수 있느냐가 판가름 난다.

그래서 '주의 용사'로 일어나기 위해 주님을 자기 인생의 동기로 삼기 원하는 사람에게 가장 좋은 방법이 하나 있다. 지금부터 주님의 발아래 앉아 있으면 된다. 우리는 모르는 사람을 위해 생명을 걸지 않는다. 교제가 깊어지면 깊어질수록 그를 위해 희생할 수 있는 분량이 커지는 것이다. 주님과의 관계도 마찬가지다. 주님과 깊이 교제하면 할수록 주님을 향해 내가 감당할 수 있는 분량도 커질 줄 믿는다.

전쟁을 향한 남다른 시선

다윗이 주의 용사로 세워질 수 있었던 두 번째 이유는 전쟁을 향한 그의 시선이 남달랐기 때문이다. 문제를 바라보는 그의 관점이 달랐기 때문에 다윗은 사람들의 눈에 띌 수밖에 없었던 것이다.

> 다윗이 사울에게 말하되 그로 말미암아 사람이 낙담하지 말 것이라 주의 종이 가서 저 블레셋 사람과 싸우리이다 하니 사울이 다윗에게 이르되 네가 가서 저 블레셋 사람과 싸울 수 없으리니 너는 소년이요 그는 어려서부터 용사임이니라 다윗이 사울에게 말하되 주의 종이 아버지의 양을 지킬 때에 사자나 곰이 와서 양 떼에서 새끼를 물어가면 내가 따라가서 그것을 치고 그 입에서 새끼를 건져내었고 그것이 일어나 나를 해하고자 하면 내가 그 수염을 잡고 그것을 쳐 죽였나이다 주의 종이 사자와 곰도 쳤은즉 살아 계시는 하나님의 군대를 모욕한 이 할례 받지 않은 블레셋 사람이리이까 그가 그 짐승의 하나와 같이 되리이다 또 다윗이 이르되 여호와께서 나를 사자의 발톱과 곰의 발톱에서 건져내셨은즉 나를 이 블레셋 사람의 손에서도 건져내시리이다 사울이 다윗에게 이르되 가라 여호와께서 너와 함께 계시기를 원하노라 삼상 17:32-37

어떤 사람들은 동기가 어떻든 간에 자신의 노력으로 인생의 승부를 치를 수 있다고 착각한다. 평소에는 그들의 모습이 담대해 보이고 용감해 보이고 자신감이 있어 보인다. 그러나 중요한 것은 골리앗이 나타나면 이야기가 달라진다는 것이다. 인생의 어느 선까지는 노력으로 갈 수 있다. 그러나 우리 삶에는 반드시 골리앗이 등장하는 순간이 있다.

골리앗이 무엇인가? 예상 밖의 현실, 경험 밖에 존재하는 문제들, 나의 예상과 경험과 상식의 틀 밖에 있는, 내 노력과 능력으로 감당할 수 없는 일들이다. 당시 골리앗이라는 존재는 군사학 교과서에서도 찾아볼 수 없는 돌연변이였다. 이런 골리앗이 현실 앞에 들이닥치면 우리는 가차 없이 무너지고 만다.

이럴 때 세상 사람과 주의 용사는 그 반응이 두 갈래로 갈라진다. 세상 사람은 현실 앞에서 낙담한다. 하지만 주의 용사는 그런 자리에서 일어난다. 세상 사람은 빛을 잃지만, 주의 용사에게는 빛을 발할 수 있는 기회가 되는 것이다. 다윗은 골리앗 앞에서 무너지기는커녕 오히려 빛을 발했다.

사람들은 눈앞의 현실을 본다. 골리앗과 싸우겠다는 다윗에게 사울이 뭐라고 말하는가?

"사울이 다윗에게 이르되 네가 가서 저 블레셋 사람과 싸울 수 없으리니."

그 이유가 무엇인가?

"너는 소년이요 그는 어려서부터 용사임이니라."

당연한 이야기다. 현실적으로, 이론적으로, 상식적으로 생각해보고 따져볼 때 승산이 없다. 그러니 이것은 어쩌면 당연한 반응일 것이다.

많은 사람들이 사울의 불신앙을 지적한다. 그러나 기억하길 원한다. 사울은 유능한 군인이었다. 이스라엘을 이끌고 얼마나 많은 전투에 참전했던가! 군사학에서 가르치는 한 가지는 싸울 때와 후퇴해야 할 때를 바로 분별하는 것이다. 사울이 "싸울 수 없으리니…"라는 진단을 한 것은 단순히 불신앙적인 발언이 아니다. 많은 경험을 가진 용사의 한 마디였다. 안타까운 것은 오늘날의 수많은 교회와 성도들이 이만큼의 정확하고 양심적인 진단조차 하지 못하고 있다는 점이다. 세상을 너무나 만만히 보고 있다. 결코 만만치 않은 시대를 우리는 너무 가볍게 여기고 있지는 않은가? 지푸라기 같은 것을 움켜쥐고 원수를 우습게 보고 있지는 않은가?

전쟁을 위한 무기

다윗이 주의 용사로 세워질 수 있었던 세 번째 이유는 전쟁에 임하는 그가 선택한 무기 때문이다.

다윗의 무기가 물매와 매끄러운 돌 다섯 개라고 생각하는 사람이 많지만, 아니다. 다윗이 선택한 무기는 '여호와의 이름'이었다. 물매와 돌멩이는 하나의 도구일 뿐이었다. 나는 그날 다윗이 선택한 돌이 두 개든, 세 개든 상관 없었을 것이라고 생각한다. 사실 매끄러운 돌이 아니어도 괜찮다. 무엇을 사용해도 그날 골리앗은 넘어지게 되어 있었다.

우리는 너무 여러 가지를 준비한다. 다윗이 골리앗과 싸우러 나가겠다고 했을 때 사울은 자기가 갖고 있던 갑옷을 그에게 입혀주려고 했다. 그것이라도 있으면 도움이 되리라 생각했기 때문이다. 그러나 사울의 갑옷은 다윗에게는 어울리지 않았다. 그래서 다윗은 맞지 않는 사울의 갑옷은 벗어버렸다. 사울의 갑옷이 아무리 좋아도 억지로 입으려 하지 않았다는 것이다.

그런데 우리는 이와 반대로 골리앗과 같은 세상과 맞서기를 준비하며 다른 이들의 갑옷을 입고 그들의 무기를 들려 한다. 안 맞으면 수선을 해서라도 입으려 한다. 다른 이들의 성공담, 노하우, 방법론 등을 수선하여 억지로 입으려 한다. 그러면서 나도 그것을 가지고 싸울 수 있다고 착각한다. 그러나 하나님은 사울의 갑옷을 통해 일하시는 분이 아니다. 내가 알고 내가 경험한 '하나님의 이름'을 통해 일하시는 분이다. 당신은 여호와의 이름을 소유하고 있는가?

우리의 챔피언, 예수 그리스도

믿음의 주요 또 온전하게 하시는 이인 예수를 바라보자 히 12:2

여기서 말하는 '믿음의 주'를 원어로 보면 '챔피언'이라는 뜻이다. 즉, 이 말씀은 "믿음의 챔피언이요 믿음의 선두자요 너를 완전케 하시는 예수 그리스도를 바라보자"란 뜻이다.

그런데 사무엘상 17장 4절에도 '챔피언'이란 단어가 나온다. "블레셋 사람들의 진영에서 싸움을 돋우는 자가 왔는데 그의 이름은 골리앗이요"라는 부분을 영어성경으로 보면 '골리앗이라는 챔피언이 나왔다'(There was a champion named Goliath)라고 되어 있다. 흔히 '챔피언'이라고 하면 어느 대회에서 우승한 사람으로 생각하는데, 이 단어의 원어적 의미는 '대표자'라는 뜻이다. 즉 대신하여 싸우는 용사라는 뜻이다. "전쟁을 치르면 수많은 자녀들과 아내들이 아버지와 남편을 잃게 될 것인데, 서로 죽고 죽이며 지저분하게 싸우지 말고 내가 대표로 나왔으니 우리 둘이서 싸우자. 내가 이기면 너희가 내 종이 되고, 너희가 이기면 우리가 너희 종이 될 것이다"란 의미가 담긴 것이 바로 챔피언인 것이다.

우리에게도 누구도 맞서 싸울 수 없는 원수인 죄악과 죽음과의 전투에서 나를 대신하여 싸워주신 '챔피언'이 계신다. 전쟁이 벌어지는 그 언덕 위에서 누구를 보낼까 하고 낙담하고 두려워하며 떨고 있는데 역사에 한 사람이 등장한다. 다윗의 후손이자 완전한 다윗이신, 우리의 챔피언 되신 예수 그리스도께서 십자가라는 전쟁터로 들어가셔서 아무리 노력해도 그 무엇으로도 넘어뜨릴 수 없었던 골리앗과 같은 원수 마귀와 죄와 죽음을 쓰러뜨리셨다.

그런데 그 예수님이 칼과 창과 단검으로 나아가셨는가? 아니다. 다윗 역시 그의 손에 들고 있었던 것은 아무도 예상 못했던 조그만 막대기와 돌멩이였다. 그리고 다윗의 완성이신 예수 그리스도께서는 본인이 지신 십자가로 원수를 쓰러뜨리셨다!

전쟁은 사람의 생각으로 난 것이 아니며 사람의 방법으로 치러지는 것도 아니다. 전쟁은 오직 여호와께 속한 것이다. 원수는 자기들이 이겼다고 외쳤겠지만, 역사가 증명한다. 예수 그리스도께서 원수를 짓밟아 승리하신 날이 바로 그날이다!

믿음으로 요청하라

그런 예수님을 내가 정말로 신뢰하고 내 인생의 무기로 삼아 주의 용사로 나아가기 원한다면 한 가지 반응이 요구된다. 그것은 주께 대신하여 싸워달라고 믿음으로 요청하는 것이다.

하나님 앞에서 온전치 못했던 사울이지만 37절에서 기가 막힌 한 마디를 했다.

"사울이 다윗에게 이르되 가라 여호와께서 너와 함께 계시기를 원하노라."

골리앗과 맞서 싸우러 나가겠다는 다윗에게 한 말이다. 만약 내가 이런 상황에서 왕이었다면 나는 무슨 말을 했을까? 아마 열다섯 살짜리 소년이 군인을 대신하여 싸우도록 내보내지 않았을 것이다. 다윗이 "우리 아빠의 집에서 양을 칠 때 내가 이 물맷돌로 곰과 사자를 잡았습니다"라고 말할 때, 그의 목소리는 어른의 목소리가 아니었다. 그런데 희한하게도 사울 왕은 그 소년의 말을 들었다. 그리고 "우리를 대신해서 나가달라"고 했다. 이것은 기적이다.

바로 이런 고백이 주님 앞에서 필요하다. 우리 눈으로 보기엔 말도 안 되는 것 같다. 도저히 불가능한 싸움 같다. 그러나 심령이 가난한 자들은 지푸라기라도 잡고 싶은 심정이 된다.

지금껏 수많은 챔피언들이 다가와 '내가 너를 구해줄게, 외로움에서 건져줄게, 죄악에서 자유케 해줄게'라고 속삭였지만, 골리앗 앞에서 매번 패배했다. 그런 우리 앞에 예수 그리스도께서 나타나시어 우리의 죄 짐을 맡아주셨다. 그때 그분을 향한 우리의 이 고백이 요구된다는 것이다.

"주님, 저 대신 싸워주세요. 저는 도저히 못 싸우겠습니다."

이 고백에 그분께서는 원수를 무너뜨리신다.

다윗이 골리앗을 쓰러뜨렸을 때, 그것을 바라본 이스라엘 민족이 어떻게 반응했는가? 함께 들고 일어났다. 함께 용사가 되었다. 마찬가지다. 나를 대신하여 싸워주시고 원수를 물리쳐주시는 예수 그리스도를 우리가 정말로 목격하게 된다면, 이제 우리도 용사로 일어나게 될 것이다. 주와 함께 용사로 나아가게 될 것이다.

삼상 24:3-13

3 길가 양의 우리에 이른즉 굴이 있는지라 사울이 뒤를 보러 들어가니라 다윗과 그의 사람들이 그 굴 깊은 곳에 있더니 4 다윗의 사람들이 이르되 보소서 여호와께서 당신에게 이르시기를 내가 원수를 네 손에 넘기리니 네 생각에 좋은 대로 그에게 행하라 하시더니 이것이 그날이니이다 하니 다윗이 일어나서 사울의 겉옷 자락을 가만히 베니라 5 그리 한 후에 사울의 옷자락 벰으로 말미암아 다윗의 마음이 찔려 6 자기 사람들에게 이르되 내가 손을 들어 여호와의 기름 부음을 받은 내 주를 치는 것은 여호와께서 금하시는 것이니 그는 여호와의 기름 부음을 받은 자가 됨이니라 하고 … 11 내 아버지여 보소서 내 손에 있는 왕의 옷자락을 보소서 내가 왕을 죽이지 아니하고 겉옷 자락만 베었은즉 내 손에 악이나 죄과가 없는 줄을 오늘 아실지니이다 왕은 내 생명을 찾아 해하려 하시나 나는 왕에게 범죄한 일이 없나이다 12 여호와께서는 나와 왕 사이를 판단하사 여호와께서 나를 위하여 왕에게 보복하시려니와 내 손으로는 왕을 해하지 않겠나이다 13 옛 속담에 말하기를 악은 악인에게서 난다 하였으니 내 손이 왕을 해하지 아니하리이다

C H A P T E R

도망자

도망자 인생

우리 인생은 끊임없이 쫓기는 도망자와 같다. 아무리 벌어도 물질에 쫓기고, 한가로운 것 같아도 늘 시간에 쫓기며 어딘가를 향해 정신없이 다닌다. 아무리 많은 것을 이룬 것 같아도 돌아보면 할 일이 여전히 태산같이 남아 있다. 드디어 인생을 누릴 수 있을 것 같다 생각하면 어느새 쇠약해져버린 육신을 추스르느라 한눈팔 시간이 없는 것이 우리 인생의 현실이다. 학생들은 공부에 쫓기고, 직장인들은 일에 쫓기고, 사업가들은 결제일에 쫓기고, 어르신들은 얼마 남지 않은 시간에 쫓긴다. 어떤 이들은 지나온 과거에 쫓기고 어떤 이들은 다가올 장래에 쫓긴다. 쫓기고, 쫓기고, 쫓기는 삶의 연속이 우리네 인생이다.

그렇다. 우리는 도망자다. 에덴동산에서 쫓겨난 이후로 끊임없이 쫓기고 있는 것이 인간의 운명이다. 누구도 예외는 없다. 이렇게 끊임없이 쫓기는 삶의 연속에서 어떤 이들은 지쳐버리고 파괴되어 날카로워지고 혼란에 빠진다. 그래서 수많은 섣부른 선택과 행동으로 많은 부작용을 경험하고, 그 대가를 평생에 걸쳐 치르며 생존하기 위해 결국 자기중심적인 사람으로 변해간다.

하지만 반대로 어떤 이들은 똑같이 쫓기는 인생을 살지만 오히려 상황을 정복하고 자신을 다스리고 이웃을 품으며 주님의 뜻을 성취하는 위대한 인생을 살아간다. 그래서 이런 질문을 하게 된다.

"우리는 도망자로서 어떻게 살아야 하는가?"

다윗 역시 숨 돌릴 여유 없는 도망자의 인생을 살아왔다. 하지만 그는 상황에 쫓긴 것이 아니라 상황을 정복하고 자신을 다스리고 이웃을 품어냈다. 도망가면서도 의리를 지켰고, 용서하고, 자기에게 은혜를 베푼 사람을 기억했다. 그리고 결국 하나님나라를 확장하고 주님의 뜻을 성취하는 위대한 역사를 장식했다. 어떻게 이것이 가능했을까?

사실 다윗이 살아낸 도망자 인생은 본문에서 다루고 있는 정도의 차원을 훨씬 뛰어넘는다. 사울 왕에게 쫓겨 다닌 기록만 해도 무려 사무엘상 19장부터 30장까지 이어진다. 그리고 사무엘하 15장부터 17장에 이르러서는 아들 압살롬에게 쫓기는 인생을 살아간다. 참 줄기차게도 쫓기는 인생을 살아왔다.

그럼에도 불구하고 그의 한평생이 하나님의 마음에 합한 자로 정의될 만큼 바른 인생이었다는 것을 우리가 분석해볼 필요가 있다. 그는 과연 어떻게 이런 삶을 살 수 있었는지, 어떻게 쫓기는 인생을 감당했는지 세 가지 질문으로 정리해보자.

질문 1, 주님의 섭리를 섣불리 해석하고 있진 않은가?

정신없이 쫓기는 인생을 살다 보면 반드시 찾아오는 유혹이 있다. 우리 삶에 조금이나마 한숨 돌리게 하는 기회들이 보이기 시작할 때, 한 줄기 소망의 빛이 감지되기 시작할 때 그 유혹은 찾아온다. 그럴 때 우리는 '이것이 하나님이 내게 주신 기회야'라고 착각하기 쉽다. 그러나 그렇게 하나님의 뜻을 섣부르게 해석하면 큰 오류를 범하기 쉽고, 그에 따르는 부작용은 어마어마하게 크다.

따라서 도망자의 삶을 사는 우리가 가장 먼저 명심하고 끊임없이 묻지 않으면 안 되는 질문이 바로 이것이다.

"나는 주님의 섭리를 섣불리 해석하고 있지는 않은가?"

길가 양의 우리에 이른즉 굴이 있는지라 사울이 뒤를 보러 들어가니라 다윗과 그의 사람들이 그 굴 깊은 곳에 있더니 다윗의 사람들이 이르되 보소서 여호와께서 당신에게 이르시기를 내가 원수를 네 손에 넘기리니 네 생각에 좋은 대로 그에게 행하라 하시더니 이것이 그날이니이다 하니 다윗이 일어나서 사울의 겉옷 자락을 가만히 베니라 그리 한 후에 사울의 옷자락 벰으로 말미암아 다윗의 마음이 찔려

자기 사람들에게 이르되 내가 손을 들어 여호와의 기름 부음을 받은 내 주를 치는 것은 여호와께서 금하시는 것이니 그는 여호와의 기름 부음을 받은 자가 됨이니라 하고 다윗이 이 말로 자기 사람들을 금하여 사울을 해하지 못하게 하니라 사울이 일어나 굴에서 나가 자기 길을 가니라 삼상 24:3-7

사울은 블레셋과의 문제를 수습하자마자 또다시 다윗을 쫓기 시작했다. 옛날에 외할머니가 자주 하셨던 말씀 중에 이런 말이 있다.

"극성 부리면 좋게 끝나는 법이 없다."

사울은 다윗을 참 극성스럽게도 미워했다. 거기에는 여러 이유가 있다. 그중 하나는 사람들이 다윗을 칭송하기 시작했고, 사울의 영향력은 줄어들기 시작했다. 이것뿐이었다면 어쩌면 사울이 자기 마음을 어느 정도 다스리면서 감당했을지도 모른다. 그런데 사무엘상 18장 12절에 보면 사울이 다윗을 두려워했다고 한다. 원인이 무엇인가? 사울 자신도 하나님의 영이 자기에게서 떠난 것을 알고 있었지만, 그 하나님의 영이 다윗에게 임한 것을 본 것이다. 그래서 사울은 다윗을 두려워했다. 두려움을 표출하는 여러 방법 중에 사울이 선택한 것은 다윗을 죽이기로 작정하는 것이었다. 여기서부터 다윗의 쫓기는 인생이 시작됐다.

사울은 군사 3천 명을 이끌고 다윗이 숨어 있는 엔게디 광야를 추적하기 시작한다. 엔게디는 예루살렘 동남쪽 사해 주변에 위치한

광야인데, 해발고도 마이너스 410미터로 지구상에서 가장 낮은 곳이다. '염소의 샘'이란 뜻을 가지고 있는 지명처럼, 그곳에는 '게디'라고 하는 들염소들이 많았는데, 그 염소들은 계곡으로 내려가는 언덕에 난 구멍들 속에 깃들여 살았다. 다윗이 그런 동굴로까지 도망쳤다는 것은 쫓길 만큼 쫓겨 더 이상 갈 곳이 없었다는 뜻이다. 끝까지 간 것이다.

다윗의 삶을 통해 가장 먼저 위로를 받기 원하는 것이 바로 이것이다. 나는 끝까지 갔다고 생각하지만 아직은 아니다. 스트레스 받는다고 포기하지 말라. 어떤 해결책이 보이지 않는다 해도 아직 포기하기에는 이르다.

사실 다윗은 사방이 가로막혀 있었다. 그는 왕의 적이었다. 국가적 차원에서 수배자로 몰리기 시작했다. 그러니 다윗을 숨겨준 사람들까지 모두 살해됐다. 다윗의 목을 간접적으로 조르기 시작한 것이다.

그런데 이게 웬일인가? 다윗을 쫓던 사울이 볼일을 보러 동굴에 들어갔는데, 수많은 동굴 중에서 하필 다윗이 숨어 있던 동굴로 들어간 것이다. 우연도 이런 우연이 없다. 보통 우리는 이런 우연이 펼쳐지면 이를 두고 하나님의 섭리라고 섣불리 해석하는 경향이 있다. 다윗을 따르던 자들도 그렇게 생각했다.

다윗의 사람들이 이르되 보소서 여호와께서 당신에게 이르시기를 내가 원수를 네 손에 넘기리니 네 생각에 좋은 대로 그에게 행하라 하시더니 이것이 그날이니이다 하니 삼상 24:4

그러나 하나님은 그렇게 말씀하신 적이 없으셨다. 사람은 자기가 생각하고 싶은 대로 생각하고, 보고 싶은 대로 보고, 듣고 싶은 대로 듣는 연약한 존재다. 특히 그것이 나의 생존 문제와 관련된 것이라면 더 그렇다. 우리는 주님이 말씀하시지도 않은 근거 없는 이야기를 그럴듯하게 하나님의 섭리로 끼워 맞추는 행위를 너무 많이 저지르곤 한다.

다윗을 따르는 자들 역시 더 이상 쫓기는 삶이 싫었을 것이다. 가족과 일상이 있는 고향으로 돌아가고 싶었을 것이다. 한순간이라도 더 빨리 고난의 시절을 끝내고 싶었을 것이다. 그래서 그들은 눈앞에 찾아온 이 기회를 잡는 것이 하나님의 뜻이라고 생각했다. 그들은 하나님의 섭리에 따라 사울 왕이 그들이 숨어 있던 동굴로 들어온 것이라고 단정 지었다.

역경의 계절 한복판, 누구라도 혹할 수밖에 없는 한 줄기 빛이 보이기 시작할 때야말로 정말 조심해야 한다. 지푸라기라도 잡고 싶을 때 절대 잡아선 안 되는 것이 지푸라기다. 올바른 판단을 하기 위해 반드시 기억해야 할 원칙이 있다. 그것은 결과가 방법론을 절대로 정당화시키지 못한다는 사실이다.

지금 다윗이 처한 상황에서 펼쳐질 수 있는 '결과'가 무엇인가? 사울을 죽이고 다윗이 왕좌에 오르는 것이다. 사실, 그것은 하나님의 뜻이었다. 다윗은 기름 부음을 받았고, 하나님은 이미 사울을 버리셨다. 결과만 보자면 다윗이 사울을 죽여도 아무 문제도 없을 것 같다. 오히려 하나님의 뜻을 빨리 앞당겨 성취할 수 있는 것 아닌가.

하지만 다윗은 사울에게 손대는 것을 두려워했다. 하나님이 세우신 종에게 함부로 손댈 수 없었기 때문이다. 그래서 겨우 그의 옷자락 한 부분을 도려내는 데 그쳤다.

정당하게 기름 부음 받은 자로서 왕좌로 나아갈 수 있는 기회가 주어졌지만, 자기 손으로 그 기회를 쟁취하지 않았다. 모든 상황이 다 정확하게 맞아 떨어진다 해도 다윗은 그것을 하나님의 뜻으로 섣부르게 해석하지 않았던 것이다.

하나님은 결과가 아닌 과정과 질서를 보신다

지금 우리 시대에 가장 필요한 것 중 하나가 바로 이런 분별력이다. 사실 잘못된 길을 가도 상황이 기가 막히게 맞아 떨어지는 경우가 너무 많다. 그 대표적인 예로 요나를 들 수 있다. 하나님은 요나에게 니느웨로 가서 회개의 말씀을 선포하라고 하셨다. 하지만 요나는 하나님의 뜻을 거스르고 다시스로 도망가기 위해 욥바 앞바다로 갔다. 때마침 다시스로 가는 배가 있었고, 뱃삯도 있었다. 그러면 충분히 '아, 하나님의 도우심이다. 하나님의 섭리다'라고 생각할 수 있다. 나를 긍휼히 여기시어 피할 길을 허락하신 것이라고 생각하기 쉽다. 하지만 그것은 하나님의 뜻이 아니었다.

오늘날 우리도 마찬가지다. 결과 중심으로 모든 것이 진행되다 보니 결과만 좋으면 된다고 생각한다. 하지만 하나님의 법칙은 그렇지 않다. 하나님은 결과가 아니라 질서를 보신다. 결과가 아니라 순리를 중요하게 여기신다. 우리는 스스로 고난을 단축시키려고 한다. 웬만하면 지름길을 선택하려는 경향이 있다. 그러나 하나님의 방법은 언제나 질서와 순리다. 이것이 쫓기는 삶을 잘 감당하는 첫 번째 조건이다.

내가 처음 중국으로 파송되어 사역할 때, 이것을 피부로 느낄 수 있었다. 그때는 중국 횡단을 자주 하는 형태로 사역했는데, 북경에서 밤기차를 타고 횡단해서 다른 지역으로 옮겨갔다. 그때만 해도 올림픽 전이었기 때문에 중국 기차를 탈 때 등기를 떼지 않아도 괜찮았다. 그래서 밤기차에 올라타기만 하면 중국 공안의 추적을 피할 수 있었다.

그렇게 하루 종일 사역하고 밤에 기차에 올라타면 밤새도록 나의 모든 흔적을 없애며 다른 도시로 이동했다. 그리고 새벽에 도착하면 거기서 또 다른 사역지로 조용히 이동했다. 올림픽 이후로는 기차표를 살 때마다 등기를 떼야 하기 때문에 지금은 그런 형태의 사역을 할 수 없지만, 처음 그렇게 사역을 배울 때 참 행복했던 기억이 있다.

‘하나님의 인도하심을 따르는 것이 이런 것이구나!’

이 사실을 직접 체험했기 때문이다. 밤에 기차를 타고 이동하면서 하나님께 기도한다.

‘하나님, 이제 몇 시간 후면 난주에 도착합니다. 하나님이 예비하신 사람을 만나게 해주옵소서.’

미국이나 일본 같은 곳에서라면 보통 미리 언제 누구를 만날지 완벽하게 일정이 나오고 조율이 되어야 사역이 가능한데, 중국이나 중동에서는 보안 관계상 미리 연락을 할 수 없다. 단지 기도하면서 하나님의 인도하심을 받을 뿐이다. 밤새 달려 도착할 때쯤 만나야 할 사람에게 전화를 걸어 시간이 되는지 물어본다. 시간이 있다고 하면 주님이 만나라고 하시는 뜻이고, 시간이 없으면 아닌 것이다.

그런데 우리가 만약 사역에 미련을 갖게 되면 어떻게 될까? 무리하게 끝까지 만나려고 하다가 어려움에 빠지고 만다. 선교현장에서 일어나는 많은 비극들이 바로 이렇게 진행된다. 선교 보고도 올려야 하고, 실적도 내야 하니 하나님이 막으시더라도 그럴듯하고 보암직한 기회를 잡는 것이다. 그런데 결국 그것이 올무가 되어 큰 어려움을 당하는 경우를 참 많이 봤다. 이것은 선교적으로나 교회적으로, 또 개인적으로 우리에게 동일한 교훈을 주는 중요한 본질이다.

다윗은 “자기 사람들에게 이르되 내가 손을 들어 여호와의 기름부음을 받은 내 주를 치는 것은 여호와께서 금하시는 것이니 그는 여호와의 기름 부음을 받은 자가 됨이니라"(6절)라고 하고 사울에게 손대지 않았다. 당장은 손해 보는 것 같으나 하나님의 입장에서는 그것이 바른 길로 가는 통로였다. 우리 삶에도 종종 지금 당장 내 손으로 해결할 수 있을 것 같은 일들이 있다. 그러나 하나님은 말씀을 통해 우리에게 경고하신다.

> 기다리는 자들에게나 구하는 영혼들에게 여호와는 선하시도다 사람이 여호와의 구원을 바라고 잠잠히 기다림이 좋도다 애 3:25,26

보암직한 기회가 나타났다고 해서 하나님이 나에게 작정하신 그 연단의 계절을 앞당기려 하지 말라는 것이다.

> 사람은 젊었을 때에 멍에를 메는 것이 좋으니 혼자 앉아서 잠잠할 것은 주께서 그것을 그에게 메우셨음이라 그대의 입을 땅의 티끌에 댈지어다 혹시 소망이 있을지로다 자기를 치는 자에게 뺨을 돌려대어 치욕으로 배불릴지어다 애 3:27-30

지금은 당하라고 하신다. 지금은 쫓기라고 하신다. 언제까지 그래야 하는가? 질서와 순리대로 이루어지는 날이 반드시 온다. 그때 위로해주시고 감싸주실 것이다. 그 전에 하나님의 뜻을 구하지 않고 내 뜻대로 움직이는 것은 하나님의 주권을 거스르고 하나님의 때를 앞당기려는 행위다. 하나님보다 앞서가려 하지 말자. 우리가 오늘 쫓겨 다니는 삶을 피할 수는 없으나, 잘 쫓기는 삶을 살아낼 수 있기를 바란다.

질문 2, 주님의 주권을 경솔히 거스르고 있진 않은가?

그 후에 다윗도 일어나 굴에서 나가 사울의 뒤에서 외쳐 이르되 내 주 왕이여 하매 사울이 돌아보는지라 다윗이 땅에 엎드려 절하고 다윗이 사울에게 이르되 보소서 다윗이 왕을 해하려 한다고 하는 사람들의 말을 왕은 어찌하여 들으시나이까 오늘 여호와께서 굴에서 왕을 내 손에 넘기신 것을 왕이 아셨을 것이니이다 어떤 사람이 나를 권하여 왕을 죽이라 하였으나 내가 왕을 아껴 말하기를 나는 내 손을 들어 내 주를 해하지 아니하리니 그는 여호와의 기름 부음을 받은 자이기 때문이라 하였나이다 삼상 24:8-10

우리가 선불리 행하면 안 되는 또 한 가지 이유는 주님의 주권 때문이다. 다윗은 사울 왕을 해치지 않았다. 그가 볼일을 보는 사이 그의 옷자락 끝부분을 조금 베어냈을 뿐이다. 하지만 이것만 가지고도 다윗은 마음에 찔려서 회개한다. 다윗이 이렇게 회개할 수밖에 없었던 것은 그 마음 깊숙한 곳에 주님의 주권을 인정하는 심지가 있었기 때문이다.

사울의 옷자락을 잘라냈다는 것은 단순히 '이것 보소서. 당신을 충분히 죽일 수 있었지만 죽이지 않았소' 하는 증거 차원이 아니다. 왕의 옷은 왕의 상징이며, 능력의 상징이다. 그 일부를 잘라냈다는 것은 왕권에 타격을 입혔다는 뜻이다. 즉, 다윗은 사울 왕의 옷 한 조각을 증거로 삼은 정도가 아니라 그를 온전치 못한 자로 만든 것이다.

그뿐만 아니라 사울 왕의 옷을 베어낸 그 칼이 어떤 칼인가? 다윗은 골리앗을 쓰러뜨린 후에 그의 칼을 빼서 그의 머리를 베었다. 그 칼은 놉이란 동네의 제사장에게 맡겨져 헝겊에 싸여 진열되어 있었다. 다윗이 사울에게 쫓겨 도망하기 시작하면서 가장 먼저 간 곳이 놉의 제사장 아히멜렉의 집이었는데, 무기를 구하는 다윗에게 아히멜렉은 골리앗을 죽였던 그 칼을 주었다. 그 칼이 다윗의 무기가 되었다.

따라서 하나님의 이름을 모독한 자의 칼로 하나님이 기름 부으신 왕의 옷을 도려냈다는 것은 사실 하나님의 주권을 향한 도전이었다. 이 사실을 깜빡하고 일을 저지른 후, 다윗은 마음에 찔려 회개한 것이다. 다윗은 비록 그런 실수를 저지르기는 했지만, '하나님의 주권은 내 손으로 건드릴 수 없습니다'라고 하는 그의 심지만은 분명했다. 다른 말로 표현하면 '내 손을 펼쳐 내 의지와 내 노력으로 왕의 능력을 취하지 않겠습니다'라는 뜻이다.

결국 사울은 무사히 굴을 빠져나갔고, 다윗이 뒤쫓아나가며 사울 왕을 불렀다.

"내 주 왕이여!"

사울이 돌아보자, 그 순간 다윗이 어떻게 했는가? 땅에 엎드려 사울에게 절했다.

"다윗이 땅에 엎드려 절하고."

우리는 이 부분을 읽으며 '옛날 고대엔 이랬나보지'라고 생각하며 대수롭지 않게 넘어간다. 하지만 고대 문화를 잘 아는 사람들은 이것이 흔한 행위가 아니라고 말한다. 다윗이 땅에 엎드려 절했다는 것은 하나님의 주권을 인정한다는 뜻이었다. 그러면서 다윗은 14절에서 사울을 향해 이렇게 말한다.

> 이스라엘 왕이 누구를 따라 나왔으며 누구의 뒤를 쫓나이까 죽은 개나 벼룩을 쫓음이니이다 삼상 24:14

이것이 무슨 뜻인가?

"당신은 하나님이 택하신 귀한 종 아닙니까? 나는 당신에 비하면 개나 벼룩 같은 존재입니다. 저는 당신의 왕권에 도전할 만한 존재가 아닙니다. 나 같은 존재를 한평생 추적한들 왕께 무슨 유익이 있습니까?"

사울 왕을 어마어마하게 높여주는 태도를 취한 것이다. 사울 왕이 정말 존경 받을 만한 존재였기 때문인가? 아니다. 오직 한 가지,

그가 여호와의 이름으로 기름 부음 받은 종이었기 때문이다.

우리가 지나온 날들을 가만히 되새겨보면 한국교회가 받아왔던 축복에 비밀이 숨겨져 있다는 생각이 든다. 예전 우리 부모님들은 목사님을 하늘같이 여겼다. 물론 그에 따른 부작용도 많았기 때문에 지혜로운 균형이 필요하지만, 성도의 입장에서만 보자면 목회자를 섬기는 태도가 복된 것 같다.

오늘날은 어떤가? 너무나 많은 성도들이 잘못된 교회와 목회자의 태도 때문에 상처를 받아왔던 탓에 너나 할 것 없이 교회를 비판하고, 목회자를 비판하고, 장로들을 정죄한다. 그렇다고 우리의 신앙이 더 성장했는가? 그렇지 않다. 그렇게 해서 공의는 세울 수 있을지언정 내 영혼이 타격 받는 것은 내가 지불해야 할 대가이다. 바라기는 이 부분에서 정말 아름다운 균형이 있었으면 좋겠다. 그리고 꼭 기억할 것은, 우리는 절대로 하나님의 주권을 내 손으로 쥐려 하지 말아야 한다는 것이다.

하나님의 주권을 내 손에 쥐지 말라

다윗은 하나님의 주권을 자기 손으로 잡지 않고 하나님의 때를 기다리기로 작정했다. 섣불리 하나님의 뜻을 해석하지 않고 하나님의 주권에 침범하는 죄를 짓는 것을 거절했다는 것이다. 우리는 어떤가? 하나님만이 하실 수 있는 것을 우리 손으로 움켜쥐려 하고 있지는 않은가?

재정적인 부분을 예로 들어보자. 어떻게 보면 신용카드 사용은 하나님의 주권을 침범하는 죄다. 나는 미국에 있을 때 물질에 대한 연단을 참 많이 받았다. 여동생과 나는 돈 쓰는 스타일이 많이 달랐다. 동생은 돈을 아껴서 써야 할 때 쓸 줄 알았다. 안 쓰고, 안 쓰고, 안 쓰다가 나중에 정말 '이거다' 싶은 일이 있을 때 왕창 쓴다. 정말 돈을 잘 쓰는 사람이다. 그렇게 돈을 쓰면 그 돈은 살아 있는 돈이 된다.

그런데 나는 용돈을 받으면 그냥 책상 위에 던져놓았다. 그러다 어머니가 "왜 책상 위에 돈을 던져놨니?" 하시면 "엄마 다 쓰세요"라고 했다고 한다. 호주머니에 돈이 생기면 돈이 생기는 대로 사람들에게 이것저것 사주다가 얼마 안 가 정작 내 호주머니는 텅 비어버렸다. 여동생은 신학교에 갈 때도 절약해서 자비로 학비를 다 마련했다. 하지만 나는 신학교 다닐 당시 학비가 많이 부족했다. 학비가 나오면 신용카드로 긁었다. 그러는 사이 3,4천만 원의 빚이 생겼다. 그렇게 빚이 생기니 몸과 마음이 정말 힘들었다. 그러다 하나님의 은혜로 모든 빚을 정리하고 미국을 떠나 중국으로 가게 됐는데, 비록 빈털터리지만 빚이 없는 것만으로 행복했다. 그때 나는 결심했다.

'두 번 다시 없는 돈은 쓰지 말자!'

그래서 일시불로만 긁을 수 있는 신용카드 하나만 가지고 출발했다. 그 카드의 한도는 높았다. 1억 원까지도 긁을 수 있다. 하지만 일시불이다. 자기 돈이 없으면 쓰지 말라는 것이다. 비상용으로 카드 하나는 챙겼지만, 그때 나는 물질에 대해 많이 배웠다.

돈이 없어서 그것을 사지 못한다는 것은 아직 하나님의 때가 아니라는 뜻이다. 허락하지 않았다는 뜻이다. 그런데 신용카드를 긁거나 빚을 내서라도 그것을 갖고야 말겠다는 것은 하나님의 주권을 침범하는 것이다. 물질부터 시간 활용, 인간관계, 문제 해결 방법, 진로 문제, 내가 살아가고자 하는 모든 방법까지도 혹시나 하나님의 주권에 침범하는 죄를 짓고 있지는 않은지 세심히 살펴야 한다.

그렇게 하나님의 주권에 침범하게 되면 어떻게 되는가? 물질에 쫓기고, 시간에 쫓기고, 인간관계에 쫓기게 된다. 따라서 크리스천이 쫓길 때 가장 먼저 기억해야 할 것은 바로 이것이다.

"주님 말씀하시면 내가 나아가리라. 주님 뜻이 아니면 내가 멈춰 서리라."

인도하심을 받는 사람에게는 쫓김이 없다. 주님의 주권을 내 손에 꽉 쥐려 하기 때문에 쫓기는 것이다. 그러니 하나님 앞에서 나 자신을 잘 살펴봐야 한다.

질문 3, 주님의 주님 되심을 확실히 기억하고 있는가?

내 아버지여 보소서 내 손에 있는 왕의 옷자락을 보소서 내가 왕을 죽이지 아니하고 겉옷 자락만 베었은즉 내 손에 악이나 죄과가 없는 줄을 오늘 아실지니이다 왕은 내 생명을 찾아 해하려 하시나 나는 왕에게 범죄한 일이 없나이다 여호와께서는 나와 왕 사이를 판단하사 여호와께서 나를 위하여 왕에게 보복하시려니와 내 손으로는 왕을 해하지 않겠나이다 옛 속담에 말하기를 악은 악인에게서 난다 하였으니 내 손이 왕을 해하지 아니하리이다 **삼상 24:11–13**

다윗은 하나님을 향한 신뢰를 보여주었다. 그것은 '하나님의 주권을 침범하지 않겠습니다. 하나님의 뜻을 함부로 해석하지 않겠습니다'라는 차원에서 끝나지 않는다. 다윗은 "내 손으로 왕을 해하지 않겠나이다"라고 결단했다. 다윗이 사울 왕에게 칼을 들지 않은 이유는, 그가 하나님의 기름 부음을 받은 사람이었기 때문만은 아니었다. 그에게는 이런 생각이 있었다.

'하나님이 갚으실 것입니다. 악인은 악한 일을 하게 되어 있지만, 나는 그런 악인이 아닙니다. 하나님이 왕이 행한 일을 갚으실 것이고, 나에게도 공의로 베푸실 것입니다.'

즉, 궁극적으로는 하나님이 살아 계신 것을 전제로 기다리겠다는 것이다. 여기서부터 우리가 참된 안식을 누릴 수 있다.

사실 우리 삶에는 도저히 이해되지 않는 문제들이 너무 많이 벌어진다. 그렇기에 내 힘으로 그 문제들을 수습해보려고 바쁜 걸음을 내딛곤 한다. 그러나 우리가 해야 할 가장 중요한 일이 있다. 그것은 주님이 누구인지를 그저 바라보는 것이다. 우리에게는 주님이 주님이심을 알고, 그 주님을 신뢰함으로 선부른 행동은 멈추고 잠잠히 기다리는 것, 이것이 필요하다.

문득 이런 생각이 들었다.

'다시 20년 전으로 돌아가서 사관학교에 입학한다면 얼마나 좋을까?'

군대에 두 번 가고 싶은 사람이 어디 있겠는가? 내가 정신이 나가서 이런 생각을 하는 게 아니다. 다시 돌아가면 더 잘할 수 있을 것 같아서이다. 그때는 운동을 해야 하니까 했는데, 지금은 하지 말라고 해도 내가 좋아서 운동을 한다.

사관학교에서는 아침에 중대별로 100명 정도 되는 생도들이 발을 맞추어 뛰는데, 기수 한 명이 깃발을 들고 뛴다. 참 희한한 것은 평소에 잘 뛰지 못하는 사람도 깃발을 따라 뛰다보면 10킬로미터이든 20킬로미터이든 뛰게 된다는 것이다. 기수의 페이스대로 뛰면 나도 모르는 사이에 뛰게 된다. 정신적인 부담이 없기 때문이다. 그 페이스대로 뛰면 결국은 시간 내에 들어오게 되어 있다. 그렇게 뛰던 때가 그립기도 하다.

바로 그것이 하나님이 우리에게 주시는 축복 아닌가 싶다. 주님의 주권에 굴복하면 정확한 시간에 들어오게 되어 있다. 중요한 것은 그 주권을 외면하고 기수보다 앞서거나 뒤로 처지는 등 나의 페이스를 주장하면 결국 시간에 쫓기게 된다는 것이다. 그리고 스스로 책임에 쫓기다가 결과를 이루어내지 못해 책임 추궁을 받게 된다.

다윗이 쫓기는 삶에서도 끝까지 자신을 유지할 수 있었던 한 가지 이유가 바로 하나님이 정확한 시간에 일하시는 선한 분이심을 알았기 때문이다. 그분은 공의로우신 분이다. 행한 대로 갚으시는 분이시다. 주님은 우리의 행위를 다 보고 계신다. 다윗은 이 사실, 즉 하나님이 보고 계시다는 것을 알고 그것을 전제로 살아갔다. 그는 하나님께서 보고 계실 뿐만 아니라 공의를 집행하실 것을 확신하고 있었다. 이것 하나만 확실히 알아도 쫓기지 않는다.

품격 있게 쫓기는 삶 - 인도하심을 받아라

나는 지난 12년 동안 정신없이 세계를 다녔다. 그러다 보니 많은 어려움도 겪었다. 어느 날은 갑자기 비행기 표가 취소되고, 심지어는 내가 예약한 비행기의 항공사가 부도가 난 적도 있었다. 러시아워 시간, 막히는 도로를 뚫고 겨우 존 F. 케네디 국제공항에 도착해 보니 내가 수속을 밟아야 하는 창구에 사람은 없고 서류만 날아다니고 있었다. 그 서류에는 이런 내용이 써 있었다.

"어젯밤에 부도가 났습니다. 환불에 대해서는 나중에 연락드리겠습니다."

지금까지도 환불을 못 받았다. 이런 일이 많았다. 그러다 보니 시간이 지나면 지날수록 내 안에 큰 갈등이 생겼다. 내 내면에 두 사람이 싸우고 있는 것 같았다. 한 사람은 '너 자신을 스스로 지켜야 된다'는 의지였다. 내가 시간 맞추고, 집회에 맞춰 가고, 내 몸을 지키고, 내 물건을 지키고, 내 자리를 확보한다. 그런데 그렇게 되면 사람이 어떻게 되는 줄 아는가? 독해지고, 악해지고, 조급해지고, 너그럽지 못하게 된다. 사울 왕만 그런 게 아니다. 사람이 생존력이 강해진다는 것은 때로 많이 위험하다.

다른 한 사람은 하나님의 인도하심을 받는 인격이다. 내 안에 하나님의 은혜가 자리 잡기 시작하면 희한한 일이 벌어진다. 길이 막히는데 마음이 평안하다. 돌발 상황이 벌어져도 화평을 누린다.

'더 큰 일이 일어날까 봐 나를 막으신 거야. 이 비행기에 안 태우신 것은 주님이 타지 말라고 하시는 거야. 비행기 옆자리에 나보다 체격이 세 배나 되는 사람이 앉은 것은 조용히 가라는 뜻이야.'

인도하심을 받으면 사람이 너그러워지고, 여유로워지며, 풍성해진다. 그렇기에 하나님이 물으신다.

'너는 어떻게 살래?'

그 선택은 나에게 있다. 하나님을 바라보며 주님을 신뢰하고, 그분의 인도하심을 믿으며 살 것인가? 아니면 자신을 지켜내지 않으면 안 되고, 스스로 갚지 않으면 안 되는 삶을 살 것인가? 똑같이 쫓기는 삶을 사는 것 같으나 그 결과의 차이는 크다.

주께서 인생으로 고생하게 하시며 근심하게 하심은 본심이 아니시로다 애 3:33

주님은 참 좋으신 분이다. 우리가 그분을 정말로 안다면 느리게 가는 것도 괜찮고, 손해 보는 것도 하나님의 뜻 안에 있다. 지금은 당하는 것 같으나 하나님이 언젠가 갚아주실 것이고, 지금 내 손으로 원수를 갚지 않더라도 주님이 공의를 베푸실 것이다. 그러면 우리의 인생이 어떻게 되는가? 쫓기는 것 같으나 이미 정복한 사람이다.

위대한 도망자, 그리스도

사실 다윗은 표지판일 뿐이다. 다윗이란 표지판을 가만히 들여다보면, 그는 우리에게 이런 이야기를 한다.

"나는 표지판일 뿐이다. 진짜 위대한 왕, 진짜 위대한 도망자가 온다."

그 위대한 도망자가 오셔서 자신에 대해 이렇게 말씀하신다.

> 길 가실 때에 어떤 사람이 여짜오되 어디로 가시든지 나는 따르리이다 예수께서 이르시되 여우도 굴이 있고 공중의 새도 집이 있으되 인자는 머리 둘 곳이 없도다 하시고 눅 9:57,58

예수님은 한평생 쫓기는 삶을 사셨다. 예수님은 태어났을 때부터 도망자였다. 한평생 도망 다니고, 사람들의 에워쌈에 또 몸을 감추시고 도망가셨다.

다윗은 굴이라도 있었지만 한평생 머리 둘 곳도 없이 도망 다니셨던 분, 예수 그리스도. 그리고 결국에는 어떻게 되셨는가? 십자가에서 죽임을 당하기까지 극한으로 몰리시며 인생을 장식하셨다. 그런 분께서 세상을 정복하시며 우리에게 말씀하신다.

"너도 나와 함께 갈래?"

주님을 따라가는 것은 만만치 않다. 그래서 어떤 이들은 이렇게 말한다.

"먼저 가서 내 아버지를 장사하게 허락하옵소서"(마 8:21).

주님의 답은 무엇이었는가?

"죽은 자들이 그들의 죽은 자들을 장사하게 하고 너는 나를 따르라"(마 8:22).

나는 어렸을 때 이 말씀이 이해가 안 갔다. '하나님은 장례식을 반대하셨구나'라고 이해한 적도 있다. 그런데 그런 뜻이 아니었다. 네가 죽은 자라는 뜻이었다. '죽은 네가 죽은 사람을 장사하고 오면 돼. 네 눈앞에 내가 서 있는데 나를 못 알아본다면 넌 이미 죽은 자야'라는 뜻이다. 내가 정말 누구인지 안다면 "먼저 가서 이것을 하고 오겠습니다"라는 말이 나올 수 없다는 것이다.

우리가 정말 예수님이 누구인지 안다면 모든 것을 다 마다하고 담대하게 주님을 따를 준비를 할 것이다. 오늘 우리가 그분 앞에 드릴 수 있는 한 가지, 주님이 그것을 기다리신다.

"내가 누군지 아니? 나를 신뢰할 수 있니?"

바로 이 질문에 답하는 것이다. 주님을 신뢰하면 우리가 어떤 모양으로 쫓기는 삶을 사는지 점검할 수 있다.

삼상 18:1-4

1 다윗이 사울에게 말하기를 마치매 요나단의 마음이 다윗의 마음과 하나가 되어 요나단이 그를 자기 생명같이 사랑하니라 2 그날에 사울은 다윗을 머무르게 하고 그의 아버지의 집으로 다시 돌아가기를 허락하지 아니하였고 3 요나단은 다윗을 자기 생명같이 사랑하여 더불어 언약을 맺었으며 4 요나단이 자기가 입었던 겉옷을 벗어 다윗에게 주었고 자기의 군복과 칼과 활과 띠도 그리하였더라

삼상 20:30-42

30 사울이 요나단에게 화를 내며 그에게 이르되 패역무도한 계집의 소생아 네가 이새의 아들을 택한 것이 네 수치와 네 어미의 벌거벗은 수치 됨을 내가 어찌 알지 못하랴 31 이새의 아들이 땅에 사는 동안은 너와 네 나라가 든든히 서지 못하리라 그런즉 이제 사람을 보내어 그를 내게로 끌어오라 그는 죽어야 할 자이니라 한지라 32 요나단이 그의 아버지 사울에게 대답하여 이르되 그가 죽을 일이 무엇이니이까 무엇을 행하였나이까 33 사울이 요나단에게 단창을 던져 죽이려 한지라 … 42 요나단이 다윗에게 이르되 평안히 가라 우리 두 사람이 여호와의 이름으로 맹세하여 이르기를 여호와께서 영원히 나와 너 사이에 계시고 내 자손과 네 자손 사이에 계시리라 하였느니라 하니 다윗은 일어나 떠나고 요나단은 성읍으로 들어가니라

C H A P T E R

친구

성공적인 도망자의 삶을 살기 위해

우리 인생은 앞에서 살펴본 것같이 도망자와 같은 삶의 연속이다. 물질에 쫓기고, 시간에 쫓기고, 마음에 쫓기고, 지난날의 후회에 쫓기고, 죄책감에 쫓긴다. 사람에게 쫓기고, 학업에 쫓기고, 직장 업무에 쫓긴다. 이런 쫓기는 삶 가운데 사람들은 서서히 무너져 내려 아무리 훌륭한 성품의 소유자라 해도 결국은 변질될 수밖에 없는 운명을 맞게 된다. 견디다 못해 탈진하게 되고 결국은 포기하는 자리에 도달한다. 그러나 이 과정 가운데 어떤 이들은 반대로 굳게 세워지고, 강해지고, 연단된다. 이전보다 더 훌륭하게 주님을 닮은 모습으로 성장해나간다.

다윗도 너무나 오랜 세월 도망자 신세로 살 수밖에 없었다. 사무엘상 20장에서 다윗은 자신의 인생을 한 마디로 이렇게 요약한다.

나와 죽음의 사이는 한 걸음뿐이니라 삼상 20:3

한 걸음만 지체하면 잡혀 죽임을 당할 수밖에 없는 신세라는 뜻이다. 그러나 우리가 너무나 잘 알듯이 다윗은 그 과정을 통해 오히려 연단되고 다져지고 견고해졌다. 더 훌륭한 왕으로 훈련되었고, 하나님의 종으로 더 온전히 세워지는 것을 목격할 수 있다. 다윗은 주님의 섭리를 섣불리 해석하거나 주님의 주권을 거스르지 않고 주님의 주님 되심을 온전히 신뢰함으로 도망자로서의 삶을 훌륭하게 살아낼 수 있었다.

다윗이 도망자로서의 삶을 성공적으로 살아낼 수 있었던 또 한 가지 비결은 '친구'다. 쫓기는 운명의 초입에서 목격되는 다윗과 요나단의 우정이 그 인생에 가장 불안하고 무섭고 외롭고 아픈 과정을 견뎌낼 수 있도록 도왔다. 요나단이란 친구가 없었다면 다윗은 아마 도망자로서 살아남지도, 견뎌내지도 못했을 것이다. 따라서 다윗이 인생의 위기에서 만난 요나단이 어떤 친구였는지 조금 다른 각도에서 살펴보려고 한다.

한평생 도망자 같은 인생을 살다 보면 언젠가는 지치고 탈진하게 된다. 그런 운명 속에서 시간이 갈수록 쇠하여지는 것이 아니라 더 굳게 세워지고 견고해지도록 돕는 친구가 있다면 얼마나 감사한 일이겠는가? 내 인생에 그런 친구가 있는지도 생각해보면 좋겠다.

이런 맥락에서 두 가지 질문을 염두에 두자. 첫 번째 질문은 이것이다.

“도망자 같은 인생살이를 하는 나에게도 이런 친구가 있는가?”

만약 이 질문에 “없다”는 결론이 나온다면 우리 삶이 피폐해져 주저앉는 것도 시간문제다.

두 번째 질문은 이것이다.

“도망자 같은 인생살이를 하는 그들에게 나는 이런 친구가 되어줄 수 있는가?”

사실 이 두 가지 질문은 상반된 것 같으나 결국은 한 가지 진리를 담고 있다. 하나님 앞에서 한 가지만 해결하면 단번에 해결된다. 내가 그런 친구를 실제로 경험하기만 한다면 나도 그런 친구가 되어줄 수 있다는 것이다. 그러므로 본문이 우리를 향해 도전하는 것은 도망자 같은 인생의 여정 속에서 참된 친구를 만남으로 끝까지 견뎌내자는 것이다.

친구의 요건

세상은 일반적으로 친구에 대해 뭐라고 정의하는가? 우리는 어릴 때부터 세상적인 개념으로 친구를 사귀었고, 친구 되신 주님도 그렇게 대한다. 세상에서는 일반적으로 친구를 ‘가깝게 오래 사귄 사람’으로 정의한다. ‘친구’의 한자도 친할 친, 옛 구 자를 써서 ‘오래 두고 가깝게 사귄 벗’이란 뜻이다. 인터넷을 검색하다가 이런 글을 봤다. ‘진짜 친구를 가려내는 법 10가지’란 글이다.

1. 당신의 모든 노력을 지지한다.
2. 당신의 바보 같은 면을 좋아한다.
3. 당신의 실수를 용서한다.
4. 당신의 든든한 백이 되어준다.
5. 당신의 비밀을 알고 있다.
6. 기꺼이 시간을 내준다.
7. 연락을 끊지 않는다.
8. 나를 부끄러워하지 않는다.
9. 변화를 격려하고 수용한다.
10. 조용히 들어준다.

나도 이 내용들에 상당 부분 공감했다. 틀린 말은 아니다. 하지만 나는 친구에 대한 세상의 이런 정의에 몇 가지 문제가 있음을 지적하고 싶다. 첫째로, 이 목록의 모든 내용이 표면적이고 행위적이다. 진실된 우정이 아니어도 여러 다양한 동기에서 이런 모습을 충분히 보일 수 있기 때문에 문제가 된다.

예를 들어, 사기꾼도 자기가 원하는 것을 성취하기까지 나의 노력을 지지해주며, 바보 같은 면을 좋아해주고, 실수를 용서해주고, 든든한 백이 되어주며, 비밀을 알고, 기꺼이 시간을 내주고, 절대로 연락을 끊지 않는다. 속이려고 작정하면 얼마든지 속일 수 있는 기준이란 것이다.

둘째로, 이 목록 모두 '나에게 어떻게 해주는가'에 초점이 맞춰져 있다. 결국 진정한 친구를 말하면서도 그 마음 깊은 곳에는 '난 이렇게 유익을 얻고 싶어, 나는 이렇게 도움을 받고 싶어'라고 하는 자기중심적인 태도가 숨겨져 있다는 것이다.

어떤 사람들은 '그 사람이 나에게 그렇게 안 해주면 내가 먼저 해주면 되지. 내가 먼저 그런 친구가 되어주면 돼'라고 생각하며 이 같은 사실을 정당화한다. 그런데 여기에 세 번째 문제가 있다. 나도 채워지지 않아서 그런 친구를 찾고 있으면서 어떻게 내가 먼저 그런 친구가 되어줄 수 있는가 하는 것이다. 나는 그 관계에 만족하지 못하는데 표면적으로만 이야기를 들어주고, 봉사해주고, 선물을 주는 것이 무슨 소용이냐는 말이다. 사기꾼들도 그렇게 한다. 결국 이것은 나 자신을 채우기 위한 목적으로 우정을 이용하는 행위밖에 안 된다.

넷째로, 친구의 기준은 주관적인 것이 아니라 객관적이며, 상대적인 것이 아니라 절대적이란 사실이다. 만약 그 기준이 주관적이고 상대적이라면 친구에게 배신감을 느끼거나 상처받는 것이 오히려 이상한 반응으로 여겨질 것이다. 왜냐하면 내 기준에서는 그 친구가 성의가 없다고 느껴질지라도 그 친구에게는 그것이 기준일 것이기 때문이다.

하지만 우리가 친구를 향한 배신감이나 서운한 마음을 갖는 것은, 인정하고 싶지는 않지만 마음 깊은 곳 어딘가에 좋은 친구에 대한 절대적인 기준이 있기 때문이다. '이런 게 진짜 친구지'라는 개념이 존재한다는 뜻이다. 우리 안에는 다 그런 기대와 목마름이 있다.

한 가지 좋은 소식은 성경이 우리에게 진짜 친구의 기준과 절대적인 요구 조건을 알려주고 있다는 사실이다. 이제 '다윗과 요나단의 우정'이란 렌즈를 통해 성경이 알려주는 참된 친구의 절대적 기준을 세 가지로 알아보자.

참으로 사랑하는가?

첫째, 참된 친구는 '참으로 사랑하는 관계'다.

> 다윗이 사울에게 말하기를 마치매 요나단의 마음이 다윗의 마음과 하나가 되어 요나단이 그를 자기 생명같이 사랑하니라 그날에 사울은 다윗을 머무르게 하고 그의 아버지의 집으로 다시 돌아가기를 허락하지 아니하였고 요나단은 다윗을 자기 생명같이 사랑하여 더불어 언약을 맺었으며 요나단이 자기가 입었던 겉옷을 벗어 다윗에게 주었고 자기의 군복과 칼과 활과 띠도 그리하였더라 삼상 18:1-4

이 짧은 말씀 안에 반복되는 단어가 있다. 바로 '사랑하다'라는 표현이다. 같은 단어를 반복해서 사용한다는 것은 강조하고 싶다는 것이다. 이런 말을 하면 어떤 사람은 갑자기 지루하다는 표정을 짓는다. '사랑'이란 단어를 너무 많이 듣고 익숙한 시대를 살기 때문이다. "친구가 서로 사랑하는 것을 누가 모릅니까?"라고 반응하기도 한다.

그러나 성경이 말하는 사랑은 맹목적이거나 막연한 개념이 아니다. 성경은 친구의 참된 사랑이 어떤 것인지 그 윤곽을 정확하게 잡아준다. 그 사랑 안에는 정확한 3가지 요소가 있다.

일치

참된 사랑의 첫 번째 구성요소는 '일치'다.

> 다윗이 사울에게 말하기를 마치매 요나단의 마음이 다윗의 마음과 하나가 되어 요나단이 그를 자기 생명같이 사랑하니라 삼상 18:1

요나단의 마음이 다윗의 마음과 하나가 되었다고 한다. '사랑한다'는 것은 단순한 입술의 고백이거나 감성적인 충동이 아니다. 사랑은 서로의 마음이 하나 되는 것, 즉 '일치'이다. 이 부분을 영어성경으로 보면 "that the soul of Jonathan was knit together with the soul of David"라고 되어 있는데, 번역하면 '요나단의 영혼이 다윗의 영혼과 함께 짜였다'는 뜻이다.

이와 동일한 표현이 시편 139편 13절에도 사용되고 있다.

"주께서 내 내장을 지으시며 나의 모태에서 나를 만드셨나이다."

여기서 '만드셨나이다'가 영어로 'you have knit me'이다. 즉, '당신이 모태에서 나를 짜주셨습니다, 부분 부분을 조성해주셨습니다' 라는 뜻이다. 만약 내 육신이 만들어지는 과정 가운데 내 안에 형성된 하나하나의 조직을 도려내게 된다면 이루 말할 수 없는 통증이 유발될 것이다. 완전히 절단해낸다 할지라도 내 육신은 그 조직을 평생 기억할 것이며, 몸의 컨디션이 떨어지면 도려내진 그 부분이 반복적으로 아플 것이다.

다윗과 요나단은 서로에게 그런 존재였다. 그들은 비록 몸은 떨어져 있으나 영혼은 하나였다. 서로가 떨어질 수 없는 존재임을 알았고, 설령 떨어진다 할지라도 그 영혼은 끊임없이 통증을 경험할 수밖에 없는 운명에 들어섰다는 뜻이다.

중요한 것은 육신이 이런 식으로 하나가 된 것이 아니라 그 영혼이 하나가 되었다는 것이다. 이것은 어떤 즐거움이나 취미나 개그 코드가 일치하여 우정의 토대가 되었다는 뜻이 아니다. 어떤 교회에 가면 성도들의 일치와 연합을 위해 족구 시합을 하거나 단합대회를 한다. 그러면 하나가 되는 줄 안다. 그러나 옆에서 지켜보면서 내가 내린 결론이, 그런 것을 아무리 해도 성도들의 영혼이 하나가 되지는 않는다는 것이다.

이상과 꿈이 하나가 되었다는 것도 아니다. 영혼이 함께 조직되었다는 것은 나의 삶을 지탱하고 있는 본질과 근본과 중심과 삶의 능력의 원천이 하나가 됐다는 것이다. 쉽게 말해서, 친구를 통해서 어떤 유익을 얻고자 하는 게 아니라 그 친구 자체가 나의 동기가 되었다는 말이다. 이것이 성경이 말하는 참된 사랑의 첫 번째 요건이다.

당신에겐 이런 친구가 있는가? 크고 작은 차이는 있지만, 세상을 살아가며 만나는 많은 친구들은 탕자의 비유에 나오는 친구와 비슷한 것 같다. 외로울 때 전화하고, 힘들 때 위로를 구하고, 나와 있는 것이 유익할 때는 사귀고자 하지만 정말 힘들 때, 모든 것을 다 날려버렸을 때, 바닥을 쳤을 때, 혹은 그 친구들을 등졌을 때 나를 용서하고 붙들어주는 친구는 없는 것 같다.

언약

참된 사랑의 두 번째 구성요소는 '언약'이다.

> 그날에 사울은 다윗을 머무르게 하고 그의 아버지의 집으로 다시 돌아가기를 허락하지 아니하였고 요나단은 다윗을 자기 생명같이 사랑하여 더불어 언약을 맺었으며 삼상 18:2,3

다윗과 요나단은 더불어 언약을 맺었다. 진짜 사랑은 감성적 표현으로, 말로 끝나지 않는다. 언약으로 완성된다. 성경은 진짜 사랑은 감성과 기분에 의한 것이 아니라 언약 관계라고 말한다.

'언약을 맺다'라는 부분을 영어성경으로 보면 'made a covenant', 즉 '언약을 만들다'라고 되어 있다. 그런데 이 부분의 원어를 직역하면 'cut a covenant', 즉 '언약을 잘랐다'라고 표현된다. 히브리어로

'자른다'는 '카라트'인데, 이 단어에서 다이아몬드를 얼마나 잘랐는지 중량을 표현하는 '캐럿'이 나왔다.

하나님이 이스라엘 민족에게 제일 처음 주신 언약이 아브라함에게 주신 언약이다. 하나님이 아브라함에게 말씀하셨다.

"저 하늘의 별처럼 네 자손이 창대해질 것이다. 이 땅을 네게 주어 소유로 삼게 할 것이다. 너와 언약을 세워주겠다. 지금은 보이지 않지만 이 언약은 이루어지게 되어 있다."

그러면서 언약을 맺으시는데 하나님은 아브라함에게 이같이 준비를 시키셨다.

> 여호와께서 그에게 이르시되 나를 위하여 삼 년 된 암소와 삼 년 된 암염소와 삼 년 된 숫양과 산비둘기와 집비둘기 새끼를 가져올지니라 창 15:9

아브라함은 그것을 가져다가 그 중간을 '카라트' 즉 쪼개고, 그 쪼갠 것을 마주 대하여 놓았다. 그리고 하나님께서 그 사이를 지나가셨다.

고대시대 사람들이 사용했던 언약의 방법은 이처럼 자르는 것이었다. 동물을 반으로 잘라서 마주 놓고는 언약을 세우고자 하는 두 사람이 손을 잡고 그 사체의 잘라진 사이로 함께 들어간다. 그리고 서로 이야기한다.

"우리가 이 언약을 어기는 날에는 우리도 이 동물과 같이 되리라."

언약이 깨어지면 이렇듯 찢어짐으로 대가를 지불한다는 뜻이다.

하나님이 주신 또 다른 언약은 모세에게 주신 언약인데, 하나님은 모세에게 돌판을 갈라서 주셨다. 이것 역시 '카라트'이다. 또 예레미야서에 보면 이런 표현이 있다.

송아지를 둘로 쪼개고 그 두 조각 사이로 지나매 내 앞에 언약을 맺었으나 그 말을 실행하지 아니하여 내 계약을 어긴 그들을 렘 34:18

한국어 번역은 의미 전달이 조금 아쉽게 된 것 같다. 영어성경을 토대로 다시 번역해보면 이런 표현이다.

"송아지를 둘로 쪼개고 그 사이로 지나가게 함으로써 나와 언약을 맺었으나 그들이 내 언약을 어겼은즉 그렇게 그들을 쪼개리라."

따라서 다윗과 요나단이 언약을 맺었다는 것은 '너와 나는 이제 절친이야'라는 뜻이 아니다.

'하나님 앞에서 맺어진 이 관계는 서로가 서로를 배반하는 그날에는 피 값을 대가로 부르게 돼 있어. 이 관계를 지켜내기 위해 우리 생명을 다하고 어떤 대가라도 감수하자.'

이 시대의 가장 큰 문제는 참된 관계에 대한 개념이 희미해지고 있다는 것이다. 편의주의, 편리주의적인 관계로 치닫고 있다. 그러나 참된 관계는 그 관계를 유지하기 위한 대가 지불이 반드시 요구된다. 더 나아가 그 관계가 중요하면 중요할수록 더 많은 대가가 요구된다는 사실을 기억해야 한다. 안타까운 것은 우리가 신앙생활을 한다고 하면서 교회를 섬기고, 성도들을 섬기고, 목회자를 섬길 때 그 대가 지불이 점점 더 약해져가고 있다는 것이다.

가끔 집회를 하러 갔다가 그 지역에서 우연히 누군가를 만날 때가 있다. 정말 반갑게 인사하며 안부를 묻는다. 그러면서 집회에 꼭 오겠다고 다짐을 하고는 헤어진다. 그러면 나는 그 분을 찾는다. 그런데 찾아보면 없다. 오겠다고 말을 하지 말지, 그냥 반갑게 인사만 하고 헤어지면 될 것을 왜 그렇게 꼭 오겠노라고 가볍게 이야기하는 걸까.

단순한 예지만 이것이 우리 시대의 병이다. "갈게요, 제가 할게요"라고 말은 쉽게 하지만 막상 대가 지불이 요구될 때면 "아이가 아파서, 다른 일이 있어서, 상황이 안 좋아서'라고 핑계를 댄다. 그러나 성경은 우리에게 "맹세하지 말지니 하늘로도 하지 말라"(마 5:34)라고 한다. 오늘날 우리는 성도로서 말 한 마디를 할 때 그 말의 무게가 얼마나 무거운지, 그 무게감으로 살아가는 삶의 자세를 다 상실해버렸다. 대가를 치르는 방법을 잃어버렸기 때문이다.

그럴 듯한 고백과 말만 무성한 이 시대에 언약을 지켜내기 위해 기꺼이 대가를 지불하는 사람이 너무 드물다. 그렇기 때문에 신실하고 참된 사랑의 교제가 점점 더 사라지고 있다. 신앙생활도 그렇게 하는 사람이 너무 많다. 그렇기에 신앙도 성장이 멈춰버렸다. 사실 그 자리에서 멈춰버리면 그나마 다행이다. 우리가 살고 있는 세상 자체가 어제보다 오늘 더 악해지기 때문에 우리가 제자리걸음이라는 것은 사실상 퇴보하고 있다는 뜻이다.

진짜 친구를 원하는가? 이제는 대가 지불을 감수해야 한다. 그리고 정말 하나님 앞에서 신실한 친구가 되기 원한다면 대가 지불은 희생이 아니라 기쁨이 된다.

희생

참된 사랑의 세 번째 구성요소는 '희생'이다. 참된 사랑에는 대가 지불뿐만 아니라 한 걸음 더 나아가서 희생이 필요한데, 희생은 조금 더 적극적인 요구이다.

> 요나단이 자기가 입었던 겉옷을 벗어 다윗에게 주었고 자기의 군복과 칼과 활과 띠도 그리하였더라 삼상 18:4

다윗과 요나단의 배경을 기억하는가? 다윗은 가문 없는 이새의 집안의 막내아들로 양치기 출신이다. 베들레헴은 그야말로 시골 촌구석이다. 반대로 요나단은 왕자다. 그런데 그 왕자가 어떻게 하는가? 자기 옷을 벗어서 다윗에게 입혀준다. 왕자에게 옷은 자기의 주권이자 왕권을 상징한다. 그런데 요나단이 자기 옷을 벗어서 다윗에게 입혀주었다. 자기가 소유하고 있던 모든 것을 다윗을 채워주기 위해 사용한다. 사랑은 자기가 가진 모든 것을 비워 상대방을 채워준다. 우리는 어떤가? 서로를 향해서, 교회를 향해서 참된 희생을 치를 준비가 되었는가?

그런데 '희생'은 참 재미있는 단어가 아닌가 생각된다. 나도 이 부분에서 많이 회개했던 적이 있다. 처음 중국으로 파송되어 선교사로서의 삶을 시작했을 때 참 여러 가지 일들을 겪었다. 배낭 하나 메고서 오늘은 이곳, 내일은 저곳 옮겨다니며 선교지에서의 삶을 시작했다. 그때 하나님께 이렇게 기도한 적이 있다.

"주님, 제가 주님을 위해서 희생합니다."

그런데 시간이 한참 흐른 후에 이런 기도를 했던 것을 회개했다. 주님께 드리는 것을 희생으로 생각했던 것을 회개했다. 왜냐하면 사랑하는 관계 안에서는 희생이 희생으로 여겨지지 않기 때문이다. 참으로 사랑하면 희생하게 되지만, 그때의 그 참된 희생은 희생으로 여겨지지 않는다.

우리 공동체 안에서 결혼한 커플이 있다. 건반을 치는 자매와 기타를 치는 형제인데 자매가 빵을 정말 좋아하는 빵순이다. 그래서 형제가 다른 찬양팀 밴드와 함께 전국을 다니며 공연할 때, 가는 곳곳마다 유명한 빵집을 찾아가 빵을 산다. 그리고 빵이 아직 따뜻할 때 전해주기 위해 공연이 아무리 늦게 끝나도 꼭 자매에게 들러서 빵을 전해주었다고 한다. 그 이야기를 듣는데 순간적으로 내 안에 하나님이 책망하시는 음성이 들렸다.

'너 봤지?'

그 형제가 만약 이렇게 반응했으면 얼마나 웃기겠는가?

"제가 그 빵을 배달하기 위해 희생을 치렀습니다."

그럼 나는 아마 "이 못난이"라고 하며 책망했을 것이다. 그 형제는 자매에게 빵을 배달해주면서 그것을 희생으로 여기지 않았다. 기쁨이었다. 마찬가지다. 우리가 주님을 사랑하면서 그것이 희생으로 느껴진다는 것은, 사실은 그것을 사랑으로 하는 것이 아니라 자기 의지로 하고 있다는 것을 보여주는 증거가 아닐까?

참된 사랑 안에는 희생의식이 없다. 희생은 그저 사랑의 표현일 뿐이다.

'빵 드시고 싶으세요? 제가 가져올게요.'

'주님, 마음이 아프신가요? 제가 땅 끝까지 가겠습니다!'

그 희생을 치르는 본인은 그것이 희생인 줄 모른다. 이제 우리가 이런 희생을 치를 각오를 가지고, 말과 감정과 기분으로 사랑하는 것이 아니라 성경에서 말하는 기준으로 참된 사랑을 하는 참된 친구의 자리로 나아가게 되기를 바란다.

주님을 경외하는가?

둘째, 우리에게 요구되는 참된 친구의 기준은 '주님을 경외하는 것'이다.

사울이 요나단에게 화를 내며 그에게 이르되 패역무도한 계집의 소생아 네가 이새의 아들을 택한 것이 네 수치와 네 어미의 벌거벗은 수치됨을 내가 어찌 알지 못하랴 이새의 아들이 땅에 사는 동안은 너와 네 나라가 든든히 서지 못하리라 그런즉 이제 사람을 보내어 그를 내게로 끌어오라 그는 죽어야 할 자이니라 한지라 삼상 20:30,31

사울은 요나단이 마음으로부터 다윗을 사랑하는 것을 보고 자기 아들을 향해 어머니의 수치라느니 나라가 든든히 서지 못할 것이라고 화를 내며 퍼부었다. 이것은 다윗을 향한 원망이라기보다 아들 요나단을 향한 한탄이었을 것이다. 왕권을 이어받는 것은 요나단이 마땅히 누려야 할 권리였기 때문이다.

요나단은 왕의 아들로 태어나 왕이 되기 위해 어려서부터 훈련해왔을 것이다. 그리고 꿈꿔왔을 것이다.

'언젠가 나도 아빠처럼 왕이 되어 이스라엘을 이런 나라로 만들어야지. 선한 왕이 되어야지. 하나님을 두려워하는 왕이 되어야지.'

그런 요나단이 자기 겉옷을 다윗에게 벗어주었다. 이는 왕권을 포기했다는 뜻이며, 다윗에게 양보했다는 뜻이다.

여기서 꼭 묻고 싶은 질문이 있다. 무엇이 요나단으로 하여금 왕권을 포기하게 했을까? 무엇이 요나단으로 하여금 왕권을 순순히 다윗에게 양보하게 했을까? 거기에는 딱 한 가지 답밖에 없다.

여호와께서 너 다윗의 대적들을 지면에서 다 끊어버리신 때에도 너는 네 인자함을 내 집에서 영원히 끊어버리지 말라 하고 이에 요나단이 다윗의 집과 언약하기를 여호와께서는 다윗의 대적들을 치실지어다 하니라 삼상 20:15,16

다윗의 인생에서 모든 대적이 지면에서 다 끊어지는 날이 언제인가? 다윗이 기름 부음 받은 바대로 진짜 왕이 되는 그날이다. 다윗이 이스라엘의 왕권을 잡아 왕좌에 앉는 그날이다.

그런데 그날이 오기 위하여 누가 다윗의 대적들을 지면에서 끊어버리신다고 하는가? 요나단은 여호와께서 다윗의 원수들을 다 끊어버리실 것이라고 말한다. 그러면서 그날이 왔을 때 자신의 집을 긍휼히 여겨달라고 요청하고 있는 것이다. 정말 기가 막힌 멋있는 요청이었다.

요나단은 알고 있었다. 하나님이 사울의 집에서 기름을 이미 거두시고 그 기름을 다윗에게 부으셨다는 사실을 말이다. 요나단이 다윗을 섬길 수 있었던 이유는 하나님의 계획을 보았기 때문이다. 하나님의 경영 앞에 자신을 굴복시켰기 때문이다. 하나님의 촛대 앞에 자신을 낮추었기 때문이다.

이는 하나님의 계획하심과 경영과 섭리 앞에 자기 자신을 내려놓지 않으면 누구도 참된 친구가 될 수 없다는 것을 말하고 있는 것이다. 세상과 하나님나라에서의 친구의 정의가 다를 수밖에 없다. 세상은 감성적 요인이나 나에게 어떻게 하느냐에 달려 있다. 이에 반해 하나님나라에서의 친구의 가장 중요한 조건 중 하나는 나와 그 친구 사이에 하나님이 서 계시다는 것이다. 하나님을 경외하는 사람들이 만난 것이 하나님나라의 우정이다. 하나님을 경외하기 때문에 자기의 권리도 단호하게 내려놓는다. 하나님의 경영이라는 것을 확실히 안 이상 자기의 왕권도 다윗에게 양보해버린다.

"이제 네가 왕이 될 거야. 난 너를 도울게!"

하나님의 경영이 이해되지 않는 사울 왕이 그런 아들을 보니 아들이 한심해 보이고 분노가 이는 것이다.

"네가 어떻게 너의 왕권을 다윗에게 넘겨주니? 이 한심한 놈아! 네 어미가 너를 어떻게 키웠는지 기억하지도 않니? 이것은 네 어미의 수치를 드러내는 거야!"

그러나 요나단은 기가 막힌 결단을 한다.

"나는 하나님을 따르는 자이지 내 권리를 주장하는 자가 아닙니다!"

친구가 잘될 때 진심으로 친구의 흥함을 기뻐해주기보다 마음 깊은 곳에서는 그것을 부러워하고 질투하게 되어 있는 것이 하나님 없는 우정이다. '하나님이 이 친구를 세우신다'라는 정리가 우리 안에 없다면 얼굴은 웃고 있어도 마음은 질투하고 있다.

또 반대로 친구가 잘못된 길을 갈 때 하나님의 경영을 알지 못하는 친구는 바른 말을 해주기보다 듣고 싶어 하는 말을 해주게 된다. 진짜 친구라면 하나님을 경외하기 때문에, 하나님의 뜻이니까 그 친구에게 가장 필요한 아픈 말을 해줄 수 있다. 진짜 친구의 위대함은 여기서 나온다.

우리에게도 이런 친구가 필요하다. 하나님의 경영의 관점에서 나를 격려해주고 감싸주고 진심으로 기뻐하며 뒤에서 밀어줄 수 있는 친구, 때로는 채찍질을 하고 바른 말을 전해주면서도 감싸주는 그런 친구 말이다. 그런 친구가 있다면 이 혼란스런 세상에서 도망자로 살면서도 최종 목적지까지 길을 잃지 않고 잘 돌파해나갈 수 있을 것이다.

친구를 지켜주고 있는가?

셋째, 참된 친구의 기준은 '친구를 지켜주는 것'이다.

아침에 요나단이 작은 아이를 데리고 다윗과 정한 시간에 들로 나가서 아이에게 이르되 달려가서 내가 쏘는 화살을 찾으라 하고 아이가 달려갈 때에 요나단이 화살을 그의 위로 지나치게 쏘니라 아이가 요나단이 쏜 화살 있는 곳에 이를 즈음에 요나단이 아이 뒤에서 외쳐 이르되 화살이 네 앞쪽에 있지 아니하냐 하고 요나단이 아이 뒤에서 또 외치되 지체 말고 빨리 달음질하라 하매 요나단의 아이가 화살을 주워 가지고 주인에게로 돌아왔으나 그 아이는 아무것도 알지 못하고 요나단과 다윗만 그 일을 알았더라 삼상 20:35-39

우리는 이 말씀에서 사울을 피해 도망 다니며 숨어 있는 다윗의 비참한 모습을 감춰주는 요나단의 섬세함을 목격할 수 있다. 그날 아침 요나단과 함께 그 들판에 나간 어린 소년조차 다윗이 초라하게 숨어 있는 모습을 목격하지 못했기 때문이다. 그 아이는 아무것도 알지 못했고 요나단과 다윗만 그 일을 알았다고 성경은 기록하고 있다.

다윗이 사울 왕에게 쫓기는 신세인 고로 '설마 우리 아버지가 너를 죽일까' 생각하던 요나단은 아버지의 진의를 확인해야겠다고 생각했다. 그러면서 다윗과 요나단은 작전을 세웠다.

"내가 아버지의 뜻을 확인해볼게. 아버지가 널 정말 해치실 것 같으면 내가 이 화살의 방향을 틀어서 화살을 주워 오라고 지시하는 소리로 알려줄게. 그러면 도망가도록 해."

요나단이 아버지 사울 왕과 식사를 하면서 보니 문제가 심각했다. 사울이 격동하여 다윗뿐만 아니라 왕권을 순순히 포기한 요나단마저 죽이려고 했다. 그러니 답은 이미 나온 것이다.

'다윗을 죽이려는구나.'

요나단은 다윗과 약속한 아침에 나와 활을 위로 높이 쐈다. 그리고 어린 소년에게 활을 가지러 가게 하고, 그 사이 다윗을 찾는다. 다윗도 활이 날아오르는 것을 보았을 것이다.

'아, 요나단이 왔구나.'

화살을 주워 돌아온 소년을 돌려보낸 후의 상황을 성경은 이렇게 기록한다.

> 그 아이는 아무것도 알지 못하고 요나단과 다윗만 그 일을 알았더라 요나단이 그의 무기를 아이에게 주며 이르되 이것을 가지고 성읍으로 가라 하니 아이가 가매 다윗이 곧 바위 남쪽에서 일어나서 땅에 엎드려 세 번 절한 후에 서로 입 맞추고 같이 울되 다윗이 더욱 심하더니 삼상 20:39-41

참된 사랑은 서로의 연약함을 감춰주는 사랑이다. 언젠가 왕이 될 나의 친구의 오늘의 부족함을 덮어주는 것이다.

사실 현재의 모습만 보면 얼마나 비참한가? 도망자는 옷부터 헐벗었다. 그런 내 친구가 언젠가 왕이 될 것인데, 왕궁에서 활을 들어주는 어린아이는 다윗이 왕이 된 그날에도 살아서 왕궁에 있을 것이 분명했다. 그렇기에 사랑하는 친구의 아픔은 나만 보고 그 이름과 명예를 어떻게든 지켜주겠다는 것, 그것이 나를 지켜주는 참된 친구의 모습이다.

이 시대의 가장 안타까운 것은 아무리 친구가 아니라 하더라도 서로를 너무 많이 들먹인다는 것이다. 다 폭로해버리고 노출시켜버린다. 그리고 이것을 '정의'라고 말한다. 그런데 문제는 지금 그것으로 인해 하나님나라가 무너져 내리고 있다는 것이다. 주변을 가만히 돌아봐도 잘잘못을 끝까지 따지는 사람들은 친구로 남지 않고

다 날아가버리는 경우가 많다. 우리는 어떤가? 곁에 있는 친구와 가족의 잘못을 지적하느라 주변 사람들을 다 떠나 보내고 홀로 서 있지는 않은가?

우리 아버지는 일본의 '야쿠자'였다. 일본에서 가장 큰 조직의 교토 책임자였다. 야쿠자로 보면 정말 영광스러운 자리였다. 그런 아버지가 예수님을 만나고 주님의 강권적인 이끄심으로 결국 야쿠자 생활을 중단하셨다. 사실 야쿠자가 조직에서 나온다는 것은 생명의 위협을 받을 만큼 힘든 일이었다. 여기까지는 정말 하나님의 기적적인 은혜로 이루어졌다.

아버지와 어머니는 교토에서의 생활을 모두 정리하고 후쿠오카로 가서 새로운 출발을 하기로 하셨다. 그런데 사람이 흥분의 시간이 지나가면 갑자기 신중하게 생각하게 된다.

'내가 큰일을 저질렀구나. 이제 무엇을 먹고 살아야 하나? 지금까지 나는 중요한 사람이었는데 이제는 아무것도 아닌 존재로 살아가야 하나?'

생각이 여기에 이르자 아버지는 갑자기 당황하기 시작하셨다. 큰 정종을 꺼내 병째 마셨다고 한다. 그때 어머니가 이렇게 말씀하셨다.

"독수리도 깃털이 쇠하여지고 무거워지면 털갈이를 하는데 그때 많이 힘들다고 합니다. 먹이도 제대로 먹을 수 없고 몸도 약해져 많은 위험에 노출된대요. 그때는 아래로 내려와 은밀하고 낮은 장소에 있는 은신처와 바위틈에서 지낸다고 해요. 하지만 그 시기를 잘 보낸 독수리는 힘을 회복하여 이전보다 더 높이, 더 빨리 날아오른다고 합니다. 당신도 야쿠자 생활을 했던 교토에서 비참한 모습을 보이지 말고 하나님이 인도하시는 새 땅으로 가서 새롭게 날아오르는 순간까지 우리 기다려요."

그렇게 부모님은 교토에서의 모든 생활을 정리하고 후쿠오카로 내려가 새로운 삶을 펼치셨다. 그리고 우리 가정은 신앙의 가정으로 세워졌다. 지금도 아버지는 그때의 일로 어머니에게 감사한 마음을 표현하신다.

"그때 그렇게 연약한 나의 모습을 감싸주어서 고마워요!"

가장 좋은 친구

사람은 비참해지면 계속 악순환하며 바닥을 친다. 그때 그 연약함을 감싸주고 격려해줄 친구가 필요하다. 오늘의 연약함과 허물, 오늘의 잘못을 감춰줄 친구 말이다. 많은 이들이 이런 생각을 한다.

'나에게도 그런 친구가 있으면 얼마나 좋을까? 그러면 나도 견딜만할 텐데. 이런 친구를 내가 경험할 수 있다면 나도 그런 친구가 되어줄 수 있을 텐데.'

그런데 우리에게도 그런 친구가 있다는 것을 기억하는가? 그분은 우리에게 이렇게 말씀하신다.

이제부터는 너희를 종이라 하지 아니하리니 종은 주인이 하는 것을 알지 못함이라 너희를 친구라 하였노니 요 15:15

계속해서 얘기하는 것처럼, 본문의 다윗과 요나단은 주인공이 아니다. 표지판일 뿐이다. 더 위대한 요나단, 진짜 위대한 친구가 오신다. 그분이 오셔서 "내가 너의 가장 좋은 친구다. 나의 우정을 맛보렴"이라고 하신다.

그분이 보이신 우정이 무엇인가? 요나단은 하나님의 뜻을 받들어 이스라엘의 왕권을 포기했다. 그러나 예수 그리스도는 하나님의 뜻을 받들어 하늘의 왕권을 포기하시고 친구를 위해 생명을 버리셨다. 요나단은 겉옷을 벗어 친구를 감싸주었지만 예수 그리스도는 하나님과 동등됨을 취할 것으로 여기지 않으시고 자기를 비우사 종의 형상을 입으시고 벌거벗음을 당할 때까지 나를 위하여 전체를 내어주셨다.

그분이 벌거벗음을 당하신 것은 내가 덧입혀지기 위해서다. 언약을 어긴 배반자인 내가 그 대가를 치르기 위해 산산조각 나고 찢긴 것이 아니라, 그분께서 대신 찢기시어 언약의 대가를 지불하셨다. 나의 좋은 친구이신 그리스도께서는 나의 연약한 모습을 감싸주시고 덧입혀주셨다. 그분과 함께 다스리는 그날이 올 때까지 보혈로 덮어주신다. 그리고 언젠가 점도 없고 흠도 없이 하늘 아버지 앞에 서게 하실 것이다.

그 주님을 내가 정말로 경배한다면 하나님께 나의 삶을 기꺼이 드릴 수 있을 것이며, 내가 먼저 주변 사람들에게 내가 이미 받은 그분의 사랑으로 다가갈 수 있을 것이다. 그때야말로 우리는 비로소 참된 친구가 되어줄 수 있을 것이다.

하나님의 길을 끝까지 달려가는 **믿음의 사람**

드디어 왕으로 세워지다

삼하 2:1-7

1 그 후에 다윗이 여호와께 여쭈어 아뢰되 내가 유다 한 성읍으로 올라가리이까 여호와께서 이르시되 올라가라 다윗이 아뢰되 어디로 가리이까 이르시되 헤브론으로 갈지니라 … 7 이제 너희는 손을 강하게 하고 담대히 할지어다 너희 주 사울이 죽었고 또 유다 족속이 내게 기름을 부어 그들의 왕으로 삼았음이니라 하니라

삼하 5:1-5

1 이스라엘 모든 지파가 헤브론에 이르러 다윗에게 나아와 이르되 보소서 우리는 왕의 한 골육이니이다 2 전에 곧 사울이 우리의 왕이 되었을 때에도 이스라엘을 거느려 출입하게 하신 분은 왕이시었고 여호와께서도 왕에게 말씀하시기를 네가 내 백성 이스라엘의 목자가 되며 네가 이스라엘의 주권자가 되리라 하셨나이다 하니라 3 이에 이스라엘 모든 장로가 헤브론에 이르러 왕에게 나아오매 다윗 왕이 헤브론에서 여호와 앞에 그들과 언약을 맺으매 그들이 다윗에게 기름을 부어 이스라엘 왕으로 삼으니라 4 다윗이 나이가 삼십 세에 왕위에 올라 사십 년 동안 다스렸으되 5 헤브론에서 칠 년 육 개월 동안 유다를 다스렸고 예루살렘에서 삼십삼 년 동안 온 이스라엘과 유다를 다스렸더라

C H A P T E R

헤브론의 왕

다윗의 일생을 통해 '하나님의 마음에 합한 자'를 구체적으로 살펴보고 있는데, 이번 장에서 살펴볼 모습 중 한 가지는 주님의 인도하심에 신중하게 귀를 기울이는 모습이다.

'하나님의 마음에 합한 자'라는 표현을 영어성경에서 살펴보면 'A man after God's heart'이다. 즉, '하나님의 마음을 따르는 자, 하나님의 마음에 내 마음을 끊임없이 조율하는 자, 하나님의 마음을 추적하는 자'라는 뜻이다. 따라서 하나님의 마음에 합한 자로 살아가고 싶다면 무엇보다 하나님의 마음에 신중하게 귀를 기울여야 한다. 그리고 하나님의 인도하심을 따라 주님의 뜻을 헤아리라는 그 음성에 귀를 기울여야 한다.

이 부르심을 조금 더 구체적으로 이해하고 받아들이기 위해 구체적인 내용을 세 가지로 정리해보자.

첫째, 주님의 인도하심을 사모하라

그 후에 다윗이 여호와께 여쭈어 아뢰되 내가 유다 한 성읍으로 올라가리이까 여호와께서 이르시되 올라가라 다윗이 아뢰되 어디로 가리이까 이르시되 헤브론으로 갈지니라 다윗이 그의 두 아내 이스르엘 여인 아히노암과 갈멜 사람 나발의 아내였던 아비가일을 데리고 그리로 올라갈 때에 또 자기와 함께한 추종자들과 그들의 가족들을 다윗이 다 데리고 올라가서 헤브론 각 성읍에 살게 하니라 삼하 2:1-3

사무엘서에서 반복적으로 부각되는 것 중에 하나가 사울과 다윗의 모습을 대조시키는 것이다. 심지어 사울이 죽은 후에도 다윗이 이스라엘을 어떻게 치리했는지를 보여줌으로써 이 비교는 끊임없이 이루어지고 있다.

1절에 언급된 '그 후'는 사울과 요나단이 죽은 후를 말한다. 다윗이 약 18년 전에 사무엘을 통해 기름 부음을 받고도 왕좌에 오를 수 없었던 유일한 이유는 사울 때문이었다. 그러니 사울이 죽었다는 소식은 다윗에게 있어서 하나님의 약속을 쟁취하지 못하게 막았던 유일한 이유가 제거되었다는 뜻이었다.

드디어 하나님의 약속이 이루어지는 문턱에 서게 되었다. 이제 예루살렘으로 올라가 이미 약속 받은 그 자리를 자신의 권리로 차지하는 것만 남았다. 누가 봐도 당연한 권리요, 수순이었다. 그런데 다윗의 다음 행동을 성경은 이렇게 증언한다.

"여호와께 여쭈어 아뢰되"(1절).

자신의 권리를 취하기 전, 어떤 약속의 성취가 완성되기 전, 한 걸음 한 걸음 딛기 전에 다윗은 하나님께 여쭙고 있었다.

"하나님 이번에는 어떻게 할까요?"

우리는 어떤 문제가 해결되기까지는 주의 인도하심을 기다린다. 주님의 뜻이 이루어지길 원한다고, 주님의 인도하심만 따라가겠다고 고백한다. 그런데 어느 정도 문제가 해결되고 이젠 내 힘으로 충분히 감당할 수 있겠다 싶으면 그때부터는 하나님의 뜻을 물어보지 않는 경향이 있다. 그러나 하나님의 인도하심을 따른다는 것은 한 순간 한 순간, 한 걸음 한 걸음 끝까지 따르는 것이다.

하나님의 뜻을 아는 방법

그렇다면 우리는 어떻게 하나님의 뜻을 여쭙고 인도하심을 받아야 하는가? 구약시대 때는 하나님께서 하나님의 백성들에게 세 가지 방법을 통해 그분의 뜻을 알리고 인도하셨다. 간단하게 살펴보자.

첫 번째 방법은 '꿈'이라는 일반 계시를 통해서다. 특별히 기름 부음을 받은 하나님의 종이 아니라 할지라도 많은 이가 꿈을 통해 주님의 뜻을 전해 받았다. 심지어 이방 왕도 하나님의 뜻이 담긴 꿈을 꾸었다.

오늘날에도 꿈은 주님의 뜻을 받는 한 가지 방법이다. 그런데 한 가지 주의사항이 있다. 꿈은 참고만 해야 할 뿐 주님의 뜻을 분별하는 도구로 사용할 수 없다는 것이다. 이 부분을 간과하면 간혹 내가 꾼 꿈을 무턱대고 하나님의 뜻을 분별하는 기준으로 삼거나 그 꿈에 하나님의 뜻을 억지로 끼워 맞추는 오류를 범할 수 있다.

성경에서도 꿈으로 계시를 전달받기는 하나, 그 꿈에 대한 정확한 의미는 반드시 해석이 요구되었다. 그래서 고대의 왕들은 꿈이 해석되지 않을 때 해석할 만한 사람을 찾아 헤매기도 했다. 다시 한번 강조하자면, 꿈은 하나님의 뜻을 전달받는 도구이지, 분별의 기준이 아니다.

두 번째 방법은 '우림과 둠밈'이다. 이는 제사장적 계시이다. 우림과 둠밈은 제사장들의 에봇에 달린 도구로, 제사장들이 하나님의 뜻을 알고 분별하기 위해 사용한 도구이다. 여기에는 조금 더 일반화된 계시 도구인 제비뽑기도 포함된다. 즉 제비를 뽑아 누가 죄를 지었는지, 누구를 향해 이런 진노가 내려졌는지 알아보는 것도 제사장적 계시였다고 할 수 있다.

세 번째 방법은 선택 받은 사람을 통해 하나님이 직접 말씀을 선포하시는 것, 즉 '선지자를 통해서 계시를 받는 것'이다.

따라서 "다윗이 여호와께 여쭈어 아뢰되"라고 했을 때, 이것은 그냥 스스로 기도해보고 자기 느낌과 생각대로 한 것이 아니다. 서툰 개인의 분별이 아니라 확실한 근거가 있는, 하나님의 음성을 분명히 듣는 통로가 있었을 것이다.

하나님의 뜻을 구하는 다윗

성경은 특별히 다윗이 우림과 둠밈을 통해 분별했음을 알려준다. 사무엘상 23장을 보면 다윗이 어떻게 하나님의 뜻을 분별하고 그분의 인도하심을 받아왔는지 보여주는 한 장면이 기록되어 있다. 이 장면을 통해 다윗이 일평생 어떻게 하나님의 뜻을 분별해왔는지를 엿볼 수 있다. 다윗이 그일라에 머물고 있다는 소식을 들은 사울이 그 성을 치고자 오고 있었는데, 이제부터 벌어질 상황을 위해 다윗이 하나님께 여쭙는 장면이다.

> 다윗은 사울이 자기를 해하려 하는 음모를 알고 제사장 아비아달에게 이르되 에봇을 이리로 가져오라 하고 삼상 23:9

에봇에는 우림과 둠밈이 달려 있었다. 다윗은 우림과 둠밈으로 하나님의 뜻을 분별하고자 했다. 이어지는 구절을 보자.

> 다윗이 이르되 이스라엘 하나님 여호와여 사울이 나 때문에 이 성읍을 멸하려고 그일라로 내려오기를 꾀한다 함을 주의 종이 분명히 들었나이다 그일라 사람들이 나를 그의 손에 넘기겠나이까 주의 종이 들은 대로 사울이 내려오겠나이까 이스라엘의 하나님 여호와여 원하건대 주의 종에게 일러 주옵소서 하니 여호와께서 이르시되 그가 내려오리라 하신지라 다윗이 이르되 그일라 사람들이 나와 내 사람들

을 사울의 손에 넘기겠나이까 하니 여호와께서 이르시되 그들이 너를 넘기리라 하신지라 삼상 23:10–12

한글성경에는 구체적으로 기록되어 있으나, 짐작건대 하나님이 다윗에게 알려주신 것은 "Yes or No"였을 것이다. "하나님, 사울이 내려오겠나이까?"라고 물으면 "Yes", "그일라 사람들이 나를 넘겨줄까요?"라는 질문에 "Yes"라고 알려주시는 것이다. 즉, 다윗의 시대에도 "내려오리라"라고 하나님의 음성이 직접 들리는 일은 거의 없었다는 말이다. 특별히 사무엘이 세워질 당시 이 땅에 하나님의 음성이 희귀했다고 성경은 기록한다.

그때도 말씀이 희귀했는데 오늘 이 시대는 어떤가? 너무나 많은 사람들이 "하나님이 말씀하셨습니다"라거나 "하나님의 뜻을 받았습니다"라고 하면서 주님의 음성을 들었다고 하는데, 가만히 보면 주님의 방법으로 하기보다는 자기 생각으로 하는 경우가 참 많다. 하나님의 뜻을 기다리기보다는 너무 성급히 주님의 음성을 들었다고 주장한다. 그러나 성경은 하나님의 이름을 망령되이 일컫지 말라고 분명히 말한다(출 20:7). 예나 지금이나 너무 많은 사람들이 주님의 이름을 너무나 쉽게 입에 담는 것 같다.

다윗은 하나님의 방법으로 하나님의 뜻을 묵상하고, 인도하심을 신중히 받은 사람이었다. 조금 더 정확하게 풀어서 말하면, 하나님의 마음에 합한 자는 하나님께서 허락하신 방법에만 귀를 기울이고 신중히 주님을 묵상하며 주님의 인도하심을 세밀히 받는 사람이다. 그렇기 때문에 우리는 자기의 뜻을 하나님의 뜻으로 착각하는, 뜬구름 잡는 맹목적인 신앙을 가지치기해야 한다.

물어도 들을 수 없었던 사울

그렇다면 사울은 어떠했는가? 우리는 사울에게서 다윗의 모습과는 너무나 대조적인 모습을 목격할 수 있다. 사무엘상 28장에서 이스라엘 군대가 블레셋 군대에게 포위당했다. 그런 위기 속에서 사울도 하나님의 뜻을 찾아본다.

"사울이 여호와께 묻자오되"(삼상 28:6).

사울도 하나님께 여쭤봤다. 그런데 그다음에 기가 막힌 표현이 나온다.

"여호와께서 꿈으로도, 우림으로도, 선지자로도 그에게 대답하지 아니하시므로"(삼상 28:6).

구약시대에 하나님의 뜻을 들을 수 있는 유일한 세 가지 통로가 다 차단됐다. 그 이유는 우리가 더 잘 안다. 사울이 아말렉 족속을 다 진멸하지 않았기 때문이다. 특히 아각 왕을 살려준 것으로 인해 하나님께서는 사무엘을 보내셔서 순종이 제사보다 낫다고 말씀하셨다. 그리고 사무엘이 사울을 향해 등을 돌리는데, 이것은 하나님께서도 사울을 향해 등을 돌리셨다는 상징적인 표현이다.

그때부터 하나님과 사울의 교제에 금이 가기 시작했다. 사울은 하나님의 뜻을 알려고도 하지 않고, 알 수도 없는 자리에 서게 된다. 하나님의 음성을 들으려 해도 더 이상 들을 수 없는 어두움에 들어가게 됐다. 그런 자리에 선 사람이 하나님의 뜻을 여쭈어봤는데 그 음성이 들리겠는가? 들린다면 그것도 이상한 일이다.

어떤 사람은 "사울이 하나님께 여쭈어본 것만 해도 대단한 일 아닌가요?"라고 한다. 그러나 사실 사울은 하나님의 뜻을 찾은 것이 아니라 자신의 운명에 대해 알고 싶었을 뿐이다.

우리가 하나님의 뜻을 찾고, 그분의 인도하심을 기다리며 사모하고 따른다는 것은 쉽게 표현하면 '그분과의 교제를 사모한다, 그분의 뜻을 존중한다, 그분의 인격을 존경한다, 그분을 대우해드린다'라는 의미다. 하나님과의 교제를, 주님의 얼굴과 음성을, 주님의 주님 되심을 사모한다는 것이 전제된 것이다. 즉, 친밀한 교제 없이 뜻만 구한다는 것은 하나님을 하나의 컨설팅 도구로만 이용하겠다는 뜻이다.

하나님께서 이미 등을 돌리셨고 하나님과의 교제가 깨졌다면 전심으로 회개하고 뜻을 돌이켜 주님께 긍휼히 여겨주시기를, 다시 한 번 주님의 얼굴을 비춰주시기를 간구해야 한다. 삼손 같은 사람도 하나님께 회개할 때 용서받았다. 그런데 사울은 어떻게 했는가?

"하나님, 이 전쟁이 어떻게 되겠습니까?"

결과만을 물었다. 이 비극은 고대시대만이 아니라 지금도 여전히 반복되고 있다. 교제는 이미 깨어진 지 오래됐는데 "하나님, 이번

수능 시험 어떻게 될까요?", "제가 취업을 잘할 수 있을까요?" 묻기만 한다. 하나님을 컨설팅 도구로만 이용하고 있다는 것이다.

사울에게 하나님과의 깨어진 관계는 둘째 문제였다. 오직 자신의 미래에 대해서만 조급했다. 그래서 사울은 하나님의 대답을 구할 수 없자 갖은 수단과 방법을 다 동원하여 자신의 운명과 운세를 파헤치기 시작한다. 급기야 엔돌이라는 곳의 신접하는 여인을 찾아가 죽은 사무엘을 불러낸다. 정말 기가 막힌 일이다. 그러자 사무엘이 나타나 뭐라고 반응하는가?

"사무엘이 사울에게 이르되 네가 어찌하여 나를 불러올려서 나를 성가시게 하느냐"(삼상 28:15).

사실 나는 이 말씀을 읽으며 배를 움켜잡고 웃었다. 요즘 말로 옮겨보면 사무엘은 이렇게 답한 것이다.

"나 좀 죽게 냅둬! 죽은 사람까지 불러올리다니, 귀찮게 굴지 마. 한평생 살면서 내가 너 때문에 얼마나 고생했는데!"

사무엘이 뭐라고 반응하든 사울은 자기 할 말만 했다.

"사울이 대답하되 나는 심히 다급하니이다 … 하나님은 나를 떠나서 다시는 선지자로도, 꿈으로도 내게 대답하지 아니하시기로 내가 행할 일을 알아보려고 당신을 불러올렸나이다"(삼상 28:15).

무슨 뜻인가? "하나님의 뜻이 어떤지 아무 관계없습니다. 하나님이 나에 대해 어떻게 생각하시는지 별로 중요하지 않습니다. 주님과 나와의 관계가 깨졌든, 깨지지 않았든 별로 중요하지 않습니다.

나는 지금 다급합니다. 지금 죽느냐 사느냐의 문제가 내 눈앞에 있기에 지금 나에겐 그것이 더 소중합니다. 결론만 말씀해주세요, 결론만!"

하나님께 어떻게 돌아가야 될지는 생각도 않는다. 아예 관심도 없었다. 이 비극이 오늘날에도 끊임없이 반복되고 있다.

관계의 회복이 최우선이다

주님의 인도하심을 사모하는가? 주님의 뜻을 정말 알기 원하고 그 인도하심을 진정으로 사모하는가? 그렇다면 가장 먼저 우선적으로 해야 할 것이 관계와 교제의 회복이다. 하나님과의 깊은 친밀함 속에서 저절로 우러나오는 계시가 아니라면 하나님을 이용하는 것일 뿐이다. 하나님은 점쟁이가 아니시다. 하나님은 내 미래를 막연히 축복하며 굿을 해주는 무당이 아니시다. 정말로 그분의 인도하심을 사모한다면 현실로 인한 조급함이 나의 길잡이가 되는 것이 아니라 주님과의 친밀함이 길잡이가 되어야 한다.

집회를 다니면서 많은 청소년들을 만나는데, 기도제목을 물어보면 거의 똑같다.

"목사님, 수험생활 위해서 기도해주세요. 대학 입시 위해서 기도해주세요."

연말쯤 집회에 초청받아 가보면 타이틀이 '수험생을 위한 기도회'이다. 그 기도 내용을 보면 대부분 이렇다.

"우리 아이들이 좋은 대학 가도록 주님이 도와주세요."

기도 안 하는 것보다는 물론 기도하는 것이 낫지만, 강사로서 어떤 말씀을 전해야 할까 고민이 많이 된다. 그래서 꼭 전해야 할 말씀을 솔직하게 전하고 왔다.

하나님이 수험생에게 듣기 원하시는 고백은 '네가 얼마나 열심히 기도했느냐, 시험을 잘 치르게 해주면 너는 나에게 무엇을 해주겠느냐'가 아니다. 사실 하나님은 이런 데 관심도 없으시다. 그런데도 우리는 착각하여 "하나님, 대학에 합격하게만 해주신다면 주님을 멋지게 섬기겠습니다"라고 기도한다. 마치 하나님이 자신을 위해 일해줄 종들을 너무나 궁핍하게 기다리고 계신 것처럼 말이다. 그러나 하나님은 돌을 들어서라도 주님의 백성을 만들어내실 수 있는 분이다.

지금 우리 시대의 가장 큰 거짓말 중 하나가 바로 "하나님은 너를 필요로 하셔!"이다. 아니다. 하나님은 나를 필요로 하시는 분이 아니다. 그냥 나를 귀하게 여겨주시는 분이다. 하나님의 관심은 '입시를 통해 네가 나에게 무엇을 줄 수 있느냐'가 아니다. "하나님, 좋은 대학만 보내주시면 선교사로 가겠습니다, 정말 주님만 섬기겠습니다'란 고백을 원하시는 것이 아니란 말이다. 주님이 정말 알기 원하시는 것은 이것이다.

'너는 왜 대학에 가려고 하니?'

하나님은 우리의 동기를 궁금해하신다. '내가 너를 왜 축복해야 하느냐'라는 질문이다.

이 질문이 하나님 앞에서 선한 양심을 따라 온전히 해결될 수 있는 유일한 방법은 '나와 하나님과의 관계가 어떠한가?'를 살펴보는 것이다. 주님과의 교제가 이미 깨어진 지 오래됐는데, 주님의 얼굴을 보지 못한 지 벌써 오래됐는데 "하나님, 이것은 어떻게 될까요? 주님의 뜻을 가르쳐주세요"라고 묻는 것은 하나님을 이용하는 비양심적인 행위이다. 우리가 하나님의 마음에 정말 합한 사람이 되기 원한다면 관계 회복이 최우선적으로 이루어져야 한다. 사실 이것만 해결되면 충분하다.

둘째, 주님의 인도하심을 분별하라

유다 사람들이 와서 거기서 다윗에게 기름을 부어 유다 족속의 왕으로 삼았더라 어떤 사람이 다윗에게 말하여 이르되 사울을 장사한 사람은 길르앗 야베스 사람들이니이다 하매 다윗이 길르앗 야베스 사람들에게 전령들을 보내 그들에게 이르되 너희가 너희 주 사울에게 이처럼 은혜를 베풀어 그를 장사하였으니 여호와께 복을 받을지어다 너희가 이 일을 하였으니 이제 여호와께서 은혜와 진리로 너희에게 베푸시기를 원하고 나도 이 선한 일을 너희에게 갚으리니 이제 너희는 손을 강하게 하고 담대히 할지어다 너희 주 사울이 죽었고 또 유다 족속이 내게 기름을 부어 그들의 왕으로 삼았음이니라 하니라 삼하 2:4-7

두 번째로 살펴보기 원하는 것은 주님의 뜻을 분별하고 인도하심을 받는 과정이다. 즉, 하나님의 뜻이 나에게 전달되었을 때 수많은 인생의 선택 속에서 주님의 뜻을 어떻게 분별하는가에 대해 살펴보려고 한다.

하나님나라에 입성할 때까지는 진짜 주님의 뜻은 아무도 모른다. 신약성경의 3분의 1을 쓴 위대한 신학자 사도 바울도 "우리가 지금은 거울로 보는 것같이 희미하나"(고전 13:12)라고 말했다. 잘 모르겠다는 것이다. 그나마 우리 눈앞에 다가온 선택의 기로 속에서 무엇을 선택해야 할지 그 최소한의 길잡이가 몇 가지 있을 뿐이다.

한 가지 좋은 소식은 하나님을 사랑하는 자 곧 그의 뜻대로 부르심을 입은 자들에게는 조금 잘못된 선택이라 할지라도 주님을 사랑하기에, 경외하는 모습으로 신중하게 그 인도하심을 바란다면 결국은 모든 것이 합력하여 선을 이루게 된다는 것이다(롬 8:28). 이것은 넘어져도 잡아주신다는 뜻이지 바른 길만을 선택하며 간다는 말이 아니다. 이것은 불가능하다.

그래서 하나님 앞에 바로 살고자 하는 이 시대의 성도들은 두 가지 부분에서 바른 균형을 이루어야 한다. 하나는 "나는 모릅니다. 그래서 쉽게 선불리 하나님의 이름을 말하지 않겠습니다"라고 하는 것이다. 이 균형이 잡힌다면 교회도 질서가 잡힐 것이다. 지금 우리 시대의 가장 큰 문제는 선생이 너무 많다는 것이다. 저마다 하나님의 음성을 들었다고 하며 자신의 생각을 전하기 바쁘다. 그와 동시에 또 하나는 "나는 모르지만 최선을 다해 본분을 지키겠습니다. 나머지는 주님의 손에 의탁하며 나는 그 안에서 안심합니다"라는 고백이다. 이 두 가지가 팽팽하게 밧줄로 당겨지고 있는 그 길목에서 한 걸음 한 걸음 신중하게 나가는 것이 성숙한 성도의 모습일 것이다.

다윗을 헤브론으로 보내신 하나님

다윗을 가로막던 사울이 죽은 이후, 누가 봐도 다윗은 예루살렘으로 갈것 같았으나 예상과 달리 하나님께서는 다윗을 예루살렘이 아닌 헤브론으로 가라고 말씀하셨다. 우연히 이루어진 일이 아니다. 다윗을 헤브론으로 보내신 하나님의 뜻을 조심스럽게 분별해 보자.

다윗은 열두 살 때 기름 부음을 받았다. 그리고 1,2년이 지나서 골리앗과의 싸움이 진행되었다. 예상치 못했던 그 기회를 통해 다윗은 드디어 사울 왕과 국민들의 눈에 들게 되었다. 여기서 우리가 한 가지 알 수 있는 것이 하나님의 뜻이 우리에게 선포된다고 즉각적으로 이루어지는 것은 아니란 것이다. 다윗은 기름 부음을 받았지만, 그다음 날 또 양을 치러 나갔다. "네가 왕이 될 거야"라는 말씀을 듣고 형들 앞에서 왕 행세를 하지 않았다는 것이다.

그 이후로 많은 시간이 흘렀고, 다윗은 쫓기는 자의 삶을 살아갔다. 그러다가 결국 자신을 쫓고 길목을 가로막던 유일한 걸림돌인 사울이 죽었다는 소문을 듣는다. 그러면 이제 예루살렘으로 가면 된다. 다윗의 권리였고, 하나님의 약속이었다. 자신을 통해 하나님의 뜻이 이루어진다는 확신도 분명히 있었을 것이다. 그런데 하나님께서는 예루살렘으로 가지 말고 헤브론으로 가라고 말씀하신다.

"예루살렘으로 가지 말고 헤브론으로 가. 넌 헤브론의 왕이지 아직 이스라엘의 왕이 아니야."

우연일까? 절대 아니다. 그 이유를 잠시 정리하며 주님의 뜻을 어떻게 분별하는지 살펴보도록 하자.

보호하기 위해 헤브론으로 보내셨다

하나님께서는 다윗을 왜 헤브론으로 보내셨는가? 먼저 그곳이 보호받을 수 있는 최적의 환경이었기 때문이다.

"유다 사람들이 와서 거기서 다윗에게 기름을 부어 유다 족속의 왕으로 삼았더라"(삼하 2:4).

다윗은 유다 족속의 한 사람이었고, 유다 족속의 우상이었다. 따라서 다윗을 가장 자연스럽게 받아줄 수 있는 곳이 바로 유다 족속의 땅 헤브론이었다.

여기서 우리는 한 가지 중요한 사실을 깨달을 수 있다. 그것은 하나님의 신비한 뜻은 많은 경우 멀리 있는 것이 아니라 가장 가까운 곳에서부터 시작된다는 사실이다. 하나님께서는 다윗을 가장 가까운 사람들이 있는 곳으로 보내셔서 보호받게 하셨다.

하나님의 뜻을 잘 분별하기 원한다면 언젠가 원대한 꿈을 이룰 먼 미래를 고민하지 말라. 원대한 꿈을 이루는 것도 좋지만 가만히 지나 보면 하나님이 우리 인생에 주신 본질적인 부르심은 생각보다 우리 가까이에 있으며, 생각보다 소박한 경우가 많다.

얼마 전에 정말 많이 아팠던 적이 있다. 태어나서 이렇게 많이 아팠던 적이 처음이었던 것 같다. 나름대로는 정말 심각했다. 많은 증상과 심한 통증이 있다 보니 하룻밤 사이에도 죽음과 생명 사이를 몇 번씩 왔다 갔다 하는 것 같았다. 상황이 그렇다 보니 건강에 대해 많이 생각하게 되었다. 그러면서 하나님이 우리 인생에 주시는 뜻은 참 단순하다는 생각이 들었다.

'너에게 준 건강, 가정, 직장, 오늘 너의 삶. 그것이 크든 작든, 화려하든 초라하든 너에게 주신 것을 잘 가꾸고 관리하고 누리며 살아!'

이것이 다라는 생각이 들었다. 번성하고 정복하고 다스리라는 것, 한 마디로 말해서 잘 관리하라는 것, 이것이 태초에 하나님이 우리에게 주신 사명이다. 그 안에서 최선을 다해 우리가 할 수 있는 만큼 확장하고 또 누리라는 것이다. 그런데 우리는 내게 주어진 것에 만족하기보다는 강 건너편의 다른 것을 탐내고 탐내며 한평생 목말라하며 살아간다. 그래서 나는 아픔 중에 하나님께 이렇게 기도했다.

"하나님, 이번에 다시 한번 회복시켜주신다면 내 안에 없는 것을 바라보는 것이 아니라 이미 주신 것, 오늘 할 수 있는 사역, 나에게 허락된 오늘의 과정, 오늘의 건강, 내가 누릴 수 있는 오늘의 본분을 최대한 잘 관리하고 가꾸어 하나님 앞에 올려드리겠습니다. 최대한 많이 누리겠습니다."

이것이 바로 잠언과 전도서가 전하고자 하는 메시지이다.

> 사람이 먹고 마시며 수고하는 것보다 그의 마음을 더 기쁘게 하는 것은 없나니 내가 이것도 본즉 하나님의 손에서 나오는 것이로다
>
> 전 2:24

주어진 환경에서 최선을 다하고 그것을 감사하며 누릴 수 있다면 이보다 값진 것이 없다. 하나님의 신비한 뜻은 신비한 자리에서 발견되는 것이 아니라 일상생활에서 발견된다. 주님의 인도하심은 우리가 부르심을 받은 오늘의 삶의 현장에 보물과 같이 잘 숨겨져 있다. 그래서 일상생활에서 가만히 주님의 손길을 묵상하는 사람들만이 주님의 섭리를 발견한다. 우리는 어떤가? 너무 많은 경우 신비한 것에서 하나님의 뜻을 발견하려니 음성을 헛듣는 것이다.

하나님의 인도하심을 기다리는 사람들은 우선적으로 삶의 기본으로 돌아가야 한다. 그것이 첫걸음이다. 가정으로 돌아가고, 남편과 아내에게 충실하고, 교회에 충실하며, 학업과 직장에 충실하자.

사도 바울 역시 모든 일을 '주께 하듯' 하라고 권면한다. 일에 대한 개념도 바뀌어야 한다. 나를 이곳에 보내신 분이 주님이심을 기억해야 한다. 눈속임하지 말고 주께 하듯 최선을 다해 그곳을 섬겨라.

환난을 준비시키기 위해 헤브론으로 보내셨다

하나님이 다윗을 헤브론으로 보내신 두 번째 이유는 앞으로 다가올 환난을 준비하게 하시기 위함이었다.

다윗이 헤브론의 왕으로 기름 부음 받고 이스라엘 전체의 왕으로 세워지기까지의 사건들은 사무엘하 2-4장에 잘 기록되어 있다. 사울의 뒤를 이어 왕이 된 이스보셋과 다윗 가문 사이에 치열한 전투가 벌어지는데, 이런 정황을 볼 때 하나님이 다윗을 헤브론으로 보내신 이유 중 하나가 그곳의 지리적인 조건 때문이라는 생각이 든다. 사방이 산지인 헤브론은 다윗이 보호받으며 훗날을 도모할 수 있는 최고의 환경이었다. 즉, 다윗에게 충성을 맹세한 유다 민족의 품과 헤브론이라는 거대한 요새 안에서 다윗의 군사력과 영향력이 성장하고 강화되고 안정되기까지 원수들에게서 다윗을 지켜내야 했던 하나님의 인도하심이었다. 다가올 환난을 준비하는 과정이 반드시 요구된다.

그리고 그 주님은 이 시대 우리에게도 동일하게 말씀하신다. 우리가 가야 할 곳 역시 만만치 않은 곳이기 때문이다.

'험한 세상 속에서 꽃을 피워보지도 못하고 져버리면 안 돼. 널 보호해줄게. 아직은 그 사람의 수하에 있어야 해. 하지만 기억해. 네가 좀 더 성장하면 그때 자연히 길을 열고 그 사람의 손 아래서 풀려나게 할 거야. 내가 사인을 줄 때 야곱이 라반의 얼굴빛이 변했을 때 떠난 것처럼 그 사람의 얼굴빛이 변할 때, 그때 가면 돼.'

그런데 우리는 어떻게 하는가? 꿈을 이루기 위해 지금 당장 가야 한다고 한다. 그런데 하나님의 뜻은 억지로 이루어지지 않는다. 더 이상 있지 못할 때가 온다. 그때까지 하나님은 나를 안정시키시고 강화시키시며 준비시키시고 번창케 하시고 배우게 하신다. 이것이 주님의 인도하심을 분별하는 중요한 길잡이가 된다. 주님이 우리를 인도하시는 길은 파괴하는 길이 아니라 나를 활짝 피게 하는 길이다.

나 역시 주님의 이런 보호하심을 경험하고 있다. 지금 나는 삶에서 걱정할 것이 단 하나도 없다. '어떻게 말씀을 전할까?' 이것만 고민하면 된다. 지금 함께 사역하는 JGM 안에서 많은 부분을 제한받고 있기 때문이며, 사랑하는 부모님 아래서 많은 말씀을 듣기 때문이다.

"콜라 마시지 마. 당뇨 조심해야 해. 밥은 밖에서 먹지 마."

그럴 때면 농담 반 진담 반으로 '아, 외국 언제 나가지' 하는 반응을 하기도 하지만, 사실 정말 감사하다. 나를 대신하여 나를 걱정해주는 분들이 계시기 때문이다. 이것도 하지 못하고, 저것도 하지 못하고, 내 마음대로 살 수 없지만, 이것은 보호하심이다. 하나님께서는 사랑하는 자들에게 금사슬로 채우신다. 그것이 하나님의 뜻이다.

열매를 위해 헤브론으로 보내셨다

하나님이 다윗을 헤브론으로 보내신 세 번째 이유는 주님의 신실하심이 열매로 완성되는 과정이기 때문이다.

하나님은 예나 지금이나 한 가지 기준으로 모든 것을 진행하고 계신다.

"나의 영광을 위하여! 나의 이름을 위하여!"

바로 이것이다. 하나님의 영광, 하나님의 이름의 가장 좋은 내용이 무엇인가? 하나님의 신실하심, 신뢰할 만한 그분의 성품이다.

성경에 헤브론이 다른 이름으로 등장하는 곳이 있다. 창세기 23장을 보자.

> 사라가 가나안 땅 헤브론 곧 기럇아르바에서 죽으매 아브라함이 들어가서 사라를 위하여 슬퍼하며 애통하다가 창 23:2

> 그 후에 아브라함이 그 아내 사라를 가나안 땅 마므레 앞 막벨라 밭 굴에 장사하였더라 (마므레는 곧 헤브론이라) 창 23:19

거기서 아브라함과 사라, 이삭과 야곱이 뿌리를 내린다. 그들은 모두 하나님의 약속을 따랐던 자들이다. 그들은 모두 자신들을 통해 하나님나라가 이루어질 것이란 약속을 받았다. 그러나 그들은 그 약속이 이루어지는 것을 보지 못하고 이 세상을 떠났다. 그들은 이 세상에 더 이상 존재하지는 않지만, 하나님의 뜻이 구체화되기 시작한 첫 번째 정거장, 즉 다윗 왕국의 첫 번째 형태가 윤곽을 드러내기 시작한 곳이 바로 헤브론이었다.

하나님은 아브라함에게 그냥 큰 가족이 될 것이라고 말씀하지 않으셨다. 너를 통해 왕국을 이룰 것이라고 말씀하셨다. 아브라함에게 주신 약속이 언제 이루어졌는가? 수천 년이 지난 후 다윗을 통해 이루어졌다. 다윗의 헤브론 왕국, 이것은 하나님의 신실하심이 열매로 증명되는 감격적인 장면이었다.

주님의 신실하심을 정말 맛보기 원하는가? 그렇다면 주님의 인도하심을 기다려야 한다. 인도하심을 기다리는 자에게만 허락되는 특권이 바로 주님의 신실하심을 맛보는 것이다. 그런데 많은 경우 주님의 신실하심을 맛보지 못하는 것은 기다리지 못하고 섣불리 내 방법을 동원하기 때문이다.

하나님의 약속이 이루어지는 한 과정

앞에서 얘기한 것처럼 얼마 전에 몸이 많이 아프면서 심리적으로, 영적으로 극심한 요동을 겪었다. 어느 날 갑자기 몸이 아프기 시작하더니 2주쯤 지난 후에는 척추에 테니스공 같은 것이 느껴지면서

걷지를 못했다. 잠도 잘 수 없어서 밤 10시에 누우면 아침 7시까지 잠을 못 잔 채로 눈을 뜨고 있었다.

너무 힘들다 보니 밤에는 인터넷으로 이것저것 검색을 해봤다. 이런 증상, 저런 증상을 찾아보며 내 증상과 비교해보고 스스로 내린 결론이 '암'이었다.

'괜찮아. 치료하면 되고, 주님의 뜻이라면 그냥 감당하면 돼.'

여기까지는 괜찮았다. 그런데 가장 힘들었던 것은 너무 많은 증상이 한꺼번에 찾아온 것이었다. 이 병원, 저 병원 다니며 검사한 결과 중에 하나는 디스크 초기 단계란 진단이었다. 비행기를 워낙 많이 타고 다니다 보니 디스크가 온 것이다. 허리가 결리면서 복근까지 결리기 시작했다.

그런데 디스크는 아래쪽뿐만 아니라 위로도 연결되어서 교감신경, 비교감신경까지 다 연결되어 있다고 한다. 교감신경, 비교감신경에 이상이 생기면 밤에 잠을 잘 수 없고 소화 장애도 온다. 이런 과정을 겪으며 감정적으로 극심한 요동을 겪게 되었다. 한순간 가만히 생각해보면 평안해졌다가 또 다른 한순간 불안이 엄습했다. 그럴 때 결정적으로 내게 큰 힘이 되었던 어머니의 한 마디가 있었다. 그 한 마디가 내게 다시 일어설 수 있는 힘을 주었다.

"넌 아무 문제 없을 거야. 사람도 10년 쓰고 그 사람 버리지 않아. 하물며 하나님은 신실하신 분이야."

생각해보니 내 삶에는 딱 한 가지 기준밖에 없었다. 부족한 점이 많았지만 모든 삶의 길목에서 내 삶을 영위해가는 딱 한 가지 기준은 '어떻게 하면 하나님께 영광 돌릴 수 있을까'였다. 하나님의 영광을 위해, 그 하나만을 위해 달려온 것을 하나님께서는 그 누구보다 잘 아실 것이었다. 실수하고 넘어지고 때로는 잘못한 것도 있지만 결국은 하나님의 영광을 위해서 일어났다. 그런 하나님께서 나를 이렇게 끝내도록 그냥 두시지 않을 거란 생각이 들었다. 나는 지난 12년간 나를 사용해주신 하나님을 향한 신뢰를 회복했고, 예전에 드렸던 기도를 다시 떠올렸다. 시편 71편 말씀을 가지고 드렸던 기도다.

> 하나님이여 나를 어려서부터 교훈하셨으므로 내가 지금까지 주의 기이한 일들을 전하였나이다 하나님이여 내가 늙어 백발이 될 때에도 나를 버리지 마시며 내가 주의 힘을 후대에 전하고 주의 능력을 장래의 모든 사람에게 전하기까지 나를 버리지 마소서 시 71:17,18

'예수 그리스도의 이름을 후대에 전하기까지 주를 위해 살기를 기도했는데, 하나님이 나를 이렇게 버려두시지 않으실 거야. 우리 하나님은 신실한 분이야. 넌 좋은 날이 남아 있어. 지금 잘 관리하면 그날을 위해 준비하는 또 한 과정이 될 거야.'

우리 주님은 참 신실하시다. 하나님은 오래전 내게 주신 약속을 잊지 않고 일으켜주셨다.

그리고 하나님은 아브라함과의 약속을 잊지 않으시고 아브라함 세대도, 이삭 세대도, 야곱 세대도 보지 못한 왕국이 구체화된 첫 번째 장소로 헤브론을 삼으셨다. 그곳으로 손수 다윗을 보내셨다. 다윗이 "하나님, 왜 헤브론이에요?"라고 물었다면 하나님은 아마도 "아브라함에게 약속한 게 있어"라고 대답하지 않으셨을까.

오늘 우리가 그 하나님을 기억하고 주님의 신실하심이 증명되는 자리를 찾아가야 한다. 그것이 주님의 뜻을 분별하는 한 가지 길잡이라는 사실을 새롭게 정리하는 축복이 있기를 바란다.

셋째, 주님의 인도하심을 기다려라

이스라엘 모든 지파가 헤브론에 이르러 다윗에게 나아와 이르되 보소서 우리는 왕의 한 골육이니이다 전에 곧 사울이 우리의 왕이 되었을 때에도 이스라엘을 거느려 출입하게 하신 분은 왕이시었고 여호와께서도 왕에게 말씀하시기를 네가 내 백성 이스라엘의 목자가 되며 네가 이스라엘의 주권자가 되리라 하셨나이다 하니라 이에 이스라엘 모든 장로가 헤브론에 이르러 왕에게 나아오매 다윗 왕이 헤브론에서 여호와 앞에 그들과 언약을 맺으매 그들이 다윗에게 기름을 부어 이스라엘 왕으로 삼으니라 다윗이 나이가 삼십 세에 왕위에 올라 사십 년 동안 다스렸으되 헤브론에서 칠 년 육 개월 동안 유다를 다스렸고 예루살렘에서 삼십삼 년 동안 온 이스라엘과 유다를 다스

렸더라 삼하 5:1-5

주님의 인도하심이 우리에게 임하기까지 오랜 시간이 걸릴 수 있기 때문에 우리에게는 '기다림'이 요구된다. 헤브론에서 다윗은 하나님의 신실하심을 묵상할 수밖에 없었을 것이다.

'아브라함이 도착하게 하신 곳, 그곳에서 첫 번째 왕국을 탄생시키시는구나. 이제 하나님께서 내 삶을 어떻게 이루실지 더 잠잠히 기다림으로 목격할 수밖에 없겠다.'

기가 막힌 것은 다윗은 그렇게 간 헤브론에서 7년 반을 다스린다. 그리고 이스라엘 전체의 왕이 되어서 33년을 다스린다. 그렇게 40년 동안 이스라엘의 왕으로 치리한다. 30세에 왕이 되어서 70세까지 나라를 다스린 훌륭한 왕으로 인생을 장식했다. 그런데 이스라엘의 왕이 되기까지 7년 동안 다윗은 초조하지 않았을까?

'하나님, 이건 아니지 않습니까? 하나님은 저를 이스라엘의 왕으로 부르셨지 유대의 조그만 고을 헤브론의 왕으로 부르신 것은 아니지 않나요?'라고 불평할 수도 있었을 것이다. 그렇기에 중요한 것은 우리에게 끊임없이 기다림이 요구된다는 사실을 아는 것이다. 하나님의 인도하심은 단번에 이루어지는 일이 거의 없다. 한 걸음, 또 한 걸음, 또 한 걸음 나아가는 것이다.

12세에 기름 부음 받은 다윗에게는 아무 일도 일어나지 않았다. 그다음 날 양을 치러 나갔다. 그리고 30세에 헤브론의 왕이 될 때까지 쫓겨 다녔다. 거의 15년에서 17년을 쫓겨 다닌 것이다. 그리고 30세에 드디어 왕이 됐는데 자신이 꿈꾸던 왕의 자리는 아니었다. 헤브론의 왕. 그런데 그 자리에서 조금 더 기다렸더니 7년 반이 채워진 후에 드디어 이스라엘의 왕으로 하나님께서 세우신다.

그 7년 반 사이에 어떤 일이 있었는가? 모든 민족이 만장일치로 연합하여 '다윗은 우리의 왕입니다' 하고 그를 데리러 왔다. 하나님의 뜻은 바로 이런 것이다. 모든 사람에게 칭송을 받게 하신다. 물론 핍박도 있다. 하나님의 기준대로 살기 때문이다. 하지만 정말 하나님의 뜻이 내 삶을 통해 이루어질 때는 주변에서 기뻐해준다. 그러면 나의 역할은 무엇인가? 그때가 오기까지 기다리는 것이다.

하나님의 뜻이 집행되면 모두의 마음이 일치하게 된다. 잡음이 있다는 것은 둘 중 하나다. 기다려라, 아니면 주님의 뜻이 아니다. 기다렸는데 답이 열리지 않으면 주님의 뜻이 아닌 것이다. 기다렸는데 하나님의 뜻이 집행되면 '기다림이 필요했구나'라고 알면 된다.

다윗의 경우는 기다림이 요구되었던 것이다. 그 이유는 다윗을 지켜내기 위해서, 내일을 준비하기 위해서, 하나님의 신실하심을 다윗 왕국을 통해 보여주기 위해서였다. 이는 사실 다윗에게 허락된 축복이었다.

주님의 뜻을 향한 우리의 자세가 너무 성급하지 않은가? 열정에 불타올라서 가장 기본적인 부분들을 놓치고 있는 것은 아닌지 생각해보자. '그 마음에 합한 자'라는 것은 막연한 신비적인 개념이 아니다. 일상생활에서, 인간관계 안에서, 지금 살아가고 있는 이 사회에서 있는 그대로 주님 안에 만족하며 누리고 관리하며 주님의 뜻을 기다릴 수 있는 능력을 행하는 자로 우리를 만들어가는 것이 바로 하나님 마음에 합한 자의 모습이다.

우리가 지금 그러한 자리에 있지 않다 할지라도 좋은 소식이 있다. 둘로 나뉘어진 것을 하나로 만들기 위해 이 땅에 오신 분이 계신다. 바로 예수 그리스도시다. 다윗을 통해 나누어진 지파들이 막힌 담을 헐고 하나의 왕국으로 연합되었듯이 다윗보다 더 위대한 예수 그리스도께서 오셔서 막힌 담을 다 헐어버리셨다. 예수 그리스도께서 막힌 담을 헐어버리신 한 가지 방법은 이것이다.

'모든 근본적인 저주와 멸망은 내가 다 지고 갈게. 그러니 너는 기다려. 기다려도 망하지 않아. 아무리 잘못된 것 같아도 너는 잘못되지 않아. 그러니 조금만 더 기다려줄 수 있겠니?'

안심하고 기다리라는 말씀이다. 그 신실하신 분이 살아 계신 우리 하나님이시다. 그래서 하나님을 사랑하고 그의 뜻대로 부르심을 입은 자들에게는 모든 것이 합력하여 선을 이루는 특권이 주어진다. 오늘 그 신실하신 주님 앞에 나아와 이 시대를 바로 살아내는 축복이 있기를 바란다.

삼하 6:1-11

1 다윗이 이스라엘에서 뽑은 무리 삼만 명을 다시 모으고 2 다윗이 일어나 자기와 함께 있는 모든 사람과 더불어 바알레유다로 가서 거기서 하나님의 궤를 메어 오려 하니 그 궤는 그룹들 사이에 좌정하신 만군의 여호와의 이름으로 불리는 것이라 3 그들이 하나님의 궤를 새 수레에 싣고 산에 있는 아비나답의 집에서 나오는데 아비나답의 아들 웃사와 아효가 그 새 수레를 모니라 4 그들이 산에 있는 아비나답의 집에서 하나님의 궤를 싣고 나올 때에 아효는 궤 앞에서 가고 5 다윗과 이스라엘 온 족속은 잣나무로 만든 여러 가지 악기와 수금과 비파와 소고와 양금과 제금으로 여호와 앞에서 연주하더라 6 그들이 나곤의 타작마당에 이르러서는 소들이 뛰므로 웃사가 손을 들어 하나님의 궤를 붙들었더니 7 여호와 하나님이 웃사가 잘못함으로 말미암아 진노하사 그를 그곳에서 치시니 그가 거기 하나님의 궤 곁에서 죽으니라 11 여호와의 궤가 가드 사람 오벧에돔의 집에 석 달을 있었는데 여호와께서 오벧에돔과 그의 온 집에 복을 주시니라

C H A P T E R

실패자

주님 기준에서 성공과 실패

지금껏 다윗의 인생에는 비록 역경과 고난과 연단은 있었어도 두드러지는 실패는 없었다. 쫓기는 인생을 살아왔지만 실족하고 실패한 기록은 없었다. 하지만 온 이스라엘의 왕이 되고 얼마 지나지 않아서 그릇된 계획과 잘못된 계산, 왜곡된 방법으로 다윗은 큰 실패를 경험한다.

그런데 본문 말씀에 비추어 한 가지 질문하고 싶은 것이 있다. 여기서 드러나는 다윗의 실패는 세상의 사회적 성공과 실패에 대한 부분이 아니다. 세상적으로는 아무리 성공했다 하더라도 주님 앞에서는 실패인 경우가 참 많다. 반대로 세상에서는 실패했다고 평가받아도 주님께는 성공으로 인정받는 인생이 존재한다. 그래서 내가 묻고 싶은 것은 이것이다.

- 주님의 기준에 비추어볼 때 나의 삶은 성공적인가, 실패인가?
- 주님과 더 가까워졌는가, 아니면 분주함 속에서 더 멀어지지는 않았는가?
- 내 삶 속에 하나님의 영광을 회복했는가, 도리어 주님의 영광을 상실해버린 실패자의 인생을 시작했는가?
- 사명을 감당하기 위해 한 걸음이라도 더 가까이 나아갔는가, 아니면 더 멀리 이탈했는가?
- 주님의 언약을 또 다시 가슴 깊이 품었는가, 냉랭하게 상실되어가고 있는가?
- 주님과의 교제에 성공했는가, 실패했는가?
- 주님의 얼굴을 보았는가, 아니면 그 얼굴이 나에게는 가리워져 있는가?

본문에는 주님의 영광과 임재와 교제의 상징이며 언약의 상징인 언약궤를 되찾는 것에 실패한 한 사람의 이야기가 나온다. 다윗의 이야기를 통해 우리 자신의 실패를 돌아보고, 주님의 임재와 얼굴을 되찾는 우리 한 사람 한 사람이 되길 바라며 실패의 원인, 실패의 열매, 실패의 극복이라는 세 가지 측면에서 살펴보자.

실패의 원인

다윗이 이스라엘에서 뽑은 무리 삼만 명을 다시 모으고 다윗이 일어나 자기와 함께 있는 모든 사람과 더불어 바알레유다로 가서 거기서 하나님의 궤를 메어 오려 하니 그 궤는 그룹들 사이에 좌정하신 만군의 여호와의 이름으로 불리는 것이라 그들이 하나님의 궤를 새 수레에 싣고 산에 있는 아비나답의 집에서 나오는데 아비나답의 아들 웃사와 아효가 그 새 수레를 모니라 그들이 산에 있는 아비나답의 집에서 하나님의 궤를 싣고 나올 때에 아효는 궤 앞에서 가고 다윗과 이스라엘 온 족속은 잣나무로 만든 여러 가지 악기와 수금과 비파와 소고와 양금과 제금으로 여호와 앞에서 연주하더라 그들이 나곤의 타작마당에 이르러서는 소들이 뛰므로 웃사가 손을 들어 하나님의 궤를 붙들었더니 여호와 하나님이 웃사가 잘못함으로 말미암아 진노하사 그를 그곳에서 치시니 그가 거기 하나님의 궤 곁에서 죽으니라

삼하 6:1–7

주일학교 때 한두 번쯤은 들었을 유명한 사건이다. 짧게나마 역사적 배경을 잠시 살펴보자. 엘리 제사장에게는 홉니와 비느하스라는 두 명의 아들이 있었다. 성경은 이들이 하나님을 만홀히 여기는 교만하고 방자한 자들이었다고 증언한다. 어느 날 이들은 블레셋과의 전쟁에 하나님의 언약궤를 가지고 참전한다. 그들은 아마 여

호수아 군대가 언약궤와 함께 전투를 치렀을 때 어떤 위대한 승리를 거두었는지 수없이 듣고 자랐을 것이다. 그들은 자신의 욕심과 승리와 성공을 위해 하나님을 이용한 대표적인 인물들이었다. 주님과의 교제는 물론이고 영광에 대한 감격이나 그 얼굴에 대한 흠모함도 없이, 임재에 대한 갈망함 없이 언약을 단순히 인생 성공을 위한 수단으로 이용하기로 작정했다. 그 결과 그들은 모두 죽임을 당한다. 그리고 언약궤는 전쟁터에서 블레셋의 소유로 넘어가게 된다. 하나님의 임재를 대표하는 언약궤가 블레셋에 탈취 당하는 비극이 벌어진 것이다.

그런데 언약궤를 쟁취해 간 블레셋 땅에는 그때부터 온갖 재앙이 임하기 시작한다. 블레셋 사람들이 믿는 우상인 다곤 신상이 쓰러지고 목이 잘렸다. 뿐만 아니라 블레셋 백성들이 전염병으로 죽어가기 시작했다. 결국 블레셋은 하나님의 궤를 블레셋 땅에서 쫓아내기로 작정한다. 그리고 소가 이끄는 수레에 언약궤를 실어 떠나보낸다.

그렇게 언약궤는 벧세메스라고 하는 곳에 도달하는데, 그곳 사람들이 궁금해서 언약궤를 들여다본 까닭에 하나님은 70명의 사람을 즉시 내려치신다. 이런 사건이 계속 연달아 발생하고 결국 언약궤는 기럇여아림이라는 곳에 보관된다. 그리고 아비나답의 아들 엘리아살이 관리하기 시작한다.

그때로부터 약 20년이라는 시간이 흐르고, 그 사이 다윗이 보좌에 앉게 되었다. 왕이 되고 나서 다윗은 가장 먼저 탈취 당했던 언약궤를 예루살렘으로 되찾아오는 임무를 완수하고 싶어 했다. 얼핏 보기에는 다윗 정책에 있어서 칭찬할 만한 첫걸음이었다. 그러나 명예로운 의도로 시작한 이 일이 결국에는 실패로 막을 내린다. 여기서 우리는 묻지 않을 수 없다.

"도대체 무엇이 문제였는가?"

우리가 보기에 그 의도는 괜찮았다.

다윗은 선한 의도로 아무도 타지 않은 새 수레를 동원해서 하나님의 언약궤를 모시고자 정성껏 준비했다. 3만 명을 이끌고 위대한 행사를 치르고자 했다. 그런데 이 모든 이벤트는 웃사의 죽음을 부르며 실패로 끝나고 말았다.

이 일이 실패한 데는 두 가지 원인이 있었다.

실패 원인 1, 방법론에서 실패했다

우리는 일반적으로 결과를 가지고 성패를 판단한다. 처음에는 방법에 동의되지 않아도 어떤 결과가 나오는지 끝까지 지켜본다. 그러다 일단 결과가 나오면 과정은 어떠했든 결과를 기준으로 성공과 실패를 판단한다. 이것이 시간이란 개념에 적용받는 유한한 피조물의 특징이다.

하지만 하나님은 시간 안에 갇힌 분이 아니시다. 하나님의 입장에서 실패는 그 결과가 아니다. 이미 그런 결과를 향해 출발하는 시점부터 모든 과정을 실패로 판단하신다. 시작과 끝을 동시에 보시는 분이시기 때문이다.

그런 하나님이시기에 '웃사의 죽음'이란 이 비극 역시 보지 않아도 아셨을 것이다. 웃사는 하나님이 보시기에 이미 가망이 없었다. 하나님은 첫걸음을 뗄 때부터 전체를 보시기 때문에 첫걸음에서부터 실패의 운명은 이미 정해진 것과 다름없었다는 뜻이다. 기획부터 주님의 마음에 어긋났던 것이다.

하나님께서는 분명히 하나님의 궤를 운반할 때는 어떻게 해야 하는지 구체적인 요구사항들을 알려주셨다. 크게 나누어서 세 가지였다. 첫째로 언약궤를 운반할 때는 반드시 덮개로 덮어야 했다. 일반인이 함부로 보지 못하도록 말이다. 둘째로 언약궤는 소가 끄는 수레에 실어서 운반하는 것이 아니라 메는 채로 꿰어 메고 운송하도록 하셨다. 셋째로 운반도 아무에게나 허락된 것이 아니라 레위인만 가능하도록 허락된 특권이었다. 그 누구에게도, 어떤 접촉도 허락되지 않았다.

여기까지만 봐도 다윗과 백성들이 첫 단추부터 얼마나 잘못 끼웠는지 보인다. 이런 요구사항 중에 한 가지도 지킨 것이 없었다. 덮개도 하지 않아 지나는 사람들이 보며 그 안에 무엇이 들어 있나 궁금했을 것이다. 그뿐 아니라 레위인들이 어깨에 메어 운반한 것이 아니라 그냥 수레에 실어 운반했다고 한다. 그러니 소가 심하게 움직이면서 언약궤는 휘청휘청하며 수레에서 떨어질 수밖에 없었다. 결국 웃사가 궤를 잡았다가 하나님께 죽임을 당하는 비극을 낳았다.

여기서 한 가지, 우리의 모습은 어떤지 돌아보자. 우리는 주님의 방법대로 주님을 만나고자 하는가? 성경에는 주님을 만나는 구체적인 여러 초대와 안내가 기록되어 있다. 그런데 우리는 그것을 다 무시하고 '내가 드리면 받으실 거야'라는 커다란 착각 속에서 주님과 교제해온 것은 아닌가?

예를 들어 마태복음 6장 6절을 보자.

> 너는 기도할 때에 네 골방에 들어가 문을 닫고 은밀한 중에 계신 네 아버지께 기도하라 은밀한 중에 보시는 네 아버지께서 갚으시리라
>
> 마 6:6

골방에 들어가 은밀한 중에 기도하는 것, 이것은 주님이 친히 가르쳐주신 주님을 만나는 방법이었다. 그런데 우리는 기도회나 부흥회 같은 특별한 집회에서 대각성은 추구해왔지만, 문을 닫고 골방에 들어가 은밀한 곳에서 보시는 하나님은 얼마나 만나왔는가? 그런데도 여전히 자아가 살아 있어서 하나님께 불평이 많다.

'하나님, 왜 저를 만나주지 않으십니까? 집회까지 갔는데 왜 저를 무시하셨습니까? 왜 저를 버리셨습니까?'

하지만 주님은 내가 내 멋대로 드리는 것에는 별로 관심이 없으시다. 왜냐하면 나에게 요구하시는 분명한 가이드라인이 있기 때문

이다. 본문도 마찬가지다. 하나님은 분명히 '하나님의 궤를 옮기려면 언약궤를 덮고 레위인들이 어깨에 메고 옮겨야 한다'라고 구체적으로 안내하셨다. 하지만 우리는 주님의 방법을 우리 자신의 기획과 계산과 노하우로 대체해버렸다.

내 방법대로 언약궤를 운반하려 하고, 내 방법대로 주님의 영광을 끌어들이려 하고, 내 방법대로 주님과 교제하려 하기 때문에 제대로 되지 않는 것이다. 어쩌면 웃사처럼 하나님의 치심을 당하지 않는 것만도 감사한 것이 아닌가 싶다. 우리는 '말씀은 말씀이고, 방법이 어찌됐든 내가 예배드리면 받아주시겠지'라는 막연한 믿음 아래 뻔뻔하게 살아왔다.

결국 다윗을 비롯한 사람들이 크게 잘못했음을 인정할 수밖에 없다. 그런데 이론적으로는 이해되지만 한 가지 우리 안에서 해결되지 않는 갈등이 있다. 그것은 하나님을 향한 불신이다. 하나님의 말씀대로 행하지 않고 자기 뜻대로 행하려던 잘못 때문에 웃사가 죽임당한 것을 이론적으로는 이해할 수 있다. 하지만 그렇게 행하신 하나님이 너무 무섭다는 생각이 우리의 내면에서 해결되지 않는다.

'방법을 조금 틀렸다고 당장 불을 내리고 그 자리에서 내려치시는 분이라면 난 하나님을 믿고 싶지 않아.'

우리 안에 이런 불신이 꿈틀댄다. 그들이 하나님의 명령을 정확히 따르지 않은 것은 알겠지만, 그렇다고 해서 그렇게까지 벌하실 일일까 싶은 마음이 계속 들기 때문이다. 우리 안의 이런 의구심이 해결되지 않는 한 우리는 하나님께 올인할 수 없을 것이다. 그러나 감사하게도 이에 대한 답을 구할 수 있었다. 그것이 두 번째 실패의 원인이다.

실패 원인 2, 마음 자세부터 실패했다

첫 번째 실패 원인은 방법론에서 실패한 것이라면 두 번째 실패 원인은 한 걸음 더 나아가 마음 자세 자체가 잘못되었기 때문이다. 이 사건의 원인은 표면적으로 드러난 방법론의 실패 이전에 보다 더 깊은 곳에 뿌리를 내리고 있었다.

얼핏 보면 잘못된 방법론과 순간적이고 반사적으로 반응한 실수로 이해할 만하다. 하지만 그런 현상을 일으킬 수밖에 없었던 더 깊은 원인이 있었다. 성경은 그들의 마음 자세가 문제였다고 말한다.

나는 본문을 읽을 때 다윗의 지나친 자신감이 눈에 거슬렸다.

“다윗이 이스라엘에서 뽑은 무리 삼만 명을 다시 모으고”(1절).

힘이 있다고 어느새 과시하려 하고 있다면 ‘아, 내가 뭔가 잘못하고 있구나’ 감지해야 한다. 주어진 힘을 그대로 과시하면 얼마 안 가 사고를 내는 것을 여러 번 목격했다. 다윗은 어땠는가? 그는 왕이 되자마자 이스라엘에서 모집된 무리 3만 명을 이끌고 여호와의 궤를 되찾으러 갔다.

“그들이 하나님의 궤를 새 수레에 싣고 산에 있는 아비나답의 집에서 나오는데 아비나답의 아들 웃사와 아효가 그 새 수레를 모니라"(3절).

자기 나름대로는 최고의 준비를 했다.

"다윗과 이스라엘 온 족속은 잣나무로 만든 여러 가지 악기와 수금과 비파와 소고와 양금과 제금으로 여호와 앞에서 연주하더라"(5절).

다윗은 자기 힘을 최대한 동원하여 여호와의 언약궤, 즉 그 임재와 교제를 자기 방법으로 되찾아올 수 있다고 생각했다. 하나님은 궤를 어깨에 짊어질 네 명의 레위인을 요구하셨건만 다윗은 허락받지 않은 3만 명의 사람들을 동원하여 하나님의 일을 해낼 수 있을 거라고 착각했다. 다윗의 교만이었다.

착각의 배후

여기서 정말 강조하고 싶은 것이 있다. 이런 착각의 배후에는 심각한 죄성이 도사리고 있다는 것이다. 하나님을 내 노력으로 끌어당길 수 있다고 생각하는 것 자체가 위험한 착각이다. 지금 여기서 일어난 사건은 다윗이 하나님의 가이드라인을 오해하여 깜빡 잊은 채 진행하다가 매 맞은 것이 아니다. 정보에 대한 오해가 아니라 다윗의 심령 깊은 곳에 뿌리내리고 있던 교만이 드러난 사건이다.

하나님과 우리 사이에는 대가를 지불하지 않고는 건널 수 없는 깊은 틈이 있다. 하나님께서는 창세기에서 아담과 하와를 벌하시고 에덴동산에서 쫓아내신 후, 누구도 생명나무 가까이 오지 못하도록 그 곁에 불 칼을 두어 지키게 하셨다. 하나님과 우리 사이, 생명과 우리 사이에 크고 깊은 도랑이 존재하기 시작했다는 뜻이다.

이것의 대표적인 모형이 성막과 그 안에 배치된 언약궤의 위치가 아닌가 싶다. 성막 입구로 사람들이 입장하기 시작한다. 그러면 하나님의 언약과 임재를 상징하는 여호와의 궤가 있는 지성소까지 나아가기 위해 무엇을 거쳐야 하는가? 제단을 거쳐야 했다. 제단에서 동물을 죽이고 피 흘림이 있은 다음 대제사장만이 1년에 한 번 모든 백성의 죄를 홀로 입고 두려움과 떨림으로 그 언약궤 앞에 나아갔다.

피 흘림이 없이는, 대가 지불이 없이는 그 누구도 하나님 앞에 나아갈 수 없었다. 그러니 지금 다윗이 어떤 일을 범한 것인지 이해가 되는가?

'사람들을 이렇게 많이 동원하면 좋아하실 거야. 새 수레를 준비해서 맞이하면 하나님의 임재가 우리 가운데 돌아올 거야. 화려한 찬양으로 올려드리면 이 행사를 기뻐 받으실 거야.'

이렇듯 하나님의 임재를 나의 방법으로 옮기려 했다는 것은 그 이면에 자리한 교만으로 인해 이미 그 마음 자세가 잘못되었다는 것이다.

평소 영적 상태가 그 순간 드러난다

다윗의 이런 마음 자세는 다윗 한 사람으로 끝나지 않았다. 이미 이스라엘 전체에 전염되어 있었다. 약 20년 동안 언약궤가 부재중이던 사이, 백성들은 두려움과 떨림으로 하나님 앞에 어떻게 나아가야 하는지, 예배는 어떻게 드리는 것인지 다 잊어버린 것 같다. 그러니 다윗이 잘못된 방법으로 어마어마한 국가적 이벤트를 준비하는데 단 한 사람도 반대하는 사람이 없었던 것 아니겠는가? 너무나 순조롭게 당연하다는 듯이 일이 진행됐다.

사실 내게는 웃사가 하나님의 치심을 당한 것보다 이것이 더 충격적으로 다가왔다. 만장일치로 이런 일이 기획되고 진행되었다는 것은 당시 거의 모두가 이와 같은 기준으로 잘못 살아가고 있었다는 것을 암시하기 때문이다. 이런 국가적, 개인적 상태가 표면적으로 드러난 것이 바로 웃사의 반사반응 아니었겠는가?

사람이 무의식적이고 순간적으로 반응하는 반사반응은 내적 상태에 크게 의존한다. 평상시 내 안에 쌓인 것이 순간적으로 나오는 것이다. 우리 아버지가 나에게 항상 주의시키는 말씀이 있다.

“말투도 목사답게 해! 그건 목사가 사용할 단어가 아니야. 그건 목사의 모습이 아냐.”

집안에서 대화할 때도 꼭 이렇게 제재를 하신다. 그래서 가끔은 아버지와 대화하면서 스트레스를 받을 때도 있다. 그러면서 하시는 말씀이 이렇다.

“아버지는 부모니까 너의 감정을 있는 그대로 표현해도 괜찮아. 하지만 사람이라는 것은 여기서 끝나지 않아. 반드시 아차 하는 상황에서 너도 모르게 반사적으로 나오게 되어 있어. 그래서 평소에 조심해야 하는 거야."

사람의 영적 실체는 반사반응으로 표출되게 되어 있다. 따라서 웃사가 그날 언약궤에 손을 댄 것은 단순한 사고가 아니었다. 만약 웃사가 하나님을 두려워함으로 '나 같은 죄인이 어찌 그분 앞에 나아갈 수 있겠습니까'라는 자세로 어린 시절부터 성장했다면, 그런 자세를 부모에게 배웠다면, 그래서 하나님을 경외했다면 그날 반응은 달랐을 것이다. 그 순간 섣불리 반응했던 웃사의 내면 현실은 하나님을 경외함이 없었던 것이다. 즉 하나님께서 치신 것은 내 힘으로 충분히 하나님께 나아갈 수 있다고 착각한 그의 자세, 즉 그의 교만을 치신 것이다. 대표적으로 웃사로 표현되었지만, 이것은 다윗을 비롯한 당시 이스라엘 민족의 국가적인 현실이었다.

내가 드릴 수 있는 것 vs. 하나님이 받기 원하시는 것

어릴 때부터 교회에서 들었던 예화 중에 이해가 안 가는 것이 하나 있었다. 어느 크리스마스 때였다. 광대 한 명이 자신도 하나님께 드릴 수 있는 것이 있을까 고민했다. 그러다 '아, 나는 묘기를 할 수 있지. 하나님 앞에서 묘기를 하는 거야'라고 생각했다. 그리고 아무도 없는 서커스장에서 혼자 밤새도록 하나님을 위해 묘기를 펼쳤다.

난 그 예화를 들으며 '과연 하나님께서는 그 묘기를 받으셨을까?'

라는 의문을 가졌다. 주님이 요구하시는 것이 분명히 있다. 그런데 우리는 어릴 때부터 내가 가지고 있는 것을 드리면 된다고 잘못 배워왔다. 하나님께서는 상한 마음, 깨진 심령, 영혼을 사랑하는 열정, 복음에 대한 열심, 주님의 다시 오심에 대한 갈망, 말씀에 순종함, 이웃에 대한 사랑, 형제를 향한 배려 같은 것을 원하시는데, 우리는 자꾸 '내가 가지고 있는 것을 드리면 주님이 기뻐하실 거야'라고 착각하고는 자기가 할 수 있는 것으로 주님께 나아가려고 한다.

대표적인 예가 있다. 내가 가지고 있는 것은 곡식인데, 하나님께서 요구하신 것은 피다.

'그래도 나는 곡식 농사를 지었기 때문에 내가 드릴 수 있는 곡식으로 드리겠습니다.'

너무 많은 경우 우리는 주님이 무엇을 원하시는지보다 내가 주님께 무엇을 드릴 수 있는지에만 집중하여 생각한다. '나는 묘기를 할 수 있으니까 묘기를, 춤을 출 수 있으니까 춤을, 찬양을 할 수 있으니까 찬양을 드리자' 모두가 다 이런 식으로 각자 자기 방식으로 하나님을 찾다 보면 예배의 질서가 흔들리고 만다.

간혹 청소년 캠프에 가면 꼭 보게 되는 현상이 있다. '네가 원하는 대로 예배 드리면 돼!'라는 모토 아래 아이들이 '다윗처럼 춤을 추면서' 하나님을 열광적으로 찬양하는 모습이다. 안타까운 것은 주님이 원하시는 것은 통회하는 심령, 상한 마음인데, 춤을 추느라 바빠서 상한 심령으로 통회하는 아이들이 거의 없다는 것이다.

우리는 하나님 앞에서 이 사실을 반드시 정리해야 한다. 내가 무엇을 드릴 수 있는지보다 그분이 무엇을 원하시는가가 더 중요하다. 주님이 요구하시는 것, 주님이 요구하시는 방법, 주님이 요구하시는 상황이 무엇인가에 주의를 기울여야 한다.

실패의 열매

> 여호와께서 웃사를 치시므로 다윗이 분하여 그곳을 베레스웃사라 부르니 그 이름이 오늘까지 이르니라 다윗이 그날에 여호와를 두려워하여 이르되 여호와의 궤가 어찌 내게로 오리요 하고 다윗이 여호와의 궤를 옮겨 다윗 성 자기에게로 메어 가기를 즐겨하지 아니하고 가드 사람 오벧에돔의 집으로 메어 간지라 삼하 6:8-10

두 번째로 묻기 원하는 것은 실패를 저질렀을 때 우리의 반응은 어떤가 하는 질문이다. 이것을 우리 삶에 견주어 묵상하며 살펴보자. 우리는 자신의 잘못은 잘 기억하지 못하면서 하나님의 침묵은 잘 기억한다. 실패했을 때 우리는 뜻을 돌이키고 회개하기보다 하나님을 원망하고 떠나거나 지금껏 선한 의도로 해왔던 신앙행위들을 포기해버리는 경우가 많다.

다윗의 반응만 봐도 알 수 있다. 여기서 우리는 다윗이 실패 후에 보인 네 가지 반응을 목격할 수 있다.

분노

첫 번째 반응은 분노이다. 8절에 보면 "다윗이 분하여"(8절)라고 되어 있다. 하나님을 향한 분노가 일었다는 뜻이다.

자기가 예상했던 대로 일이 진행되지 않으면 사람은 대개 분노로 반응한다. 무기력의 열매가 분노로 형성되기 때문이다. 무기력하면 반드시 사람 안에 분노와 혈기로 그 열매를 맺게 되어 있다.

가정 안에서 오랫동안 무기력함을 경험하거나 질병이나 혹은 어찌할 수 없는 상황 속에서 무기력함을 오래 경험한 사람들은 그 내면에 무서운 분노와 혈기가 자리 잡기 쉽다. 이 정도 했으면 역사가 일어나야 하는데 그러지 않을 때, 하나님 혹은 자신에게 화가 난다. 이쯤 기도하면 하나님이 치유해주실 만한데 왜 침묵만 하시고 더 악화되어 가는지, 그 내면에 하나님을 향한 불신과 분노가 자리 잡게 된다.

우리 안에는 이런 분노가 없는가? 내면에서 분노가 감지된다는 것은 무언가 그 원인이 있다는 뜻이며, 지금 내가 다른 것에 마음을 빼앗기고 있다는 증거다.

두려움

다윗의 두 번째 반응은 두려움이다. 분노에서 끝나지 않았다. 내가 예상했던 대로 반응하지 않으시는 하나님이라면 이제는 도무지 그분과 어떻게 교제해나가야 할지 모르겠기에 두려움이 몰려오기 시작한다.

사람은 스스로 이해가 안 되는 것은 두려워하기 시작한다. 자기가 가보지 못한 곳, 보이지 않는 것, 누구도 밟아보지 않은 땅을 두려워한다. 사람은 자기가 모르는 것, 조종할 수 없는 것에는 두려움을 느끼게 마련이기 때문이다.

패배의식

세 번째 반응은 패배의식이다. 9절에 보면 다윗이 "여호와의 궤가 어찌 내게로 오리요"라고 한다. 조금 전까지 자신감이 차고 넘치던 모습과 너무나 대조되는 모습이다. 실패를 겪고 나니 내 힘이 아무것도 아니라는 사실이 너무나 두렵게 엄습하면서 오는 반응이다.

이제는 무엇을 해도 안 될 것 같고 달려갈 용기도, 도전할 기력도 남지 않았다. 내가 한다고 한들 아무것도 소용없을 것이란 생각에 사로잡히게 된다. 이것이 다윗이 보인 세 번째 반응이다. 하지만 여기서 끝나지 않는다.

포기

다윗이 보인 네 번째 반응은 포기다. 다윗은 첫 번째 반응으로 분노했고 거기서 두려움으로 나아갔다. 분노는 조금 적극적인 반응이다. 그런데 그 단계에서 조금 더 나아가면 두려움과 패배의식을 느낀다. 그러다 결국 포기하기에 이른다.

“다윗이 여호와의 궤를 옮겨 다윗 성 자기에게로 메어 가기를 즐겨하지 아니하고”(10절).

이제 포기했다는 것이다.

‘하나님을 찾아가도 어차피 만나주지 않으실 것이고, 열심히 사역해봤자 교회는 성장하지 않을 것이고, 아무리 자녀를 위해 헌신해도 엇나간 자녀는 돌아오지 않을 것이다. 기도를 해도 병을 치유받지 못할 것이고, 상황은 더 악화될 것이고 변하지 않을 것이다. 주일에 교회에 안 가면 더 큰 저주를 받을지도 모르니 교회는 나가겠지만 이제 난 아무것도 하고 싶지 않다.’

이것이 실패 앞에서 보일 수 있는 반응이다. 당신은 이중에 어떤 단계에 있는가? 분노에 있는가? 두려움이나 패배의식에 있는가? 혹시 이미 포기한 상태에 빠진 것은 아닌가? 잠잠히 자신의 상태를 돌아보면 좋겠다.

여기까지만 나누면 참 우울해진다. ‘실패자’란 제목이 보여주듯 이 본문은 웃사의 잘못으로 국한되는 것이 아니라 ‘다윗의 잘못’이라는 원인으로 시작하여 국가적 상태, 내적 문제, 웃사의 죽음으로 표출된 것이다. 그런데 그 실패의 자리에서 다윗이 툭툭 털고 일어나는 것이 아니라 더 곤두박질쳐서 ‘이젠 포기할래. 하나님 궤를 되찾지 말자. 어떻게 감당해야 할지 모르겠어’라고 한다. 다윗이 이럴 정도면 실패 앞에서 희망이 없는 것 아닐까?

그런데 좋은 소식이 있다. 한 가지 소망이 있다. 성경은 회복이 가능하다고 말해준다. 실패자가 하나님의 은혜로 회복되면 그때는 진짜 예배자로 살게 된다. 그래서 다윗이 춤을 추는데, 우리는 그 예배가 어디서부터 시작되었는지를 바로 알아야 한다.

실패의 극복

여호와의 궤가 가드 사람 오벧에돔의 집에 석 달을 있었는데 여호와께서 오벧에돔과 그의 온 집에 복을 주시니라 삼하 6:11

앞에서 우리는 실패의 원인 두 가지와 실패에 따르는 반응들, 즉 실패의 열매를 살펴보았다. 이제 이런 실패를 어떻게 극복하는지 잠시 살펴보자. 다윗으로 하여금 다시 일어나서 또 도전하고 결국 성취해내게 했던 그 계기가 무엇인가?

주님의 좋으심을 바라보는 것

첫째로 실패를 극복하는 비결은 주의 좋으심을 바라보는 것이다. 다윗은 하나님에 대해 질려버렸다. 자신이 예상했던 대로 되지 않고, 자신이 심혈을 기울여 준비한 기획이 통하지 않았다. 준비는 결국 헛수고로 끝났다. 우리 역시 그렇다. 가정의 회복, 교회의 부흥, 자녀의 회복 등 우리가 간절히 바라온 소원들이 좌절되어 분노와 불신, 무기력과 포기 상태에 도달해 있다.

이런 상황이 되면 어떤 사람들은 엄청난 좌절을 겪고 포기하여 하나님을 떠나간다. 그런데 하나님은 그런 좌절을 통해 우리에게 인식시키기 원하시며 보기 원하시는 장면이 하나 있다. 바로 다윗이 목격한 장면이다.

다윗이 '하나님은 어디로 튈지 모르는 분입니다. 내 손으로 감당이 안 되는 분입니다' 하며 포기하고 있을 때, 그가 목격한 한 장면이 있었다. 바로 오벧에돔의 집이 잘되는 것이다. 다윗도 이해가 가지 않았다. 자신은 실패했는데, 그 집은 잘되고 있다. 여기서 나오는 결론이 있다. 하나님이 이상한 것이 아니라 나에게 문제가 있다는 사실이다.

어떤 사람에게는 복음이 인생을 바꾸어놓는데, 왜 나에게는 좌절감 하나 극복 못 하는 능력 없는 복음으로 자리 잡고 있을까? 어떤 사람은 주님을 만났다고 땅 끝까지 가서 복음을 전하다 순교하는데, 왜 나는 똑같은 복음을 받았다고 하면서도 그런 만남이 경험되지 않을까? 이상하다고 생각되지 않는가?

우리는 지금까지 하나님 탓만 해왔다.

'하나님 왜 저는 안 만나주십니까? 왜 제게는 응답해주지 않으십니까?'

그런데 하나님께서는 좌절하여 자기 연민에 빠져 있는 우리의 눈을 들어 옆집이 받은 복을 보게 하신다.

'옆집을 봐라. 너와 똑같이 은혜 받았어. 너와 똑같이 예수 믿었어. 너와 똑같이 복음을 받아들였어. 저 사람의 인생은 뒤집어졌는데, 저렇게 복 받고 있는데, 저렇게 인생이 확장되고 있는데 너는 왜 이러고 있니? 저 사람은 위기를 극복하고 일어나서 세상을 바꿔놓는데 너는 언제까지 주저앉아 있을 거니?'

자기 연민을 털어버리고 일어나라고 하신다.

하나님은 선하신 분이다. 이루시는 분이다. 문제는 하나님께 있는 것이 아니라 나에게 있다. 그러면 하나님께 실망하고 무기력함을 느끼고 원망할 것이 아니라, 내 안에 있는 그 문제를 털어버리고 다시 한번 일어나 하나님 앞으로 돌아가야 한다. 하나님이 그렇게 우리를 부르고 계신다. 그 음성에 반응하는 축복이 있기를 바란다.

한 사람의 죽음을 기억하는 것

둘째로 우리는 그날 죽은 한 사람을 기억해야 한다. 그 죽음을 기억할 때 실패를 극복할 수 있다.

우리가 쉽게 읽고 넘어가는 부분이 바로 웃사의 죽음이다. 어쩌면 깊이 생각하고 싶지 않아서 얼른 넘어가는지도 모르겠다. 웃사는 하나님의 언약궤를 만져 하나님의 치심으로 죽었다. 이 사건 이후 다윗은 결국 회개하고 돌이켜 언약궤를 메어 이스라엘 땅으로 되찾아온다. 그때 다윗은 기뻐 춤을 추며 하나님을 찬양하고, 이야기는 마무리된다. 참 아쉽다. 이 말씀에 숨겨져 있는 중요한 메시지가 있기 때문이다. 바로 "우리 힘으로 하나님과의 교제가 성립되는 것이 아니다"란 것이다.

성경은 웃사가 손을 들어 언약궤를 만졌다고 기록한다. 그런데 번역이 조금 잘못되었다. 영어성경에 보면 "Uzzah reached out"이라고 되어 있는데, 웃사가 손을 펼쳐서 언약궤를 잡으려고 했다는 표현이다. 그런데 'reached out'은 '손을 뻗다'라는 뜻도 있지만 우리가 도달하고자 팔을 펼치는 것을 표현하기도 한다. 예를 들어 '철학을 통해 진리에 갈 수 있어, 사역을 통해 갈 수 있어, 헌신을 통해 하나님께 사랑받을 수 있어' 등 하나님께로 닿기 위해 손을 펼치는 것, 하나님께서는 그렇게 하나님께 'reached out' 하는 것을 내리치신다.

그런데 이 문제는 누구의 문제였는가? 웃사만의 문제였는가? 아니다. 그 시대의 문제였고, 국가적인 문제였고, 다윗의 문제였다. 그런데 한 가지 이상한 것이 있다. 그날 웃사밖에 안 죽었다는 사실이다. 한 사람만 죽임을 당했다. 언약궤를 수레로 옮길 때 그 언약궤를 수레에 얹은 사람도 죽임 당하지 않았다. 특별히 그 배후에서 모든 것을 지시한 다윗도 죽임 당하지 않았다. 사실 웃사보다 더 잘못한 사람은 다윗 아닌가? 그뿐만 아니라 자기 역할을 제대로 하지 못한 제사장들도 죽임 당하지 않았다. 딱 한 사람만 죽임을 당했다. 그러나 그 한 사람이 죽임 당함으로 예배가 멈췄다. 하나님의 임재로 나아가는 길이 막혀버렸다.

그러나 시간이 많이 흐른 후에 또 한 사람의 웃사가 역사에 등장한다. 그분은 웃사가 이루지 못한 일을 이루기 위해 이 땅에 오셨다. 그분은 대제사장이었다. 그분은 하나님의 휘장을 뚫고 그 백성의 죄를 홀로 몸에 지닌 채 임재 속으로 하나님의 궤를 향해 전진하셨다. 그분이 하나님의 지성소를 열고 우리를 향해 아버지께로 나아가는 그 길을 열어주셨을 때, 그분도 내려침을 당하셨다. 그분은 예수 그리스도시다.

부정함을 가지고 거룩한 하나님의 임재로 나아갈 때 하나님께 내려침을 당한다. 그런데 그리스도께서 하나님께 나아갈 때 그 임재가 막힌 것이 아니라 영원히 열려버렸다. 한 사람을 통해 막혔던 임재가 한 사람을 통해 뚫리기 시작한 것이다.

하나님께서 태초에 우리에게 세우신 법칙이 있다. 누구든지 하나님께로, 영원한 생명으로 나아가려거든 화염검을 통과하지 않으면 안 된다는 것이다(창 3:24). 예수께서 십자가에 달리시고 지성소의 휘장을 찢으셨을 때, 그리하여 아버지께로 나아갈 수 있는 그 길을 우리에게 열어내실 때 예수님도 화염검을 통과하셨다. 십자가 위에서 내려치심을 당하실 때, 주님이 부르짖었던 말씀이 무엇인가?

"내가 목마르다!"(요 19:28)

이것은 예수님의 육체적인 목마름보다는 영적 경험이었을 것으로 생각된다. 주님이 홀로 그 길을 가시고 뚫어놓으셔서 이제는 누구든지 아버지 앞으로 나아갈 수 있는 통로가 개방되었다. 예수 그리스도로 인해 담대히 아버지 보좌 앞에 나아갈 수 있게 되었다. 이제 실패의 자리에서 좌절하는 것이 아니라 그 예수를 의지하여 다시 일어날 수 있게 되었다. 우리를 초대하고 부르시는 그 음성을 듣고 반응하기를 바란다.

주님이 나를 그렇게 사랑하신다면 한 가지 분명한 것이 있다. 주님은 나를 해치기 원하는 분이 아니시며, 고생만 하다가 끝나는 것을 원하지 않으신다는 것이다. 예레미야애가에서는 인생이 고생하는 것은 하나님의 본심이 아니라고 전한다. 그것은 예수님을 통해 이미 증명되었다.

그렇다면 나를 대신해서 한 사람의 죽음으로 그 임재를 열어내신 예수 그리스도를 정말로 바라본다면 주저앉아서는 안 된다. 포기하고 낙망하는 것이 아니라 한 번 더 도전해봐야 한다. 도저히 이해가 되지 않아도 하나님의 선하심이 존재한다면 나를 향한 주님의 뜻은 재앙이 아닌 줄 믿기에 일어나 도전해야 한다. 한 가지 분명한 것은 상황이 이해되지 않아도 그분이 선하시며 나를 사랑하시고 나를 품으시는 아버지의 품이 열려 있다는 것이다.

진짜 믿음은 하나님을 믿는 것

최근 내 마음에 새롭게 되새겨지고 또 되새겨지는 것이 하나 있다. 우리는 보통 예수님을 믿는다, 하나님을 믿는다는 것을 그저 기도 응답을 믿는 믿음 정도로 이해한다. 내가 기도한 대로 응답받는 것이 믿음인 줄 안다. 내가 믿고 바라는 것이 산을 옮기는 믿음인 줄 안다.

그런데 성경이 말하는 믿음은 그런 믿음이 아니다. 믿음은 기도 응답이나 상황 변화를 믿는 게 아니다. 진짜 믿음은 하나님을 믿는 것이다. 예수 그리스도의 공로로 이미 나는 피로 덮여 있기에 화염검을 통과해서 하나님 앞에 담대히 나갈 수 있다는 것, 나를 기다리고 있는 것은 아버지의 품이라는 것, 오늘 이 상황이 도저히 이해되지 않아도 한 가지 분명한 것은 주님이 나를 사랑하신다는 것, 나를 위해 싸우신다는 것을 믿는 것이다. 이것이면 충분하지 않은가? 기도 응답은 언제 이루어질지 모른다. 하지만 분명한 것은 주님이 나를 사랑하신다는 것이다.

내가 제일 존경하는 신학자이자 작가 중 한 명인 C. S. 루이스의 《스크루테이프의 편지》라는 책이 있다. 스크루테이프라고 하는 악마가 자기 조카 웜우드에게 쓴 31통의 편지로 구성되어 있는데, 이 책은 졸면서 읽으면 안 되는 책이다. 졸면서 읽다가는 오해하기 쉽다. 예수 믿는 사람이 하나님에 대해 이야기하는 것이 아니라 사탄의 관점에서 이야기하는 책이기 때문이다. 이 책에서 주로 사용되는 단어도 잘 이해해야 한다. 사탄의 원수는 누구인가? 예수 그리스도시다. 그러니까 이 책에서 '원수'는 예수님을 가리킨다. 그리고 '환자'는 인간을 지칭한다. 그 책에 이런 부분이 있다.

사랑하는 내 조카 웜우드, 네가 맡은 환자에 대한 소식을 들었다.

그런데 그 환자가 최근에 교회를 가기 시작했다고? 걱정하지 마라. 그것은 그렇게 큰 문제가 아니니다. 네 원수, 우리의 원수는 그 영혼을 구원하기 원하지만 교회가 해결책은 아니야. 교회를 갔다면 거기서 종교심을 심어주어라. 그러면 그가 원수를 직접 만나기보다도 종교를 통해 자기가 구원 받는 줄 알고 착각할 것이다.

이런 식이다. 그 책에 담긴 편지 가운데 꼭 함께 나누고 싶은 부분이 있다.

사랑하는 조카 웜우드에게.
참 이해가 안 가는 것은 그 우리 원수는 왜 이러한 잡종들을 만들어냈는지 땅 아래 계신 우리 아버지께서 그것을 동의할 수 없어서 나오셨단다. 원수가 그 환자들을 사랑한다면서 참 희한한 방법을 동원하더라구나. 특별히 사랑하는 자를 골짜기를 돌파하게 한단다. 그 골짜기를 돌파할 때 환자들은 왜 나를 버리셨습니까, 떠나셨습니까 울부짖지만 참 희한하게도 원수는 반응을 안 한단다. 끊임없이 그들을 사랑하기에 특별히 사랑하는 자들을 오랫동안 그 골짜기에 두기에 우리의 역할은 말이야 그 골짜기에서 길을 잃어버리도록, 원수가 그들을 사랑한다는 사실을 잊어버리게 해야 돼. 그러기 위해서 수많은 여러 가지 철학을 그들에게 투입시켜라. 잡지를 통해서, 철학을 통해서, 매스컴을 통해서, 다른 생각들을 주입해서 진짜로 원수가 자신을 사랑한다는 것을 깜박 잊어버리게 해라. 그러면 그 골짜기의 계절이 원수로 더 가까이 가는 계절이 아니라 아예 떨어져나가게 하는 그러한 계기가 될 것이다.

사랑하는 삼촌 스크루테이프가.

메마른 골짜기의 계절을 보내고 있는가? 힘든 시간을 보내고 있는가? 너무 많이 들어서 다 알고 있다고 생각하지만 사탄의 공회에서도 인정되는 사실인데, 하나님께서는 특별히 사랑하는 사람들을 참 오랫동안 골짜기에 내버려두신다. 그리고 침묵하신다. 그러면 우리는 어떤 반응을 보여야 하는가? 한 가지만 기억하면 된다.

"그 골짜기 속에서 주의 지팡이와 막대기가 나를 안위하시나이다."

아무것도 안 보여도 지팡이와 막대기를 더듬어보고 '아, 주님이 나를 사랑하시는구나'를 확인하며 나오라는 것이다.

예수 그리스도께서 보이신 그 사랑, 하나님 앞에서 이루어진 그 한 사람의 죽음으로 인해 하나님의 임재로 향한 통로가 열렸다. 그분의 사랑을 기억하고 오늘 실패자의 자리에서 일어나는 축복이 있기를 바란다.

삼하 6:12-23

12 어떤 사람이 다윗 왕에게 아뢰어 이르되 여호와께서 하나님의 궤로 말미암아 오벧에돔의 집과 그의 모든 소유에 복을 주셨다 한지라 다윗이 가서 하나님의 궤를 기쁨으로 메고 오벧에돔의 집에서 다윗 성으로 올라갈새 13 여호와의 궤를 멘 사람들이 여섯 걸음을 가매 다윗이 소와 살진 송아지로 제사를 드리고 14 다윗이 여호와 앞에서 힘을 다하여 춤을 추는데 그때에 다윗이 베 에봇을 입었더라 15 다윗과 온 이스라엘 족속이 즐거이 환호하며 나팔을 불고 여호와의 궤를 메어오니라 16 여호와의 궤가 다윗 성으로 들어올 때에 사울의 딸 미갈이 창으로 내다보다가 다윗 왕이 여호와 앞에서 뛰놀며 춤추는 것을 보고 심중에 그를 업신여기니라 17 여호와의 궤를 메고 들어가서 다윗이 그것을 위하여 친 장막 가운데 그 준비한 자리에 그것을 두매 다윗이 번제와 화목제를 여호와 앞에 드리니라 … 21 다윗이 미갈에게 이르되 이는 여호와 앞에서 한 것이니라 그가 네 아버지와 그의 온 집을 버리시고 나를 택하사 나를 여호와의 백성 이스라엘의 주권자로 삼으셨으니 내가 여호와 앞에서 뛰놀리라 22 내가 이보다 더 낮아져서 스스로 천하게 보일지라도 네가 말한 바 계집종에게는 내가 높임을 받으리라 한지라 23 그러므로 사울의 딸 미갈이 죽는 날까지 그에게 자식이 없으니라

CHAPTER

예배자

실패자에서 예배자로

앞에서 우리는 언약궤를 소들이 끄는 수레에 싣고 예루살렘으로 운송하는 과정 가운데 발생한 사건을 살펴보았다. 주님의 영광과 임재와 언약의 상징인 언약궤를 되찾는 데 실패한 사건이었다. 즉, 예배에 실패하는 장면이었다.

예상치 못한 사고로 인해 다윗은 두려움에 질려 언약궤를 가드 사람 오벧에돔의 집에 보관하게 된다. 더 이상 어떻게 주님과의 교제로 나아가야 할지 확신이 사라져버린 것이다. 우리도 그런 경험이 있지 않은가? 내가 알았다고 생각했던 것이 통하지 않는다는 것을 경험할 때, 우리는 더 이상 앞으로 나아갈 엄두를 내지 못하고 주저앉게 된다. 다윗은 3개월이 지나도록 언약궤에 대한 어떤 대안도 생각해내지 못했다.

이 사건이 다윗에게 상처가 되었던 것은 분명하다. 스스로 알고 있다고 생각했던 것이 불확실하게 되었고, 잘할 수 있다고 자부했던 것들이 흔들렸기 때문이다. 그러던 어느 날 다윗에게 소문이 하나가 들려오기 시작했다. 하나님의 궤로 인하여 오벧에돔의 집이 복을 받았다는 소문이다. 이것을 계기로 다윗 안의 하나님의 언약궤를 향한 갈망이 재점화된다. 그리고 또다시 예배에 도전하기로 작정한다.

이제 우리도 무너진 예배, 변질된 헌신, 거짓된 고백의 종교생활에서 떠나 주님 앞으로 돌아가 진정한 예배자로 설 때가 되었다. 예배를 드려도 변화가 없고 신앙생활을 해도 진전이 없는 모습, 아무리 외쳐도 심령을 흔들 수 없는 오늘 이 시대에 다시 한번 예배의 회복을 꿈꾼다면 이 말씀에 꼭 귀를 기울여야 한다.

하나님의 마음에 합한 예배를 드리기 위해 반드시 기억해야 하는 네 가지 원칙을 본문 말씀을 통해 정리해보자. 이 원칙들이 예배 회복의 통로요, 우리가 하나님 앞에서 그 마음에 합한 예배를 드리기 위한 원칙이기도 하다.

예배의 원칙 1, 기쁨의 헌신

첫 번째, 하나님 마음에 합한 예배의 원칙은 불신도 기복도 아닌 기쁨의 헌신이다.

> 어떤 사람이 다윗 왕에게 아뢰어 이르되 여호와께서 하나님의 궤로 말미암아 오벧에돔의 집과 그의 모든 소유에 복을 주셨다 한지라 다윗이 가서 하나님의 궤를 기쁨으로 메고 오벧에돔의 집에서 다윗 성으로 올라갈새 삼하 6:12

웃사가 죽임을 당한 이후 언약궤를 예루살렘으로 옮기는 일은 잠시 보류된다. 거의 포기했다고 해야 할 것이다. 다윗은 앞이 캄캄했다. 하나님과 어떻게 교제해나가야 할지, 모든 것이 불확실해졌다. 분명 받아주실 거라고 확신했던 예배가 거절당하고, 이 사건으로 인해 사망자까지 발생했다. 왕으로서 수치스러운 일이었고, 큰 책임을 묻지 않을 수 없는 상황이었다. 다윗은 갑자기 덮친 무능력함과 무기력함으로 주저앉게 되었다. 그렇게 3개월이 흘렀다.

그런 다윗의 심장에 또다시 예배를 향한 열정을 불러일으킨 한 가지가 있었다. 그것은 하나님의 궤로 인해 오벧에돔의 집이 복을 받았다는 소식이었다. 이 소식이 무엇이길래 상처 입은 심장을 또다시 열정으로 흥분시켰을까? 그 소문 덕분에 하나님의 좋으심을 간접적으로 목격할 수 있었기 때문이다.

충격적인 사건 때문에 잠시 잊고 있었던 하나님의 선하심과 신실하심, 인자하심과 자비로우심에 대한 기억이 문득 들려온 그 소문 때문에 조금씩 꿈틀거리며 살아나기 시작한 것이 분명하다. 드디어 하나님의 인격이 잘못된 것이 아니라 자신이 잘못했다는 사실에 초점을 맞추게 되었다.

우리 삶에 예기치 못한 상황이 펼쳐지면 즉각적으로 드는 생각이 '하나님, 왜 이렇게 하셨습니까?'라는 질문이다. '내가 무엇을 잘못했을까요?'는 둘째 문제다. 즉 고통과 아픔, 눈물과 예상치 못한 사고와 질병, 죽음을 맞이하게 되면 사람 안에 즉각적으로 드는 생각은 '하나님 내가 뭘 그렇게 잘못했길래 이러십니까?'라고 하는 원망이다.

그런데 참 희한한 것은 하나님께서 그런 우리에게 때로 이런 음성으로 다가오신다는 것이다.

'하나님이 옆집은 잘되게 하신다.'

똑같이 하나님 믿고, 똑같이 예배하고, 똑같이 신앙생활 하는데, 나는 고난을 받고 옆집 사람은 잘되는 것이다. 그러면 배 아파해야 할까? 아니다. 하나님께서 우리에게 주시는 부르심의 음성이다.

'이 사람에게는 내가 왜 선을 베푸겠느냐? 내가 잘못한 것이 아니야. 네가 무엇을 잘못했는지 한번 생각해보아라.'

다윗에게도 회개와 돌이킬 수 있는 기회를 허락해주시는 음성이 아니었을까 생각된다. 이후 언약궤를 다시 예루살렘으로 옮겨올 때는 이전과는 전혀 다른 태도로 모든 절차를 진행하는 다윗을 볼 수 있기 때문이다. 다윗이 깨달은 것이다.

사실 그때 언약궤를 옮긴다는 것이 자연스럽고 당연한 상황은 아니었다. 다윗이 왕위에 오르기 직전, 이스라엘은 끊임없는 전쟁

중에 있었고, 나라의 영적, 정치적 지도자인 사울 왕은 반쯤 미쳐서 다윗을 쫓아다니는 데 남은 인생을 허비하고 있었다. 백성들은 하나님 앞에 어떻게 나아가야 하는지조차 희미해졌을 것이고, 훈련도 되지 않았다.

그뿐만 아니라 그 당시만 해도 아직 성전이 지어지지 않았던 때라 언약궤에 대한 개념도 많이 희미해졌던 것이 분명하다. 그래서 다윗 자신도 그에 대해 심각하게 생각하지 않았을 것이다. 어렸을 때부터 듣고 자라온 기억은 있었을 테지만, 이제 직접 책임을 맡게 된 백성들을 어떻게 인도해내야 할지 생소하게 느껴졌을 것이다.

그런데 하나님께서 다윗에게 다시 기회를 주신다. 다윗은 서기관들을 불러 옛날엔 어떻게 했는지 읽어보게 하고 깨달았을 것이다.

'아, 이것이 잘못됐구나. 내가 언약궤를 수레에 실었구나.'

그리고 레위인들의 어깨에 메어 성경이 요구한 대로 언약궤를 이동한다.

그렇다. 하나님의 인격이 이상하여 그런 일이 일어난 것이 아니라 문제는 자신에게 있었다는 것을 깨닫게 된다. 뒤집어 말하면, 오벧에돔의 집이 복을 받는 것을 통해서 하나님은 여전히 자기를 찾는 자들에게 상 주시는 이심을 기억해낸 것이다.

신약성경에서도 예배의 기본 요구에 대해 이렇게 정리해준다.

믿음이 없이는 하나님을 기쁘시게 하지 못하나니 하나님께 나아가는 자는 반드시 그가 계신 것과 또한 그가 자기를 찾는 자들에게 상 주시는 이심을 믿어야 할지니라 히 11:6

다윗이 예배 실패자의 자리에서 성공자의 위치로 나아갈 수 있었던 원칙이 바로 이 한 구절 안에 담겨 있다. 이 말씀은 하나님을 기쁘시게 하는 믿음을 구체적으로 정리해준다.

하나님을 기쁘시게 하는 믿음

예배 가운데 나아가는 사람은 하나님을 향한 분명한 확신을 가지고 있어야 한다. 먼저는 하나님이 계신 것을 믿는 믿음이다. 사실, 너무나 당연하다. 예배의 가장 우선적인 토대는 하나님을 인식하고 인정하는 것이다. 이것이 우선되지 않으면 이 모든 말씀이 무슨 해당사항이 있겠는가? 하나님 앞에 나온 사람이 가장 우선적으로 믿어야 하는 것은 하나님이 존재하신다는 것이다.

그런데 그것을 믿는 것으로는 부족하다. 히브리서 기자는 하나님이 계신 것과 동일하게 또 한 가지를 믿어야 한다고 말한다. 하나님이 '상 주시는 이심'을 믿는 것이다.

많은 이들이, 특히 뭔가를 준비하는 사람들, 대입을 준비하는 수험생이나 취업을 준비하는 취준생들이 이 말씀을 참 많이 좋아한다. 하지만 여기서 이 말씀에 대한 이해를 조금 교정하면 좋겠다. 이 문장에서 주된 관심사는 하나님이 주시는 '상'이 아니라 '주시는 분'에게 있다는 것이다. 상 그 자체가 아니라 나에게 상 주시는 하나님의 공의로우심을 바라보라는 뜻이다. 복 자체가 아니라 나에게 복 주시려는 하나님의 선하심을 바라보라는 뜻이다. 다윗이 깨달은 것이 바로 이것 아니었을까 생각된다.

다윗은 오벧에돔이 복 받는 것을 보고 무슨 생각을 했을까? 그가 부러웠을까? 아닐 것이다. 그는 이미 왕이었다. 오벧에돔이 받은 복이 부러웠던 것이 아니라 하나님 앞에서 오벧에돔의 집과 그의 삶이 받은 많은 복을 보고 그 손길을 따라 추적해보니, 그 복을 내리시는 하나님이 어떤 분이신지를 다시 한번 생각해보게 되었을 것이다.

'하나님이 나쁜 분이 아니셨어. 그분은 선하시고 풍요로운 분이셔. 그분은 채우시는 분이야. 그분은 복 주시는 분이야. 그러면 내가 뭔가 잘못했나? 아, 내가 잘못했구나!'

이것이 절실히 깨달아지면, 그 깨달음은 반드시 우리로 하여금 하나님을 사랑하는 자리로 나아가게 한다. 우리가 하나님 앞에 온전한 예배자로 나아가게 하는 원동력은 더 이상 하나님으로부터 오는 복이 아니다. 이제는 하나님으로 인한 기쁨으로 나아갈 수 있게 된다. 자원하는 심령이다. 우리 하나님께서 감정과 성품과 인격과 기준이 불안정한 분이 아니시라 영원토록 변함없으신 진리의 하나님, 우리가 신뢰할 수밖에 없는 분이시란 것을 확실히 깨달아 알아 기쁨으로 나아갈 수 있게 된 것이다.

그래서 하나님의 마음에 맞는 예배의 원칙은 불신도, 기복도 아닌 기쁨의 헌신인 것이다. 하나님을 기대하지 않는 불신은 예배의 본질에 어긋난다.

'예배를 드려봤자 우리 교회는 부흥하지 않아요. 예배를 아무리 드려도 신앙생활이 변화되지 않아요. 주일 예배 한번 드렸다고 무슨 특별한 일이 있겠어요?'

이런 반응이라면 뭔가 잘못됐다는 뜻이다. 이와 반대로 하나님의 복만을 구하는 기복도 예배의 본질에 어긋난다.

'내가 이렇게 하면 복 주실 거야. 내가 할 수 있는 것을 드리면 하나님이 더 큰 복을 주실 거야.'

우리는 복이 아니라 그 복을 주시는 하나님을 바라봐야 한다는 것이다. 하나님이 상 주시는 이심을 믿어야 한다는 것은 하나님께서 상 주시는 이심을 바라보라는 뜻이다. 그분은 신실하신 분, 공의로우신 분, 선하신 분, 자비와 긍휼이 풍성하신 분이다. 그분을 바라보면 그분이 너무 사랑스럽다. 그러면 그분께 나아갈 수 있는 특권 자체가 나에게 기쁨이 된다.

오늘 우리는 과연 어떤 모습으로 주님 앞에 예배 드리는지, 자기 자신의 모습을 살펴보면 좋겠다. 기대하지 않은 지 이미 오래되었는지, 반대로 너무 많은 기대 속에서 복 주시기만을 바라고 있지는 않은지 말이다. 두 가지 모두 건강한 예배자의 모습이 아님을 알아야 한다.

예배의 원칙 2, 온전한 자세

두 번째, 하나님 마음에 합한 예배의 원칙은 진심과 감정이 아닌 온전한 자세다.

> 여호와의 궤를 멘 사람들이 여섯 걸음을 가매 다윗이 소와 살진 송아지로 제사를 드리고 다윗이 여호와 앞에서 힘을 다하여 춤을 추는데 그때에 다윗이 베 에봇을 입었더라 다윗과 온 이스라엘 족속이 즐거이 환호하며 나팔을 불고 여호와의 궤를 메어오니라 삼하 6:13-15

우리는 흔히 진심이 담기면 괜찮다고 착각한다. 그러나 이것은 아주 위험한 함정이다. 진심이라고 해서 다 하나님 마음에 합한 예배는 아니다. 또 하나, 흥분과 감동과 은혜를 체험하면 괜찮다고 오해하는 사람들이 있다. 그러나 이것도 마찬가지로 하나님 마음에 합한 예배의 원칙은 아니다. 하나님 마음에 합한 예배는 진심과 감정이 아닌 온전한 자세이다. 이것이야말로 다윗이 절실히 깨달은 한 가지가 아닌가 싶다. 그러면 진심과 감동보다 더 중요한 예배의 척추 역할을 하는 것이 무엇인지 살펴보자.

감정 〈 깨진 심령

먼저 하나님은 감정보다 깨진 심령을 원하신다. 우리는 찬양 부르며 조금 감동 받고, 내 안에 있던 문제에 대한 확신이 조금 생겨서 위로 받고 눈물 몇 방울 흘리면 예배를 잘 드렸다고 생각한다. 그게 은혜라고 착각한다. 하지만 성경은 이렇게 말한다.

“여호와의 궤를 멘 사람들이 여섯 걸음을 가매 다윗이 소와 살진 송아지로 제사를 드리고”(삼하 6:13).

자세히 살펴보면 참 기가 막힌 장면이다. 이제 드디어 언약궤를 메고 오벧에돔의 집에서 예루살렘으로 출발하는데, 출발하고 여섯 걸음 가서 제사를 드린다.

‘하나님, 제가 이렇게 섬기게 하시니 감사합니다. 이렇게 깨닫게 하시니 감사합니다. 돌이키게 하시니 감사합니다. 경배케 하시니 감사합니다.’

언약궤를 옮기게 하심도 감사해서 언약궤를 옮기다 말고 감격하여 그 앞에 고꾸라져 엎드려 하나님께 제사를 드린다. 이것이 회복을 경험한 사람들의 감격이고, 용서를 경험한 사람들의 간증이며, 이것이 깨어진 심령(broken spirit)이다. 그래서 예배는 그냥 감정적으로 흥분하는 것, 눈물 몇 방울 흘리는 것이 초점이 아니란 것이다.

예배의 기반은 아무런 자격 없는 내가, 예배드릴 수 없는 내가 예배의 자리에 와 있는 것이 너무나 감격스러워 흘리는 은혜의 눈물이다. 그것이 하나님이 받으시는 예배란 것이다.

깨진 심령의 소유자는 예배가 시작되기도 전에 가슴을 찢으며 운다. “나는 죄인입니다. 여기 있을 만한 자격이 없는 사람입니다”라고 하면서. 우리에게도 이런 경험이 있지 않은가? 정말 은혜가 넘쳤던 예배를 돌이켜 보면 예배 전체가 화려하고 진행이 수려하게 잘 이루어진 예배가 아니라 힘든 길을 돌파하여 예배의 현장에 왔을 때, 예배가 시작되기도 전에 혼자 조용히 기도하며 울던 때다. 하나님은 예배가 시작되기도 전, 바로 그 순간 이미 우리의 예배를 받으셨다.

그래서 주님은 이렇게 말씀하신다.

심령이 가난한 자는 복이 있나니 천국이 그들의 것임이요 마 5:3

하나님께서 구하시는 제사는 상한 심령이라 하나님이여 상하고 통회하는 마음을 주께서 멸시하지 아니하시리이다 시 51:17

'상한 심령'(broken spirit)은 파산한 영혼, 부도난 영혼을 말한다. 섬기게 하심도 주님의 은혜요, 드리게 하심도 주님의 은혜요, 깨닫게 하심도 주님의 은혜임을 기억하는가? 예배는 내 능력껏 펼치는 것이 아니다. 바닥에서 시작되는 것이 예배다. 있는 것을 드리는 것이 아니라 없지만 그 자리를 허락하신 하나님께 가슴을 찢는 것이 예배다.

진심 〈 참된 겸손

또한 하나님께서는 진심이나 감정보다 참된 겸손을 더 귀하게 여기신다.

> 다윗이 여호와 앞에서 힘을 다하여 춤을 추는데 그때에 다윗이 베 에봇을 입었더라 삼하 6:14

진심보다 참된 겸손이 우선이라는 말에 놀라는 분들도 있을 것이다. 진심만 전해지면 된다고 배우는 시대이기 때문이다. 그래서 진심이 전해질 수만 있다면 방법론은 별로 중요하지 않다고 여겨졌다. 우리는 모든 틀과 형태가 멸시당하는 시대에 살고 있다. 본질이 사라지고 틀과 형태만 남았던 시대를 통해서 받은 상처를 만회하는 과정에서 나온 부작용이다.

그러나 이렇게 한번 생각해보자. 내가 하고 싶은 말을 끝까지 하는 것은 진심은 전할지 모르나 절대로 겸손의 모습은 아니다. 결국 상대방을 불쾌하게 하거나 불편하게 만든다. 그럼 하나 물어보겠다. 진심이 중요한가, 아니면 배려가 중요한가? 배려가 있고 마음이 통하면 진심이 전해진다.

그런데 우리는 주님의 심정이나 주님의 요구, 주님의 생각은 둘째 문제고 내 진심만 전해지면 된다고 착각한다. 이런 교제는 주님과 관계를 맺는 데 있어서 종종 큰 어려움을 초래한다. '예배'가 정말 주님을 인격적으로 대하는 것이라면 나의 의도와 본심이 무엇인지보다 우선 예배의 대상을 존중해드리는 것이 중요하다. 나는 없어지고 주님의 필요와 그분의 반응을 존중하는 것이 예배의 자세란 말이다.

사무엘하 6장 14절을 보면 보통 어떤 것을 떠올리는가?

"나는야 다윗처럼 춤을 출 거야! 나도 나의 왕 앞에서 저렇게 춤추기를 원합니다!"

우리는 일반적으로 다윗이 춤을 췄다는 사실에 관심을 기울이지만, 그보다 더 중요한 것이 있다. 다윗이 왕의 옷을 벗고 예배에 합당한 옷을 입었다는 사실이다. 이것이 겸손이다. 내 옷을 벗고 주님의 방법을 취하는 것이다. 내 경험을 내려놓고 주님의 역사를 기대하는 것이다. 내 권세를 내려놓고 주님의 권위를 인정하는 것이다.

여기서 또 한 가지 짚고 넘어가고 싶은 것이 있다. 그것은 다윗이 자기가 원하는 대로 마음대로 몸을 움직여 춤을 춘 것이 아니었다는 사실이다. 여기서 말하는 춤은 일반 춤이 아니라 제사를 드릴 때 사용되었던 예식에 해당되는 춤이었다. 춤조차도 자기 마음대로 흥 나는 대로 춘 것이 아니라 하나님의 방식으로 췄다는 것이다. 즉, 여기에서 다윗은 옷이 벗겨지는 것도 모른 채 다른 사람이 실족하든 말든 자기 몸이 원하는 대로 홍겹게 움직인 것이 아니다. 오히려 그는 '제가 왕의 권세를 내려놓겠습니다. 제가 왕의 옷을 벗고 예배자의 자세로 예배와 어울리는 옷을 입겠습니다. 내가 원하는 대로 감정 표현을 하는 것이 아니라 하나님의 춤이라는 틀 안에서 움직이겠습니다'라고 했던 것이다. 오늘 우리 시대는 '다윗처럼 춤을 춘다'는 것이 무엇인지 알지도 못한 채 그저 춤추고 있다.

하나님과의 관계에 있어서 다윗의 겸손한 모습 중에서 한 가지 더 기억하고 싶은 것이 있다.

> 다윗과 온 이스라엘 족속이 즐거이 환호하며 나팔을 불고 여호와의 궤를 메어오니라 삼하 6:15

이 장면은 한 가지 그림을 연상시킨다. 즉, 왕이 등장할 때의 모습이다. 온 백성이 환호하며 나팔이 울려퍼지는 가운데 입장하는 것은 왕에게 어울리는 모습이다. 그런데 이스라엘의 왕인 다윗은 자신의 자리를 비워드리고 하나님께서 이스라엘의 왕으로 백성들의 환호와 나팔소리 가운데서 등장하시게 했다.

사무엘하에는 다윗이 왕이 되었음에도 왕으로 임명 받는 장면이 없다. 지난한 고난 끝에 드디어 왕이 되었는데, 몇 구절쯤은 그 역사적인 임명식에 대한 기록이 있을 법도 한데, 그런 장면은 어디에도 없다. 그 대신 이 장면이 아주 구체적으로 기록되어 있다. 이유가 무엇일까?

다윗의 마음에서 그는 이스라엘의 왕이 아니었다. 주님을 왕으로 모시고 있는 그의 자세를 보여주는 장면이다.

'주께서 다스리소서. 나는 하나님을 섬기는 제사장일 뿐입니다.'

그렇기 때문에 하나님의 언약궤가 예루살렘으로 입성하는 국가적 행사가 다윗이 왕으로 임명 받는 과정을 대신하는 것이다.

이것이 겸손이다. 이 겸손이 하나님 마음에 합한 예배자의 필수 자세다. 내 자리를 비워드리는 것이다. 내 경험을 내려놓고, 내 주장을 포기하는 것이다. 내 삶을 주님의 권세 앞에 굴복시키는 것이다.

이 시대에 가장 안타까운 것은 예배가 무절제와 개인주의로 변질되어가고 있다는 점이다. 내가 원하는 방식으로 예배하면 된다고 생각한다. '진심만 전해지면 되지'의 폐해이다. 그렇다 보니 겸손이 없다. 이제 하나님 앞에서 참된 예배자의 자세로, 겸손의 자리로 돌이키는 은혜가 있으면 좋겠다.

예배의 원칙 3, 총체적 예배

세 번째, 하나님 마음에 합한 예배의 원칙은 부분적 참가가 아니라 총체적 예배를 드리는 것이다.

여호와의 궤가 다윗 성으로 들어올 때에 사울의 딸 미갈이 창으로 내다보다가 다윗 왕이 여호와 앞에서 뛰놀며 춤추는 것을 보고 심중에 그를 업신여기니라 여호와의 궤를 메고 들어가서 다윗이 그것을 위하여 친 장막 가운데 그 준비한 자리에 그것을 두매 다윗이 번제와 화목제를 여호와 앞에 드리니라 … 다윗이 자기의 가족에게 축복하러 돌아오매 사울의 딸 미갈이 나와서 다윗을 맞으며 이르되 이스라엘 왕이 오늘 어떻게 영화로우신지 방탕한 자가 염치없이 자기의 몸을 드러내는 것처럼 오늘 그의 신복의 계집종의 눈앞에서 몸을 드러내셨도다 하니 다윗이 미갈에게 이르되 이는 여호와 앞에서 한 것이니라 그가 네 아버지와 그의 온 집을 버리시고 나를 택하사 나를 여호와의 백성 이스라엘의 주권자로 삼으셨으니 내가 여호와 앞에서 뛰놀리라 내가 이보다 더 낮아져서 스스로 천하게 보일지라도 네가 말한 바 계집종에게는 내가 높임을 받으리라 한지라 그러므로 사울의 딸 미갈이 죽는 날까지 그에게 자식이 없으니라 삼하 6:16–23

다윗은 에봇을 입고 어린 제사장과 같이 여호와 하나님 앞에서 춤을 춘다. 그런데 이 모습을 다윗의 아내이자 사울의 딸인 미갈이 보고 불쾌하게 여겨 비웃었다. 많은 사람이 이 부분을 보고 미갈이 벌거벗은 다윗의 모습을 수치스럽게 여겼을 것이라고 생각한다.

그런데 미갈이 다윗에게 하는 말을 가만히 들어보면 진짜 문제라기보다 문제를 삼기 위한 말들임이 느껴진다. 꼭 그런 사람들이 있다. 그럴듯하게 말을 하는데, 문제를 삼으려고 하다 보니 비관적으로 보일 뿐 사실은 문제가 될 만한 것이 없는 것을 문제 삼는 사람들 말이다.

사실 미갈에게는 보다 근본적인 문제가 있었다. 다윗이 미갈에게 하는 이야기를 통해 어느 정도 그 부부에게 갈등이 있었음을 짐작할 수 있다.

"하나님이 네 아버지의 집을 버리시고 나를 선택하셔서 내가 그렇게 예배한 거야."

다윗은 미갈의 아픈 곳을 찔러버렸다.

이뿐만 아니다. 미갈이 다윗을 처음 좋아하게 된 이유를 생각해보면 지금 미갈이 어떤 어려움을 겪고 있는지 짐작해볼 수 있다. 미갈이 처음 다윗에게 끌렸던 이유가 무엇인가? 용사였기 때문이다. 골리앗을 무찌르고 돌아오는 이스라엘의 영웅, 그 모습에 반했던 미갈은 아마도 제사장의 모습보다는 용사의 모습에 더 매력을 느끼지 않았나 싶다.

여자든 남자든 서로에게 매력을 느껴 결혼을 한다. 그런데 그 매력을 느끼는 부분은 각자 다를 수 있다. 외모, 능력, 사회적 지위 등. 물론 다 좋으면야 좋겠지만. 처음 둘이 만났을 때는 외모가 마음에 들어서, 성격이 마음에 들어서, 혹은 상황이 맞아떨어져서 교제를 하고 결혼을 하게 된다. 하지만 10년이 지나고, 20년이 지나 어느 날, 내가 반했던 그 요소가 더 이상 내게 자극을 주지 못하는 날이 오게 된다. 성격이 좋다고 생각했는데 살면서 알아가다 보니 싫은 점도 있다. 외모가 끌려서 사귀었는데 나이를 먹을수록 그 매력은 떨어지기 마련이다. 개그 코드가 마음에 들었는데 어느 순간 아재 개그가 되어버려 그때부터는 그냥 웃어주는 거지 진심으로 웃지 않는다.

어느 날 정신을 차리고 보면 다른 것은 다 그렇게 변했는데, 그래서 매력도가 감소했는데 신앙이 제자리걸음이라면 우리의 결혼생활을 지탱해줄 만한 원동력이 더 이상 없다는 것이다. 그래서 우리는 신앙으로 서로를 길들이고 승부를 봐야 한다. 다른 매력 요소가 다 쇠하여가도 신앙이 날로 깊어지고 자라간다면, 그 힘으로 가정이 튼튼하게 지켜진다.

사실 이것은 내 이야기가 아니라 C. S. 루이스의 《스크루테이프의 편지》에 나오는 한 장면이다. 악마 스크루테이프가 조카인 웜우드에게 이런 조언을 한다. 만약 인간이 지금 연애를 한다면 그것을 말리지 말고 그대로 두라는 것이다. 대신 10년 후에 가정이 깨지도록 씨를 뿌려두라고 한다. 그 씨란 외모에 홀리고, 여행 가는 것을 낙으로 삼아 하루하루 즐기며 사는 데 현혹되게 만드는 것이다. 그래서 10년 후 혹은 20년 후 이런 모든 것이 무너져 내리면 가정도 끝난다는 것이다. 그러므로 우리는 관계를 지탱해줄 만한 하나님의 능력을 붙잡아야 한다.

그런데 한 가지 감사한 것이 있다. 회복 가능하다는 것이다. 오늘 하나님 앞에서 다시 한번 내 가정과 배우자를 올려드린다면 하나님이 회복시켜주신다고 약속하신다.

내가 전에 너희에게 보낸 큰 군대 곧 메뚜기와 느치와 황충과 팥중이

가 먹은 햇수대로 너희에게 갚아주리니 욜 2:25

더 늦기 전에 하나님 앞에서 신앙으로 나 자신을 먼저 세우고, 배우자를 세우고, 가정을 세워야 한다. 그러한 은혜가 있기를 바란다.

어쨌든 바로 이 모습이 미갈의 모습이었다. 이스라엘의 영웅, 이스라엘에서 가장 잘난 남자를 만난 것이 그녀의 정체성이었다.

'난 꽤 괜찮은 사람이야. 이 정도 남자와 결혼할 정도면 말이지!'

그런데 그 남자가 더 이상 그런 남자가 아니다. 미갈이 보고 있던 남자는 이제 하나님 앞에서 낮아지는 남자였다. 하나님 앞에서만 올바로 인정받으면 됐지 사람들에게 어떻게 보이는지는 별로 중요하지 않은 남자였다.

그에 반해 미갈은 다른 것을 의식하는 사람이었다. 사무엘하 6장 16-23절 말씀을 보면 반복해서 강조되는 표현이 있다. 바로 '앞에서'란 단어이다. 16절의 '여호와 앞에서', 17절의 '여호와 앞에', 20절의 '계집종의 눈앞에서', 21절의 '여호와 앞에서' 등이다. 이 같은 표현이 강조되며 오가던 다윗과 미갈의 대화는 "내가 이보다 더 낮아져서 스스로 천하게 보일지라도 네가 말한 바 계집종에게는 내가 높임을 받으리라"라고 하면서 끝난다. 즉 누구를 의식하고 있느냐가 주요 포인트라고 할 수 있다. 이 대화를 가만히 보면 다윗이 여호와를 의식하는 것은 분명하다. 그렇다면 미갈이 의식하는 대상은 누구인가? 다른 사람들, 조금 더 정확히 말하면 다른 여자들이다.

이스라엘에서 가장 잘난 남자 다윗과 결혼한 미갈은 다른 여자들에게 흠모의 대상이었다. 그런데 다윗이 더 이상 그 역할을 해주지 못하게 되자 화가 난 것이다. 미갈의 그 마음은 쉽게 바뀌지 않았다. 여전히 그녀의 관심은 다른 사람이 자기를 어떻게 생각하는지에 있었다. 그런데 다윗의 관심이 어디에 있는지 성경은 정확하게 기록한다. 그는 다른 사람들의 눈에 자기가 어떻게 보일지라도 하나님 앞에서 바로 예배 드리기만 하면 된다고 생각했다.

예배의 참된 본질이 여기 있다. 부분적 참가가 아니라 총체적 경배라는 것은 내 시선과 관심과 생각이 분산되지 않는 상태를 말한다. 내가 인정받기 원하는 대상도 하나님, 예배를 흠향해주시는 분도 하나님이면 충분하다.

"하나님만 나를 봐주시면 그것으로 나는 만족합니다."

하나님께 전체를 드리는 것이 예배다. 오직 하나님만 의식하는 것이 예배란 사실을 기억해야 한다. 조금이라도 내 주변을 신경 쓴다는 것은 이미 하나님께 전체를 드리지 않고 있다는 뜻이다.

너무 편한 예배

우리의 예배 드리는 모습은 어떤지 살펴보자. 예배나 집회에 참석할 때면 이런 갈등이 있지 않은가?

'손을 들어야 할까, 말까? 다른 사람들도 다 뛰는데 나도 뛰어야

할까? 아, 다른 사람들은 신경 쓰지 말자, 신경 쓰지 말자, 신경 쓰지 말자.'

이렇다는 것은 이미 다른 사람을 신경 쓰고 있다는 뜻이다. 진정으로 하나님께 드리는 예배는 정말 이 찬양 가사와 같다.

"세상과 나는 간곳없고 구속한 주만 보이도다."

지금 우리 안에 예배의 개념과 그 틀이 상당히 희미해졌다. 우리에게 익숙한 예배가 어떤 예배인가? 구도자를 위한 예배, 누구나 편안하게 드릴 수 있는 예배다. 그런데 예배가 무엇인가? 하나님만을 위해 성별된 거룩한 현장이다. 예배가 거룩하다는 것은 일반적이지 않다는 뜻이고, 성별되었다는 것은 일반화되지 않았다는 것이다. 그렇다면 세상에 속한 사람이 예배에 들어왔을 때 편해야 당연한 걸까, 불편해야 당연한 걸까? 불편해야 한다. 이질감을 느끼는 것이 당연하다.

그런데 우리 시대에는 예배가 너무 편하다는 게 문제다. 예수님을 믿든, 믿지 않든 처음 교회에 와서 편안하게 느껴진다면, 그 예배는 거룩한 예배가 아닐 확률이 높다. 그럼 어떻게 하란 말인가? 예배 때 불편하게 해서 오려는 사람도 오지 못하게 막아서는 것이 맞는가?

사실 이런 질문 자체가 웃긴 것이다. 왜냐하면 처음부터 주님이 파송하신 곳은 교회 안이 아니기 때문이다. 주님은 교회 안으로 들어가서 전도하라고 말씀하신 적이 없다. 땅 끝까지 가서 전도하라고 세상 밖으로 보내셨지, 사람들을 교회로 데려와서 예배를 통해 크리스천을 대량 생산하라고 말씀하신 적이 없다. 주님은 "너희는 세상의 빛이요 소금이니 세상으로 들어가 살면서 너희의 아름다운 행위와 참된 행위, 의로운 행위로 하늘에 계신 아버지께 영광을 돌리라"고 말씀하셨다. 이것이 주님의 전도 방법이다. 교회에 데리고 들어와 앉혀놓고 편안하게 예배드리며 교회를 선전하는 것은 주님이 가르쳐주신 전도 방법이 아니다.

오늘 우리는 하나님 앞에 어떻게 예배 드리고 있는지, 시선이 분산되어 있는 것은 아닌지 살펴보는 은혜가 있기를 바란다.

예배의 원칙 4, 보혈의 공로

네 번째, 하나님 마음에 합한 예배의 원칙은 자신의 공로로 나아가는 것이 아닌 보혈의 능력으로 나아가는 것이다.

> 여호와의 궤를 멘 사람들이 여섯 걸음을 가매 다윗이 소와 살진 송아지로 제사를 드리고 삼하 6:13

> 여호와의 궤를 메고 들어가서 다윗이 그것을 위하여 친 장막 가운데 그 준비한 자리에 그것을 두매 다윗이 번제와 화목제를 여호와 앞에 드리니라 삼하 6:17

언약궤 이동의 시작과 끝을 알리는 구절들이다. 예배가 어떻게 시작했고, 어떻게 끝났는지를 보여준다. 그런데 시작과 끝에 한 가지 공통점이 있다. 제사로 시작해서 제사로 끝난다는 것이다. 그런데 그냥 제사가 아니었다. 특별히 도착한 지점에서는 어떻게 하는가? 번제를 드렸다. 번제는 다 태워버리는 제사다. 번제는 부분을 드리는 제사가 아니다. 총체를 드리는 제사다. 특별히 언약궤를 옮기는 걸음의 시작과 끝의 제사가 준비되어 있었다는 것은 바로 이것을 의미한다.

제사는 그냥 하나님을 기뻐 찬양하는 정도의 차원이 아니다. 여기서 말하는 제사는 여섯 걸음 가고 소를 잡아 피를 흘리고, 그 피가 쏟아지는 것을 목격한 다음 나머지 여정을 걸어가는 것, 드디어 목적지에 이르러서는 또 동물을 잡아 죽여서 피를 뿌리는 것이다. 언약궤가 예루살렘으로 입장하는 과정을 요약하면 한 마디로 '피비린내 나는 과정'이라고 말할 수 있다.

이것이 다윗의 마음 가장 깊은 곳에 자리 잡고 있었던 중심이라고 생각된다.

'하나님, 저에게는 주님 앞에 나아갈 아무런 공로도 없습니다. 이 피에 생명이 있기에 대신 동물의 피를 뿌려서라도 제가 하나님 앞에 가까워지기를 소망합니다.'

이 중심으로 한 걸음 한 걸음 나아간 것이다.

그런데 이 말씀은 그날로 끝난 말씀이 아니었다. 이 말씀은 표지판일 뿐이다. 계속 살펴보는 것처럼 다윗과 그의 인생 발자취는 하나의 표지판일 뿐이다. 언젠가 진짜 왕이 오신다. 언젠가 진짜 하나님의 임재가 회복될 것이다. 그날에는 부분적으로 보는 것이 아니라 하나님의 얼굴을 보게 될 것이다.

그런데 그 얼굴을 보기 위해 이제는 동물의 피가 아니라 보혈이 흘려질 것이다. 예수 그리스도께서 바로 어린양이자 희생양으로 우리를 대신해서 피를 흘려주셨다. 아무리 자주 불러도 부를 때마다 은혜가 되는 찬양이 있다.

보혈을 지나 하나님 품으로
보혈을 지나 아버지 품으로
보혈을 지나 하나님 품으로
한 걸음씩 나가네

정확히는 모르겠지만 작사가가 이 찬양의 가사를 지을 때 이 장면을 연상하지 않았을까. 우리 예배의 한 걸음, 한 걸음이 보혈로 덮이지 않으면 나아갈 수 없다. 그래서 나는 예배를 시작할 때나, 말씀을 낭독할 때, 설교를 시작할 때 항상 "주님의 보혈로 덮어주세요. 주님의 보혈이 덮이지 않으면 나는 이 말씀을 입에 담을 수 없습니다"라고 고백한다.

죽음조차 주의 은혜

최근에 육체의 극심한 아픔과 고통을 경험하면서 죽음에 대한 생각을 많이 하게 됐다. 나는 어릴 때부터 이유를 모르게 이삭이 리브가를 만나는 장면을 참 좋아했다. 리브가는 아브라함의 종이 데리고 왔는데 이삭이 그 아리따운 여인 리브가를 우물가에서 만났다. 희한하게도 이삭도, 야곱도, 모세도 우물가에서 여인을 만났다. 지금으로 말하면 우물가는 사람들이 모여서 대화하고 목을 축였던 카페 같은 장소였다. 리브가를 만나는 장면을 보면서 '아, 정말 이런 여인이 있을까?' 할 정도로 마음에 설렘이 있었다.

그런데 한 가지 두려운 것은, 이삭이 리브가를 만나는 그 장면이 사라가 죽은 직후였다는 것이다. 성경은 리브가로 인해 이삭이 어머니의 죽음에 대한 위로를 얻었다고 전한다. 그래서 나는 하나님께 배우자를 구하는 기도를 할 때면 꼭 함께 구하는 것이 '우리 부모님이 살아 계실 때 만나게 해주세요'란 것이었다. 하지만 시간이 지나면서 이제는 부모님이나 가족뿐만 아니라 나 역시도 죽음이 그렇게 먼 현실이 아니란 사실을 생각하게 된다. 특히 몸이 많이 아프다 보니 나에게도 예상치 못한 일이 있을 수도 있겠다는 생각을 하게 됐다.

사실 지금까지는 '나는 예외'라고 생각할 정도로 젊음이 있었고 자신이 있었다. 하지만 근본적으로 그 생각이 꺾였다. 이제는 나도 예외가 아니라는 생각이 들었다. 나이가 들어가면서 철이 든다는 것은 두려움이 생긴다는 것이다. 그 두려움은 '나도 예외가 아니구나'라는 것을 깨닫는 데서 오는 두려움이다. 그런 두려움을 가지고 죽음이라는 것을 정말 신중하게 생각하게 되었는데, 어느 날, 자다가 갑자기 깨닫게 된 것이 있었다. 죽음이 있다는 것이 얼마나 감사한 일인지 말이다. 죽음은 예수님을 만날 수 있는 통로이니, 감사한 일이다. 이것 말고도 하나님이 지극히 선하시고 자비로운 분이셔서 우리에게 죽음을 허락해주신 것이다. 어떤 사람은 하나님이 죽음을 허락하신 이유를 이렇게 설명했다.

"죽음은 하나님께서 인간의 가장 어두운 마음의 세력에 대항하는 마지막 장치로 주신 것이다."

만약 죽음이 없다면 어떤 세상이 됐을까? 상상해보면 정말 끔찍하다. 예를 들어 히틀러나 김일성, 김정일 같은 사람들이 영생한다고 생각해보라. 그들은 시간이 흐를수록 더 많은 힘을 얻기 위해 애쓸 것이다. 힘이 힘을 낳게 되어 있다. 힘 있는 자들은 아무리 악해도 힘이 있을 것이고, 힘없는 사람들은 영원토록 억압받는다는 뜻이다. 그러나 이렇게 태어났든, 저렇게 태어났든 모든 사람은 죽음 앞에서 공평하다. 똑같이 죽게 되어 있다. 즉, 더 이상 악해질 수 없는 안전장치로 죽음을 가동시켜놓으신 것이다.

그래서 나는 '내 안에 있는 어두움이 오래 산다면 어떻게 될까?'를 생각해봤다. 사람은 확률적으로 봤을 때, 언젠가는 변질되게 되어 있다. 그저 지금까지 지내온 것이 하나님의 은혜일 뿐이다. 더 큰 일을 당하기 전에 작은 일을 가지고 깜짝 놀라게 하시고 돌아오게 하시니 이 정도인 것이다. 만약 하나님이 나에게 허락하신 안전장치가 없다면, 내 모습은 상상만 해도 끔찍하다.

강단에 서게 된 것도, 주님을 섬기게 된 것도 사실 나에게 어떤 공로가 있어서가 아니다. 하나님은 오늘의 나를 보시는 분이 아니다. 영원하신 하나님은 시간 밖에 계신 분이다. 즉, 시간이라는 개념이 없이 내 인생의 모든 것을 현재진행형으로 바라보시는 하나님이시기에 내가 어디까지 악해질 수 있는지도 보고 계신다. 어떤 가능성을 내 가슴에 품고 사는지도 알고 계신다. 내 안에 어떤 죄성이 있는지도 다 알고 계신다.

그런데도 지금 내가 이렇게 말씀을 전할 수 있는 것은 딱 한 가지 때문이다. 내 공로가 아닌 예수 그리스도의 공로, 주님의 보혈로 덮으셨기 때문에 내가 예배드릴 수 있고, 나의 찬양의 고백이 아버지께 전달될 수 있었다. 그 보혈로 덮으셨기 때문에 하나님의 임재 앞에 녹아내리지 않고 서 있을 수 있는 것이다. 우리는 그 주님의 보혈을 의지하며 예배 앞에 나아가야 한다. 그럴 때 참된 예배자의 모습으로 나아갈 수 있을 것이다.

삼하 12:13-25

13 다윗이 나단에게 이르되 내가 여호와께 죄를 범하였노라 하매 나단이 다윗에게 말하되 여호와께서도 당신의 죄를 사하셨나니 당신이 죽지 아니하려니와 14 이 일로 말미암아 여호와의 원수가 크게 비방할 거리를 얻게 하였으니 당신이 낳은 아이가 반드시 죽으리이다 하고 15 나단이 자기 집으로 돌아가니라 우리아의 아내가 다윗에게 낳은 아이를 여호와께서 치시매 심히 앓는지라 16 다윗이 그 아이를 위하여 하나님께 간구하되 다윗이 금식하고 안에 들어가서 밤새도록 땅에 엎드렸으니 … 20 다윗이 땅에서 일어나 몸을 씻고 기름을 바르고 의복을 갈아입고 여호와의 전에 들어가서 경배하고 왕궁으로 돌아와 명령하여 음식을 그 앞에 차리게 하고 먹은지라 … 24 다윗이 그의 아내 밧세바를 위로하고 그에게 들어가 그와 동침하였더니 그가 아들을 낳으매 그의 이름을 솔로몬이라 하니라 여호와께서 그를 사랑하사 25 선지자 나단을 보내 그의 이름을 여디디야라 하시니 이는 여호와께서 사랑하셨기 때문이더라

CHAPTER

비통하는 자

인생을 뒤흔드는 변화

우리는 한평생 크고 작은 여러 가지 변화를 경험한다. 취직, 이직, 은퇴, 입학, 졸업, 결혼, 이민, 이사 등을 꼽을 수 있다. 그러나 이것들은 모두 환경의 변화일 뿐이다. 환경의 변화 역시 우리의 심리 상태나 영적 상태, 혹은 가치 기준에 영향을 미치기는 하지만 대부분 근본적인 변화로 이어지지는 않는다.

그런데 우리의 인생 뿌리 자체를 크게 흔들어놓을 수 있는 두 가지 변화가 있다. 첫 번째는 사랑이다. '사랑'은 '무언가로 즐거움 삼는다, 무언가로 만족한다, 무언가로 나에게 기쁨이 된다, 무언가로 충분하다' 등으로 정의될 수 있는데, 이것들은 사랑에 포함된 중요한 요소들이다. 사랑은 우리 삶의 동기까지 깊이 파고들어 그 뿌리 자체에 변화를 가져다 줄 수 있는 엄청난 에너지, 힘이다.

그러나 사랑이 가져오는 변화가 언제나 선한 것이라고는 말할 수 없다. 사랑의 대상이 무엇이냐 혹은 누구냐에 따라 달라지기 때문이다. 어떤 이는 사랑 때문에 세워지지만 어떤 이는 사랑 때문에 파괴된다. 다만 한 가지 분명한 사실은 사랑에는 사람을 뿌리부터 흔들어놓을 수 있는 영향력이 있다는 것이다.

하나님께서는 우리의 인생에 온전한 변화를 선물하시기 위해 사랑을 도구로 사용하시는 경우가 참 많다. 사랑은 우리의 궁극적이고도 영원한 목적이기도 하며 동시에 그 목적까지 나아가게끔 하는 변화의 원동력이기도 하다. 그래서 성경은 이렇게 말한다.

> 너는 마음을 다하고 뜻을 다하고 힘을 다하여 네 하나님 여호와를 사랑하라 신 6:5

이 말씀은 우리 인생의 궁극적인 목적이 하나님을 사랑하는 것이고, 동시에 그분을 사랑하는 것이야말로 거룩한 백성이 되는 유일한 길임을 알려준다.

우리 인생의 뿌리 자체를 흔들어놓을 수 있는 또 한 가지가 있는데, 그것은 바로 '고난'이다. 고난의 과정을 통해 사람은 자기 세계관과 가치 기준을 향한 도전을 맞게 된다. 지금까지 옳다고 생각하며 살아왔던 모든 것에 대한 의심과 질문과 점검의 과정으로 접어든다는 뜻이다. 그리고 인생의 구조조정을 거치게 된다.

예를 들어, 가장 힘들 때 함께해주었던 사람들에게는 자연히 마음을 주게 되어 있다. 반대로 인생의 어두운 터널을 통과하면서 저절로 정리되는 관계들도 있다. 따라서 고난이 시작되기 전과 고난이 끝나갈 때쯤에는 내 주변의 얼굴들이 바뀌는 경우가 많다. 하나님께서는 우리의 삶을 변화로 이끄시기 위해 고난이란 도구도 자주 사용하신다. 그래서 로마서 5장은 이렇게 기록한다.

> 다만 이뿐 아니라 우리가 환난 중에도 즐거워하나니 이는 환난은 인내를, 인내는 연단을, 연단은 소망을 이루는 줄 앎이로다 롬 5:3,4

이와 같이 하나님께서는 고난을 통해 우리를 연단하심으로 온전한 변화를 허락하기 원하신다.

고난을 잘 감당하는 것

사랑과 고난은 전혀 다른 것 같으나 사실은 동전의 양면과 같다. 가장 사랑했던 것을 상실하는 순간 고난의 계절이 펼쳐진다. 동전이 뒤집힌 것이다. 반대로 사랑을 시작하는 순간 고난은 우리 삶 속에서 희석되기 시작한다.

그런데 우리가 한 가지 크게 오해하고 있는 것이 있다. 고난이 반드시 우리를 온전한 모습으로 빚어낼 것이라는 착각이다. 많은 경우 고난을 통해 내가 성화된다고 생각한다. 하지만 이것은 고난에 대한 성경적 이해가 아니다. 고난을 겪는 그 자체만으로는 그 고난의 끝에서 내가 더 아름답고 거룩하고 온전한 모습으로 변화될 것이라고 누구도 보장할 수 없다.

성경을 보면 볼수록 명확해지는 한 가지는, 고난을 올바로 감당하는 길이 존재한다는 사실이다. 그래서 고난을 겪는다고 온전히 세워지는 것이 아니라 제대로 겪을 때 바로 세워지는 것이다. 고난을 올바로 감당하지 못하면 고난 속에서 오히려 망가지고 파괴되고 상처받아 결국 쓴뿌리만 남기게 된다. 반대로 고난을 올바로 감당하기만 하면 고난은 더 성숙하고 더 아름답고 더 거룩하며 온전하게 변화될 수 있는 최고의 기회가 된다.

이번 장에서 살펴보고자 하는 본문은 바로 고난을 제대로 잘 감당한 한 사람에 대한 기록이다. 고난 가운에 온전히 비통해하는 한 남자의 모습이기도 하다.

여기서 한 가지 짚고 넘어가고 싶은 것이 있다. 우리는 일반적으로 '애통하다'란 단어를 많이 사용한다. 나 역시도 '애통하다'라는 주제로 여러 번 말씀을 전해왔다. 하지만 여기서는 의도적으로 '비통하다'라는 표현을 사용하려고 한다. 왜냐하면 이 말씀에서는 '비통하다'란 표현이 더 정확한 것 같기 때문이다.

그렇다면 '애통'과 '비통'의 차이는 무엇일까? '비통하다'는 영어로 'to grief'나 'grieving'이란 단어로 표현된다. 이것은 무언가 혹은 누군가를 상실한 통증에 대한 심리적, 정신적 반응을 가리킨다. 내가 정말 사랑했던 대상을 통해 기쁨과 만족과 삶의 원동력을 느꼈는데, 그것이 상실되는 순간 동전이 뒤집히면서 고통의 시절이 열린다. 그 상실한 것을 향한 심리적, 정신적 반응이 '비통함'이다.

비통함은 여러 가지 모습과 강도와 순서로 우리 삶에 나타날 수 있는데, 일반적으로 충격과 쇼크, 혼란의 반응이 나타나고 상실한 현실을 부인하는 경우도 있다. 분노, 슬픔, 혈기 등을 나타내기도 하고 우울증이나 혹은 자기 자신을 사회로부터 고립시켜버리는 반응도 존재한다.

한편 '애통함'은 영어로 'mourning'인데, 이것은 남겨진 공간을 다시 채워내기 위한 행위적 노력이다. 상실한 것을 향한 정신적, 심리적 반응이 아니라 '이제 이것을 내가 구체적으로 어떻게 채워내야 할까, 이 사람이 없이 이제 내가 한평생을 어떻게 살아가야 할까?'를 심각하게 고민하고 그 대안을 찾는 과정을 말한다. 즉, 무언가 혹은 누군가 사라진 그 환경 속에서 어떻게 살아가야 하는가라는 숙제를 받는 것이다.

애통함의 반응 역시 다양한 형태로 나타날 수 있다. 어떤 사람은 술, 마약, 쾌락 등으로 빈 공간을 채우기 위해 몸부림친다. 또 어떤 사람은 인내, 잠잠함, 눈물, 회개로 그 시간을 채워낸다.

우리는 시편 51편에서 다윗이 애통하는 장면을 볼 수 있다. 그는 회개와 결단으로 애통하는 과정을 성공적으로 돌파한다. 이제 여기서는 다윗이 애통하는 모습에서 조금 더 시야를 넓혀 비통하는 과정을 살펴보려고 한다. '우리에게 소중한 것을 잃어버린 통증에 어떻게 반응해야 하는가? 어떻게 비통해해야 하는가?'라는 질문을 가지고 본문 말씀을 크게 네 부분으로 나누어 살펴보려고 한다.

첫 번째, 주의 용서를 기억하라

> 다윗이 나단에게 이르되 내가 여호와께 죄를 범하였노라 하매 나단이 다윗에게 말하되 여호와께서도 당신의 죄를 사하셨나니 당신이 죽지 아니하려니와 이 일로 말미암아 여호와의 원수가 크게 비방할 거리를 얻게 하였으니 당신이 낳은 아이가 반드시 죽으리이다 하고 나단이 자기 집으로 돌아가니라 우리아의 아내가 다윗에게 낳은 아이를 여호와께서 치시매 심히 앓는지라 … 이레 만에 그 아이가 죽으니라 그러나 다윗의 신하들이 아이가 죽은 것을 왕에게 아뢰기를 두려워하니 이는 그들이 말하기를 아이가 살았을 때에 우리가 그에게 말하여도 왕이 그 말을 듣지 아니하셨나니 어떻게 그 아이가 죽은 것을 그에게 아뢸 수 있으랴 왕이 상심하시리로다 함이라
>
> 삼하 12:13-15,18

이 장면은 다윗의 인생에 있어서 가장 큰 수치와 후회와 통증의 순간이 아닐까 싶다. 다윗은 충성스런 부하 우리아의 아내를 범하고, 그 여인이 잉태하자 자신의 죄를 감추기 위해 우리아가 전쟁터

에서 숨지도록 음모를 꾸몄다. 결국 살인으로 모든 것이 완전히 수습되었다고 스스로 믿고 일상으로 복귀한다. 그러나 그 모습을 지켜보고 계시던 하나님께서는 나단 선지자를 보내 다윗을 엄히 경책하고 징계하신다. 여기서부터 본문 말씀이 펼쳐진다.

고난 가운데 있을 때 우리 안에서 일어나는 한 가지 현상이 있다. 그것은 후회와 자책과 자신을 향한 미움과 분노다. 죽음으로 잃든 혹은 다른 형태로 잃든 사랑하는 대상을 잃는 순간 인간이 심리적으로 경험하게 되는 내적 반응은 그 화살이 자기를 향하는 것이다. 자신이 저지른 죄를 용납할 수 없기에 찌르는 통증이다. 자신을 용서할 수 없는 분노다. 너무나 부끄러운 수치심이다.

다윗은 자신의 죄악과 실패로 그 자녀가 생명을 잃게 되었다. 자신의 잘못이 전혀 없어도 자녀를 잃은 부모라면 자책에서 벗어나기 힘든데 다윗은 자신의 죄로 인해 벌어진 상황이었으니, 이대로라면 그는 평생 죄책감에서 빠져나오지 못했을 것이다.

사람은 그 양심이 깨끗하면 깨끗할수록 자신에게 엄격하다. 엄격한 만큼 완벽하게 그 죄를 감추려고 하든지 혹은 그 죄가 드러나게 되면 자신을 절대 용서할 수 없든지 적어도 둘 중 하나다. 그런데 다윗은 밧세바를 범하고 우리아를 죽일 때까지는 전자를 택했다. 웬만하면 이것을 다 감추려 했다. 이것이 드러나면 자기 스스로 용납할 수 없고, 용서할 수 없기 때문이다. 자신을 용납 못 하는 양심과 한평생 치열하게 씨름하느니 모든 걸 다 덮어버림으로 오히려 양심에 타격을 가하는 것이 더 쉽다고 판단했던 것이다.

사랑과 고난은 사람을 크게 흔들어놓는다. 아마 사랑과 고난을 경험해본 사람이라면 이 말에 다 공감할 것이다. 다윗의 경우 이 두 가지를 연달아 경험하게 되었다. 인생의 뿌리가 견고한 다윗이라도 이제 그 인생이 흔들릴 수밖에 없게 된 것이다.

셰익스피어의 시 '소네트 151'의 말이 정말 맞는 것 같다.

"Love is too young to know what conscience is."

'사랑은 너무 어려 양심이 무엇인지 모른다네'란 뜻이다. 어떤 대상을 사랑하게 되면 도덕적 기준이 희미해지는 것을 경험한 사람들이 많을 것이다. 자기 자식을 위해서라면 살인도 할 수 있다는 부모의 심정이 바로 이런 것이다. 너무 사랑해서 그 사랑이 자기 인생의 기준이 되어버렸다. 그 순간 내 도덕성은 희미해진다.

이런 사랑이 오래 지속될수록 우리는 일반적인 상식과 절대적인 기준에서는 더 멀리 이탈하게 된다. 그렇게 한 여자를 사랑하는 남자는 자신의 모습을 조금씩 상실해간다. 그렇게 한 남자를 사랑한 여자는 자신의 몸과 마음이 어떻게 파괴되어가는지 눈도 못 뜬다. 그렇게 권력과 부를 사랑한 사람은 그것의 노예가 되어도 행복하다고 착각한다. 그렇게 교회에 집착한 사람은 어느 날 교회를 향한 욕심으로 인해 교회를 파괴시켜도 자기가 잘했다고 생각할 것이다.

'사랑은 너무 어려 양심을 모른다네.'

지금 우리가 살펴보고 있는 사건의 시작은 바로 여기에 뿌리를 내리고 있다.

비통의 무대가 펼쳐지다

어느 날 다윗이 성을 거닐다가 밧세바가 목욕하고 있는 것을 목격했다. 그 장면을 성경은 '아름다웠다'라고 표현한다. 성경에서 말하는 '아름답다'는 단어는 그냥 '좋았다'는 표현이 아니다. 성경에서는 그 반응에 많은 비중을 두고 있는데, '아름답게 여기기 때문에 그를 사랑하였더라'는 표현이 많이 사용된다. 다윗이 밧세바를 범하게 된 것은 육적인 욕심 때문만은 아니었다. 첫눈에 반해버린 것이다. 어쩌면 벌써 그 여인에 대한 소문을 들어 어느 정도 알고 있었을 것이다. '그 집의 여인이 참 아름답다더라, 살림을 잘한다더라' 같은 소문 말이다.

일반적으로는 밧세바가 일방적으로 당한 것으로 이해하지만, 나는 밧세바도 어느 정도 다윗에게 접근했던 것이 아닌가 추측한다. 한마디로 서로 눈이 맞은 것이다. 물론 그렇다고 해서 이것이 불륜이 아니라 로맨스란 말은 아니다. 죄는 죄다.

어쨌든 사랑해본 경험이 있다면 그렇게 쉽게 다윗을 비난하지는 말라는 것이다. 대부분 사랑이라는 경험 하나만 가지고도 충분히 타격을 입는 인생이건만 다윗은 그 사랑의 결과로 인해 연달아 고난을 당하게 된다. 자신이 순간 착각했던 사랑은 불륜과 간음죄에 불과했고 그 사랑으로 인해 맺힌 열매도 채 피우지 못한 채 하나님께서 치신다고 말씀하고 계신다. 하나님께서는 결국 그 어린아이의 생명을 거두어가셨다.

여인을 향한 사랑도 부정한 것으로 증명되었고, 자녀를 향한 사랑 역시 그 자녀를 잃어버림으로 막을 내리게 되었다. 이뿐만 아니라 사랑을 위해 타협한 자신의 양심도, 신앙도, 순전함도 어느 순간 정신을 차려보니 더 이상 내 안에 없다는 것을 발견하게 된다. 한순간, 다 잃어버린 것이다. 얼마나 자신이 미웠을까? 상상이 가는가? 정신을 차리고 보니 나도 없고, 자식도 없고, 여인과 생각했던 사랑도 없다. 비통할 수밖에 없는 무대가 펼쳐졌다.

어떻게 비통할 것인가?

자, 그럼 어떻게 비통해야 하는가? 누군가 이런 말을 했다.

"비통한 남자는 원래 같으면 절대 하지 않았을 행동들을 한다."

사람은 비통할 때 자기가 잃어버린 그 공간을 채우기 위해 도덕성이 희미해지고 평소 같으면 하지 않았을 일들을 하기 시작한다. 여자친구와 헤어진 남자가 갑자기 안 마시던 술을 마신다. 사랑하는 남자와 헤어진 여자는 평상시 같으면 꿈도 꾸지 않았을 자리에 나간다. 그래서 사랑과 고통은 동전의 양면과 같다는 것이다.

다윗도 충분히 그럴 수 있었을 것이다. 평소 같았다면 하지 않았을 일들을 충분히 할 수 있었을 것이다. 사랑하기에 제정신으로 못할 일들을 했는데, 이제 그 모든 것이 무너진 현실 앞에서 뭔들 또 못하겠는가?

그러나 비통의 과정이 펼쳐지면서 하나님께서는 다윗의 손을 꽉 잡으시고 한 가지를 확인시켜주신다. 하나님 앞에 나아가기 전에, 수단과 방법을 가리지 않고 무너진 내 인생을 어떻게 재건할까 몸부림치기 전에 하나님께서는 다윗의 손을 꽉 잡고 한 마디 하셨다.

"여호와께서도 당신의 죄를 사하셨나니"(13절).

즉, 하나님께서는 '너의 죄는 이미 용서되었다. 이제부터 펼쳐지는 과정을 통해 회개함으로 나에게 돌아오기는 하되 자기 연민으로 세월을 허송하지 말아라. 가슴을 치며 죄를 미워해도 절대로 자신을 정죄하며 저주하지는 말라'고 하신 것이다. 이것이 하나님이 다윗에게 가장 첫 번째로 하신 말씀의 내용이다.

자녀를 잃고, 사랑을 잃고, 자기 원래 모습이 파괴되고, 그동안 유지해왔던 신앙마저 무너질 때, 이것 하나만은 꼭 지키며 살아왔다는 가치 기준마저 흔들리는 순간이 되면 사람은 될 대로 되라는 식으로 자포자기해버린다.

그런데 18절에 참 기가 막힌 표현이 사용된다. 다윗이 죽어가는 자녀를 위해 금식하며 기도했지만 결국 아이가 죽었다. 신하들은 다윗이 상심할 것을 염려하여 이 소식 전하기를 꺼렸다.

"… 어떻게 그 아이가 죽은 것을 그에게 아뢸 수 있으랴 왕이 상심하시리로다 함이라."

여기서 '상심하다'라고 번역된 단어는 '많이 좌절할 거야, 심각하게 우울해질 거야, 많이 슬퍼할 거야'란 뜻이 담겨 있는 말이다. 영어 성경 중에 특히 ESV 성경은 이 부분을 "He may do himself some harm"이라고 표현했는데, 원어의 뉘앙스를 정말 기가 막히게 전달하는 표현이다. 번역하면 '그가 발악하지 않을까 하여, 될 대로 되라며 끝장을 내지 않을까 하여, 혹은 자포자기하지 않을까 하여'란 뜻이다.

사랑하기 위해 자포자기할 정도의 열정이라면 그것을 상실했을 때 자기 자신에게 가할 수 있는 올바르지 않은 행위 역시 무한대이다. 많은 이들이 "그래도 다윗에게 자살은 선택지에 없었을 거예요"라고 생각하지만 살인한 사람이 자살이라고 못하겠는가?

그렇기 때문에 하나님께서는 가장 먼저 '너의 죄는 이미 용서되었다. 나의 용서를 기억하라'고 말씀하신 것이다.

대가 없는 용서가 아니다

여기서 한 가지 중요한 것을 조금 더 살펴보자. 하나님이 다윗의 죄를 용서하신다는 것은 절대로 대가 없는 용서가 아니었다. 죄는 한번 저질러지면 반드시 누군가가 그 죄의 대가를 지불하게 되어 있다. 그러면 이번 경우에는 누가 그 대가를 지불하는가? 다윗이 아니었다.

"당신이 죽지 아니하려니와 이 일로 말미암아 여호와의 원수가 크게 비방할 거리를 얻게 하였으니 당신이 낳은 아이가 반드시 죽으리이다"(13,14절).

만약 아무 일도 없이 이대로 그 자녀가 잘 자라 밧세바와의 결혼 생활이 행복했다면 어땠을까? 하나님이 정말 살아 계신 분인지, 정말로 우리의 일거수일투족을 살피는 분이신지 모든 것이 불확실해졌을 것이다. 하나님께서 그 아이에게 죽음을 선포하신 까닭은 누군가가 죗값을 치러야만 했기 때문이다.

지금 고난 가운데 있는가? 우리에게 가장 먼저 들려주기 원하시는 하나님의 음성이 있다. 이제는 더 이상 자기 연민에 빠져 있을 때가 아니라는 것이다. 더 이상 자기 자신을 미워하지 말라. 더 이상 자책하거나 자신을 정죄하지도 말라. 이미 충분히 아파했다. 헤어진 것도 내 잘못, 부모가 이혼한 것도 내 잘못, 자녀가 떠나간 것도 내 잘못, 내 삶이 깨어진 것도 내 잘못이라고 생각하는 우리에게 하나님은 그 짐을 덜어주기 원하신다.

'너의 죄를 용서했다!'

하지만 누군가는 죗값을 치러야 한다. 우리의 경우에는 누가 치렀는가? 이미 만왕의 왕이신 하나님의 아들께서 우리를 대신하여 자신의 생명으로 그 대가를 치러주셨다. 우리가 그 엄청난 용서를 얻기 위해서는 다만 다윗이 나단 선지자 앞에서 고백한 그 고백이 요구될 뿐이다.

"내가 죄를 범하였노라."

이것은 짧지만 매우 강력한 자백이다. 이 짧은 한 마디는 바로

'내 죄입니다. 내가 잠시 눈이 멀었습니다. 내가 넘어졌습니다. 내가 실수했습니다'라고 전적으로 인정하는 것이기 때문이다. 이런 자에게 예수의 보혈이 공로가 되어 '네 죄를 용서하노라'라는 음성으로 닿게 된다.

그 죄로 인해 펼쳐질 앞으로의 고난의 기간이 얼마나 될지는 말씀하지 않으신다. 다만 이 한 가지를 당부하시는 것이다.

'많이 아플 거야. 이 고난의 기간이 만만치 않을 거야. 그런데 이 한 가지는 꼭 기억해. 네 죄가 용서받았다는 확신을 가지고 고난을 견뎌내라.'

우리 역시 하나님의 이 당부를 기억하여 이제 자신을 향한 미움과 분노, 혈기와 정죄, 죄책감의 짐을 내려놓고 우리에게 닥쳐오는 고난에 잘 반응하는 것에 집중하게 되기를 바란다.

요한일서 1장 9절은 이렇게 말한다.

> 만일 우리가 우리 죄를 자백하면 그는 미쁘시고 의로우사 우리 죄를 사하시며 우리를 모든 불의에서 깨끗하게 하실 것이요 요일 1:9

이 말씀을 붙들고 자포자기하지 말아야 한다. 될 대로 되라고 하면서 막 나가지 말아야 한다. 이왕에 엎질러진 물, 끝까지 가보자고 하면서 무모하게 굴지 말아야 한다. 우리를 그러한 모든 불의에서 지키시는 하나님의 손을 꼭 붙잡고 고난이 완전히 막을 내리는 그 순간까지 승리하여 주님께 영광 돌리는 우리 모두가 되었으면 좋겠다.

두 번째, 주님 앞에서 신음하라

다윗이 그 아이를 위하여 하나님께 간구하되 다윗이 금식하고 안에 들어가서 밤새도록 땅에 엎드렸으니 그 집의 늙은 자들이 그 곁에 서서 다윗을 땅에서 일으키려 하되 왕이 듣지 아니하고 그들과 더불어 먹지도 아니하더라 … 이르되 아이가 살았을 때에 내가 금식하고 운 것은 혹시 여호와께서 나를 불쌍히 여기사 아이를 살려주실는지 누가 알까 생각함이거니와 삼하 12:16,17,22

주의 용서로 이미 포장되어 있는 고난의 여정을 향해 한 걸음 내디디며 두 번째로 우리가 취해야 하는 자세는, 바로 주님 앞에서 신음하는 것이다. 이것은 소극적인 신음의 과정이 아니라 적극적인 신음의 과정이다.

우리는 보통 '신음한다'는 것을 현실의 무게에 완전히 눌려서 끙끙거리는 상태로 생각한다. 그러나 여기서 말하는 것은 주님 앞에서 신음하는 것을 말한다. 아무것도 못 하고 어떤 힘도 쓰지 못하는 상황에서 한숨밖에 나오지 않는 상태가 아니라 씨름하면서 나오는 신음 말이다.

고난의 당사자로서 막연히 고통을 당하는 것이 아니라 적극적으로 취해야 하는 자세가 있는데, 신음의 한 입김, 한 입김을 정확한 방향으로 내쉬어야 한다는 뜻이다. 그렇다면 어떻게 신음해야 하는 것인지를 두 가지로 생각해보자.

내 중심을 살펴라

고난 속에서 힘들어 신음소리가 한 숨, 한 숨 나올 때마다 자기 자신을 살피는 기회로 삼는 것이다. 내 몸에 통증이 가로지르는 순간마다, 마음이 무너져 내릴 수밖에 없는 현실이 반복되는 순간마다 나의 중심을 돌이켜보라는 주님의 음성이다.

본문 말씀과 사건의 실체를 파헤치면 파헤칠수록 의미심장한 표현의 흐름을 발견할 수 있다. 그것은 다윗이 일어서고 엎드러지는 것에 있다. 우리 인생을 일어나게 하는 것이 인생의 중심이요, 동기요, 목적이요, 사랑의 대상이라면 반대로 인생을 엎드러지게 하는 것은 그런 뿌리와 기둥이 무너져 내린 상태이다.

본문의 사건을 쭉 살펴보면 문제의 시발점은 사랑에 눈이 먼 것이다. 정신을 못 차리고 기준이 희미해졌다. 타협하고 자신에게 관대해졌고, 상황 판단 능력을 상실하여 그 사랑만 가지고 모든 것을 이겨낼 수 있으리라고 착각한 것이다.

사실 사랑에는 큰 힘이 있다. 이것을 잘 활용하면 숨 막히는 결혼생활도 견딜 수 있고, 7년도 7일같이 지낼 수 있는 힘이 된다. 하지만 사랑의 능력을 조금만 잘못 사용하면 세상을 망하게 할 수도 있다.

다윗은 그 사랑 위에 자신이 서 있을 수 있다고 생각했다. 그러나 결국은 무너져 내리고 말아 하나님 앞에 엎드러진다. 이 부분을 보면 우리가 이 단어를 놓칠까 봐 신하들의 행동을 통해 살피게 하는 것처럼 보인다.

> 다윗이 금식하고 안에 들어가서 밤새도록 땅에 엎드렸으니 그 집의 늙은 자들이 그 곁에 서서 다윗을 땅에서 일으키려 하되 삼하 12:16,17

신하들이 와서 다윗을 일으켜 세우려 했다. 다윗은 어떻게 했는가? 다윗은 선택에 대면해야 했던 순간이었다.

'지금까지 잘못된 것을 위해 달려왔어. 내가 다른 것을 의지하고 그것을 인생의 낙으로 삼아 살아왔어. 하지만 이번에 다시 일어날 때는 참된 것을 위해 일어날 거야. 그것을 다시 회복하기까지는 바닥에서, 주님 앞에서 뒹굴 거야.'

일상에 방해를 받고 명예가 훼손될지라도 왕권을 포기하고 옳은 길을 선택함으로써 저지른 죄에 직면할 것인지, 아니면 자신의 양심을 포기하고 주님과의 관계는 타협한 채 왕궁과 자신의 인생을 포장하여 겉으로 드러나는 평화를 유지할 것인지 그 선택 앞에서 다윗은 많이 고민했을 것이다.

사실 다윗이 밧세바를 범하고 하나님 앞에 무릎 꿇기까지의 과정을 보면 다윗의 중심에 잘못되고 변질된 것이 있음을 감지할 수 있다. 죄를 짓고 문제가 발생한 뒤에 즉각적으로 어떻게 반응하는지를 보면 내 인생의 중심이 지금 어디에 있는지 어느 정도 짐작할 수 있다.

죄를 지은 후, 다시 말해 문제가 저질러진 후 그 문제를 수습하고 원상 복귀해놓고 내 일상은 아무런 지장이 없고 내 왕권이 파괴되지 않도록 보전하기 위한 것이 우선이라면 주님과의 관계는 뒷전인 것이다. 이것이 그때 당시 다윗이 선택한 길이었다.

그런데 엎드러져 그 중심을 다시 한번 살펴보니 모든 것이 다 무너져 내려 있었던 것이다. 자신 안에 깊이 숨어 있던 암 덩어리가 표면으로 드러나는 순간이었다. 지금까지 주님을 사랑한다고 했지만 막상 죄를 저지르고 나니 내 본능은 '어떻게 하면 일상생활에 흠이 안 나게 할까, 내 왕권에 지장이 안 가게 할까'에만 관심이 있었다. 그래서 우리아를 죽이고 없던 일로 덮어 양심과 타협했다. 주님과의 관계는 뒷전이었다. 다윗의 마음에 중심을 차지하고 있던 하나님의 자리가 교체되었다는 뜻이다.

하나님께서 이것을 그대로 두셨다면 다윗 역시 사울 왕처럼 버림받고 끝날 존재였다. 그러나 감사하게도 하나님께서는 그날 작정하시고 비수를 들이대셨다.

'네 중심을 회복하라!'

그러한 하나님의 음성을 들었을 때 다윗은 자기 자신을 다시 한 번 낮추기 시작했다. 하나님 앞에서 엎드러진 것이다. 그리고 어떤 것으로도 일어나기를 거절한다. 아마도 이런 마음의 결단이었을 것 같다.

'하나님, 이번에 다시 일어날 때는 제가 다른 길로 걷기 원합니다. 다른 것을 위해 세워지기를 원합니다.'

다윗은 하나님 앞에 엎드러지기로 작정했다. 나를 나 되게 했던 모든 것을 스스로 내려놓으며, 다른 무언가의 위로를 통해 일시적으로 일어나기를 거절했다.

고난이 우리에게 주는 가장 위대한 선물 중 하나는 자기 자신의 동기를 살필 기회를 준다는 것이다. 그래서 고난의 한가운데서 그 고난의 통증이 가로지를 때마다 우리 자신에게 꼭 물어야 하는 질문이 있다.

'나는 지금까지 무엇을 위해 살아왔던가? 나는 지금 무엇을 잃었기에 이렇게 초조해하고 있는가? 나는 다시 일어날 때 무슨 힘으로 일어나기 원하는가? 내가 원하는 기도 응답의 최종 그림은 무엇인가? 이 고난의 끝을 장식하는 최종 결과는 무엇인가?'

이 질문들에 대한 답이 내 안에 확실히 정리되어 있지 않는 한 고난은 무익하다. 고난은 사우나에 들어가 모래시계 뒤집어 놓고 모래가 다 떨어질 때까지 숨 참으며 억지로 견디는 것같이 겨우 견디는 과정이 아니라 적극적인 신음으로 돌파해내는 과정이 될 때라야 우리에게 유익하기 때문이다.

최근에 나는 필라테스를 열심히 하고 있는데, 필라테스를 하면서 절실하게 배운 한 가지가 있다. 바로 호흡이다. 호흡과 근력을 어떻게 사용하고, 긴 근육을 어떻게 사용하는지 하나씩 배우면서 이런 생각을 했다. 지금까지 우리가 겪었던 고난을 신음으로 표현하면 '휴휴휴'였다. 그런데 하나님이 우리에게 말씀하신 적극적인 신음은 의도적인 긴 호흡이다. '후우~' 하면서 코로 들이마시고 '휴우~' 하면서 입으로 내쉰다. 절대로 움직이지 않고 코에 힘을 준다. 고난의 통증 가운데 우리가 기억해야 할 것은 바로 이런 호흡이다. 신음을 신음으로 끝내는 것이 아니라 다시 한번 재건될 수 있는 의도적이고 적극적인 호흡 말이다. 그 리듬을 발견하는 우리가 됐으면 좋겠다.

하나님의 긍휼을 기억하라

다윗은 아이가 살았을 때에 금식하며 운 이유를 이렇게 이야기한다.

"아이가 살았을 때에 내가 금식하고 운 것은 혹시 여호와께서 나를 불쌍히 여기사 아이를 살려주실는지 누가 알까 생각함이거니와"(22절).

신음하면서도 다윗의 내면에는 사라지지 않는 한 가지 생각이 있었다. '하나님이 혹 나를 불쌍히 여겨주시지 않을까' 하는 것이었다. 어떤 상황에서라도 주님의 긍휼을 바라는 것, 이것이 바로 신음하면서 반드시 취해야 하는 자세이다. 이것은 신뢰에서 시작된다.

하나님이 나에게 주시는 고난의 목적은 형벌이 아니라 교훈이라는 것, 이 사실을 분명히 믿어야 한다. 본문의 다윗의 태도를 보면 '기도가 응답될 거야. 문제가 해결될 거야. 모든 것이 잘 수습될 거야'가 아니다. 다윗은 자신이 겪고 있는 고난과 아픔이 하나님의 회초리임을 알고 있었다. 하지만 그렇게 아파하면서도 하나님이 '사랑의 회초리'를 드셨음을 기억했다. 고난 가운데서라도 흐르는 하나님의 긍휼이 있다는 것을 알고 돌파하는 사람과 모르고 지나가는 사람은 근본적으로 다르다. 하나님의 회초리의 근본 바탕에는 우리를 불쌍히 여기시는 그분의 불타오르는 심정이 있음을 확신하는 것이 고난 속에서 우리가 견뎌낼 수 있는 가장 강력한 방법이다.

자녀들도 그렇다. 부모에게 혼이 나거나 체벌을 받을 때라도 '부모님이 나를 사랑하시기 때문에 매를 드시는 거야'란 사실을 알고 그 고난을 돌파하는 아이는 건강한 사람으로 성장한다. 하지만 부모의 의도와 본심을 모르고 체벌 받는 이유를 모르는 아이는 부모를 향한 분노와 혈기로 똘똘 뭉쳐서 결국은 상처투성이 어른으로 성장한다. 하나님의 징계가 임할 때 그분이 왜 나를 향해 회초리를 드시는지, 우리의 부모 되시는 하나님의 심정에 귀를 기울이는 우리가 되었으면 좋겠다.

세 번째, 주님 안에서 납득하라

> 다윗이 그의 신하들이 서로 수군거리는 것을 보고 그 아이가 죽은 줄을 다윗이 깨닫고 그의 신하들에게 묻되 아이가 죽었느냐 하니 대답하되 죽었나이다 하는지라 다윗이 땅에서 일어나 몸을 씻고 기름을 바르고 의복을 갈아입고 여호와의 전에 들어가서 경배하고 왕궁으로 돌아와 명령하여 음식을 그 앞에 차리게 하고 먹은지라 그의 신하들이 그에게 이르되 아이가 살았을 때에는 그를 위하여 금식하고 우시더니 죽은 후에는 일어나서 잡수시니 이 일이 어찌 됨이니이까 하니 이르되 아이가 살았을 때에 내가 금식하고 운 것은 혹시 여호와께서 나를 불쌍히 여기사 아이를 살려주실는지 누가 알까 생각함이거니와 지금은 죽었으니 내가 어찌 금식하랴 내가 다시 돌아오게 할 수 있느냐 나는 그에게로 가려니와 그는 내게로 돌아오지 아니하리라 하니라 삼하 12:19–23

용서로 덧입혀진 고난의 여정이기에 다윗은 안심하고 자신을 직면할 용기를 얻었고, 이제는 긍휼을 바랄 수 있게 됐다. 그리고 더 나아가 그 고난의 결과를 주님 앞에서 납득할 수 있는 능력을 소유하게 되었다.

수많은 사람들은 고난이 이해되지 않는다고, 고통을 용납할 수 없다고 주님을 떠나간다. 흔히 '시험 당했다'는 말과 함께 말이다.

그러나 떠난다고 해서 고난과 고통이 해결되는 것은 아니다. 오히려 우리에게 닥친 고통과 고난을 온전히 감당할 수 있는 유일한 길에서 이탈하는, 무지한 행동이다.

게다가 우리가 신음하는 동안 문제는 나아지기는커녕 오히려 악화될 가능성이 크다. 사무엘하 12장 18절에 보면, 다윗이 금식하며 기도했지만 아이는 이레 만에 죽고 말았다. 이는 다윗이 기도한 지 이레가 되었다는 말이 아니라 아이가 태어난 지 이레가 되었다는 뜻이다. 이스라엘에서 태어난 지 이레째 되는 날은 이스라엘의 정식 백성으로 인정받기 위한 할례를 받는 날이다. 그런데 하나님께서는 그 아이가 그런 특권을 누리기도 전에 생명을 거두어가셨다. 그때 다윗의 심정이 어땠을까?

'하나님! 이렇게까지는 안 하셔도 되잖아요? 목숨을 거두어가시는 것까지는 이해할 수 있어요. 하지만 할례는 받고 주님의 백성으로 데려가실 수도 있었잖아요?'

그렇게 금식하며 기도했지만 상황이 좋아지기는커녕 바닥을 쳤다. 다윗의 입장에선 충분히 분노하거나 절망할 수 있는 상황이었다. 하지만 이런 결과가 닥쳤을 때 다윗은 누구도 예상하지 못한 반응을 보였다. 오히려 일어나 씻고, 기름을 바르고, 의복을 갈아입고, 예배를 드리고, 왕좌에 앉았다. 간단히 말해 일상으로 복귀한 것이다.

어떻게 가능했을까? 주님 안에서 납득한 자들만이 보일 수 있는 반응이요, 능력이다. 눈앞에 펼쳐진 악몽 같은 상황과 극심한 고통 속에서 다시 한번 일어나 자신의 본분을 지키며 맡겨진 현장을 끝까지 살아낼 수 있는 유일한 방법은 아무리 받아들이기 어려운 일이라도 주님 안에서 납득하는 것이다. 그런데 그 납득에는 두 가지 조건이 있다.

첫째 조건, 최선의 길임을 확신하라.

먼저, 최고로 선하신 하나님이 허락하신 최선의 길이란 사실을 확신하는 것이다. 이것을 확신할 때 내게 허락하신 삶의 본분으로 돌아갈 수 있다.

“이르되 아이가 살았을 때에 내가 금식하고 운 것은 혹시 여호와께서 나를 불쌍히 여기사 아이를 살려주실는지 누가 알까 생각함이거니와”(22절).

이것은 하나님이 불쌍히 여겨주지 않으셨기 때문에 이런 결과가 허락되지 않았다는 결론이 아니다. 긍휼을 바라고 기도했지만 그 결과가 이런 형태라면 하나님은 선하신 분이시기에 나는 이것을 신뢰하고 받아들이겠다는 납득의 고백이다.

결과는 우리 몫이 아니다. 우리 몫은 최선이다. 최선으로 무릎 꿇고 매달리고 회개하는 것, 거기까지다. 그런 우리의 최선을 보시고 나를 긍휼이 여기시고 사랑하시는 공평한 하나님이 어떤 결과를 주실 때에는 ‘넌 할 만큼 했어’라고 하시는 것이다. 이것을 납득했던 다윗은 자리에서 일어나 씻고 기름을 발랐다. 우리말로는 기름이지만 영어로 보면 '로션을 바르다'란 표현이다. 그리고 가장 먼저 주님의 성소로 가서 하나님을 경배한 후에 다시 왕좌에 앉아 다스리기 시작한다. 참으로 기가 막힌 장면이다. 이는 선하신 하나님의 계획이 우리의 인생을 다스리고 있음을 믿는 자들에게만 허락되는 특권이다.

둘째 조건, 자기 한계를 인정하라.

또한 그렇게 납득할 수 있는 다른 한 가지 조건은, 나에게 허락된 한계 안에서 최선을 다했지만 이제는 내 선을 넘었다는 사실을 인정하는 것이다.

"지금은 죽었으니 내가 어찌 금식하랴 내가 다시 돌아오게 할 수 있느냐 나는 그에게로 가려니와 그는 내게로 돌아오지 아니하리라 하니라"(23절).

고난도, 아픔도, 이별도, 죽음도 이제는 내 선을 넘어섰다는 사실을 깨닫는 순간 우리는 낮아지고 그분을 경배할 수밖에 없게 된다. 최선을 다해 할 만큼 했지만 이제 상황이 우리의 한계를 벗어나는 것을 감지하는 순간, 신앙의 길을 선택해야 하는 것이다.

'하나님, 이제 다 내려놓습니다. 제 선을 넘었습니다. 더 이상 제 한계를 넘어서려 하지 않고 일상으로 돌아가겠습니다. 이제 저의 남은 과제는 어떻게 이 문제를 수습할까 하는 것이 아니라 잃어버린 저의 양심을 다시 한번 새롭게 회복하는 것입니다. 그것을 위해 새롭게 출발하겠습니다.'

하나님 안에서 납득한 이의 고백은 이렇게 아름답다.

최근에 어머니가 이런 말씀을 하신 적이 있다.

"지금껏 살아온 삶을 돌아보며 더 절실하게 느끼는 것 한 가지는, 예수님 없이 어떻게 한평생 살아갈 수 있을까 하는 거야."

이 말이 내 마음에 꽂혔다. 어머니의 삶에도 도저히 이해되지 않는 만남이, 도저히 받아들여지지 않는 죽음이, 도저히 견디기 힘든 고난과 아픔과 눈물과 억울함이 있었다. 누구에게나 이런 순간이 있다. 도저히 이해할 수 없다고 하나님을 원망하며 떠난 사람이 얼마나 많은가? 하지만 떠난다고 해결되는 것이 아니다. 오히려 이해할 수 없는 그 일들을 납득할 수 있는 유일한 길에서 이탈하는 것이다.

왜 우리 부모님은 이혼을 하신 건지, 왜 우리 집은 이렇게 가난한지, 왜 내 사업이 망한 건지, 왜 나에게 장애가 있는 아이가 태어난 건지, 왜 내게 이런 질병이 찾아왔는지 하나님을 떠나서는 도저히 이해할래야 이해할 수 없는 일들이 얼마나 많은가. 하지만 하나님 안에서 예수님을 통해 바라보면 다 이해는 못 해도 납득은 할 수 있다. 그럴 때 우리는 다시금 신앙의 길로, 일상의 삶으로 돌아갈 힘을 얻게 된다.

만약 지금 고난의 길에 서 있는 사람이 있다면 주님 앞에서 해야 할 일이 있다. 내 인생의 도저히 이해되지 않는 고난의 과정들을 '예수 그리스도'라는 렌즈를 통해 그대로 삼켜버리는 것이다. 하나님 안에서 납득하여 소화해내는 것이다. 이것이 바로 요셉이 행했던 것이요, 그가 받은 복이었다.

요셉은 형들에게 배신당하고 버림 당해 노예로 팔려가 억울함 가득한 길을 가다가 결국 애굽의 총리가 됐다. 그런 자신의 인생을 요셉이 어찌 이해할 수 있었겠는가? 하지만 훗날 자신을 팔아넘긴 형들을 만났을 때 요셉은 이렇게 말했다.

"두려워하지 마십시오. 당신들은 나를 해하려 했으나 하나님께서는 나를 미리 보내사 우리를 살릴 길을 마련하셨습니다."

도저히 이해되지 않는 인생의 걸음걸이와 여정들이 하나님이 드러나시기에 납득되는 것이다.

네 번째, 주님의 선물을 기대하라

> 다윗이 그의 아내 밧세바를 위로하고 그에게 들어가 그와 동침하였더니 그가 아들을 낳으매 그의 이름을 솔로몬이라 하니라 여호와께서 그를 사랑하사 선지자 나단을 보내 그의 이름을 여디디야라 하시니 이는 여호와께서 사랑하셨기 때문이더라 삼하 12:24,25

마지막 단계는 주님의 선물을 기대하는 것이다. 그런데 여기서 주목해야 할 한 가지 모습이 있다. 자신의 본분에 끝까지 충성하는 모습이다.

다윗은 나라 앞에서 자신의 죄를 자백하고, 바닥에서 씨름하고,

성전에서 예배하고, 왕좌에 올라가 본분에 충실했다. 본문의 이야기가 어떻게 막을 내리는가? 다윗은 자기 아내 밧세바에게로 돌아갔다. 비록 죄로 인해 부정해진 관계였다 할지라도 재건하기를 원했다.

성경에는 자기가 범한 여자를 미워하는 예가 종종 나온다. 어떻게 보면 이것이 사람의 심리다. 아무리 순간적인 감정으로 부정한 사랑을 취했다 한들, 누구라도 깨끗한 사랑을 하고 싶은 것이 본능이기에 부정했던 사실이 드러나는 순간 더 이상 만지기도 싫고 돌아보기 싫은 것이 사람의 심리인 것이다. 그 사람을 통해 자신의 못난 모습이 계속 떠오르기 때문이기도 하다.

그런데 다윗의 모습에서 가장 충격적인 것이 이것이다. 다윗은 자신보다 더 큰 죄책감에 휩싸여 살아갈 수밖에 없는 밧세바의 곁으로 돌아간다. 그녀를 배려하고 위로한다. 자신의 고통에 머무르지 않고 다른 사람의 아픔을 만져준다. 그리고 남편으로서의 임무를 다한다.

하나님께서는 그런 자리에 선물을 가져다주신다. 일상은 우리가 하나님의 선물을 받는 우체통이요, 본분은 그 선물이 도착하는 주소라고 생각하면 정확하다. 우리는 너무 자주 일상과 본분에서 떠나면 엄청나고 특별한 사명이 주어질 것으로 착각한다. 하지만 하나님의 뜻은 우리의 일상에, 내게 주어진 본분에 있을 때가 많다.

고난은 잠시 우리로 우리의 본분을 떠나게 하여 그 우체통을 막

아버릴 수 있다. 하지만 하나님 앞에서 용서받은 자, 충분히 신음한 자, 주님 안에서 납득한 자들은 다시금 우리의 일상과 본분으로 돌아갈 수 있다. 그리고 그렇게 우리가 일상으로 돌아가 본분에 충실하게 된다면, 하나님의 선물을 받는 주소가 다시금 허락되고 그 선물이 도달할 우체통이 열린 것이다.

일상으로 돌아간 다윗의 우체통에 하나님의 선물이 도착했다. 새로운 생명을 주신 것이다. 지나온 상처를 감싸주시는 주님의 위로의 손길이다. 다윗에게 허락된 그 선물의 이름은 '솔로몬'이었다. 그 이름을 성경은 뭐라고 부르는가? '여디디야', 다시 말해 '하나님의 사랑하는 자'라고 한다. 이것이 바로 고난의 트로피이다.

다윗은 처음에 자신을 채우기 위한 사랑으로 시작했다. '이 여인을 통해서라면 이 사랑으로 나 자신을 채울 수 있지 않을까?'라는 지극히 개인적인 욕망으로 시작한 여정이 결국 고난으로 접어들고 연단되고 연단되어 목적지에 도달해보니 나를 사랑하신다는 주님의 음성밖에 남지 않는다는 것이다. 결국 주님으로밖에 채울 수 없다는 결론으로 이 말씀은 막을 내린다.

공주의 뒤늦은 깨달음

얼마 전에 참 좋은 책을 한 권 읽었다. 오래전에 한번 읽었던 책인데, 그때는 그저 재미로만 읽었지 눈물로 읽지는 않았던 것 같다. 최근에 다시 읽으니 그 책이 주는 여러 가지 메시지가 있었다. C. S.

루이스의 《우리가 얼굴을 찾을 때까지》란 소설이다.

1인칭 관점으로 서술되고 있는 이 책의 주인공은 '오루알'이라는 어느 공주이다. 그녀는 신들이 자기 집안에 행한 일들을 폭로하며 두 가지를 가지고 신들을 고소한다.

못생긴 공주 오루알은 자신의 배다른 동생인 프시케를 사랑했다. 프시케가 태어나자마자 계모는 죽고 결국 맏딸이었던 오루알이 동생을 책임지게 된다. 사랑은 쏟는 것이라고 하지만 사실 쏟는 게 아니다. 쏟는 대상으로부터 자신이 채워지는 것이다. 너무나 아름다웠던 프시케는 오루알의 가장 소중한 보석이 되었다.

하지만 나라에 닥친 오랜 가뭄을 해결하기 위해 나라를 지키는 웅깃이라고 하는 신에게 누군가 한 명을 제물로 바쳐야만 했고, 나라에서 가장 아름답고 수많은 사람들에게 선망의 대상이었던 프시케 공주가 제물로 선택됐다. 오루알은 프시케를 구해보려고 했지만 실패했고, 제사장들은 그녀를 산으로 데려가 쇠사슬에 묶어놓고 내려왔다.

오루알은 프시케의 뼈라도 가져와서 묻어주어야겠다는 생각에 거룩한 산에 올라갔다. 하지만 산에 프시케는 없었고 쇠사슬만 나무에 묶여 있었다. 어떻게 된 일인지 찾아보니 프시케를 삼키러 왔던 신이 프시케에 반해 그녀를 자기 아내로 맞은 것이었다.

그것이 오루알 공주에게는 상처가 됐다. 사랑하는 대상을 빼앗겼기 때문이다. 프시케에게 자기와 함께 내려가자고 했지만 신을 사랑하게 된 프시케는 끝까지 거절한다. 그런데 프시케는 자기가 신의 아내가 되어서 아름다운 궁전에 살고 있다고 하는데, 언니 오루알의 눈에는 궁전이 보이지 않았다.

오루알은 신에게 물었다.

'나에게도 그 왕궁을 보여주세요.'

그러나 신은 대답하지 않았다. 결국 오루알은 두 가지를 가지고 신을 향해 고소장을 쓴다. 첫째, 사랑하는 사람을 빼앗아간 것, 둘째, 신의 뜻을 이해하려고 신에게 요청했지만 자신을 향해 침묵한 것이다.

결론은 이렇다. 한평생 쓴뿌리를 가지고 달려왔던 오루알은 자기가 정당하다고 생각했다. 그런데 어느 날 환상을 보게 된다. 허리까지 빠지는 아주 깊은 모래사장에 그릇 하나를 가지고 가는 자신의 모습이었다. 세상의 아름다운 것들, 신의 아름다움을 담기 위해 마련된 그릇이었다. 그 그릇을 가지고 푹푹 빠지는 모래사장을 참 힘들게 걸어가다가 아주 높은 산을 만났다. 저승의 산이다. 그 산 정상에는 그곳에서만 얻을 수 있는 아름다움이 있었고, 그것을 그릇에 담을 수 있었다. 그런데 갑자기 목소리가 들린다.

"그 여자가 왔다. 그 여자가 왔다."

그리고 산에서 이상한 검은 물질이 나와 오루알 공주를 데리고 드디어 신 앞에 간다.

"네가 그토록 고소하기 원하는 신이 너에게 말할 기회를 주겠다.

네 손에 들고 있는 것이 무엇이냐?"

그릇을 들고 있는 줄 알았는데 손을 보니 그릇이 아닌 두루마리였다. 그 두루마리에는 한평생 자신이 신을 향해 고소하려고 했던 내용이 적혀 있었다.

어떻게 보면 우리 인생이 바로 이런 것 아닌가 싶은 생각이 들었다. 아름다운 것만 담고 하나님을 흠모하고 감사한 내용만 담아도 다 담을 수 없는 우리 인생의 그릇인데, 어떤 사람들은 하나님을 향한 고소의 내용만 담은 두루마리를 들고 있다.

'왜 그때 대답 안 해주셨습니까? 왜 그때 그 사람을 데리고 가셨습니까? 왜 그렇게까지 하셔야만 했습니까?'

우리가 주님 앞에 선 날 "네 손에 들고 있는 것이 무엇이냐"라고 물으실 때 당신은 어떻게 고백하겠는가? "한평생 만만치 않은 모래사장을 걷는 인생이었지만 주님이 제게 이런 아름다움을 주셨습니다"라고 사랑 고백을 하겠는가? 아니면 주님 앞에서 두루마리를 펼치며 "이것을 고소하려고 왔습니다"라고 하겠는가?

결국 오루알 공주는 거기서 깨닫고 신을 만난다. 그리고 노후에 죽기 전에 이런 마지막 글을 쓰다가 죽는다.

> 주여 이제는 당신이 왜 그때 대답하지 않으셨는지 알겠습니다. 당신 자신이 대답 그 자체였기 때문입니다. 모든 질문은 결국 당신의 얼굴 앞에서 사라져버립니다. 다른 무슨 대답을 듣는다 한들 내가 만

족하겠습니까? 왜 그 고난을 받는지, 왜 그때 이것을 시키셨는지, 다 말, 말뿐입니다. 다른 말들과 싸우기 위해 끌어내는 말뿐입니다. 오랫동안 저는 당신을 미워했고 오랫동안 당신을 두려워했습니다. 이제는….

주님의 사랑의 등대를 바라보는 인생

하나님의 사랑하는 자가 우리를 위해 죽으셨다. 십자가 위에서 그분은 '왜 나를 버리셨나이까'라고 외치면서 마지막 숨을 거두셨다. 그러나 그분을 통해 우리를 향한 하나님의 사랑을 확증하셨다. 우리가 그분을 다시 바라보기만 한다면 아무리 이해되지 않는 고난이라 할지라도 적어도 주님이 나를 사랑하신다는 사실만은 분명해진다. 사실 그것 하나만 가지고도 다 견딜 수 있지 않은가.

주님의 사랑은 우리의 인생에 임하는 태풍과 풍랑에 대한 이유는 설명해주지 않는다. 그러나 그 태풍과 풍랑 속에서 길을 잃지 않도록 우리를 인도해주신다. 사랑 때문에 잠시 길을 잃을 수는 있다. 그리고 사랑을 잃었기 때문에 잠시 비통할 수 있다. 그 과정을 통해 나의 원래 모습을 잃어버리고, 양심과 타협하고, 내가 지키리라 생각했던 것들조차도 서서히 희미해질 수 있다. 내가 누군지도 모르는 상태로 변해가는 경험을 하기도 한다. 과연 나는 무엇을 기준으로 삼으며 무엇을 중요하게 여기는지 이젠 모르겠다. 광명한 바다에서 어디로 가야 할지도 모른 채 그냥 노를 저어가는 느낌이다.

주님은 그 모든 일이 왜 우리에게 닥쳤는지 다 설명해주지 않으신다. 하지만 한 가지 분명한 것이 있다. 주님이 나를 사랑하시기에, 내가 주님을 사랑하기에 잠깐 변질되었다가도 다시 노를 저어간다는 것이다. 그리고 어느 날 정신을 차려보면 광명한 바다를 지나 등대가 비치는 육지에 도달해 있다.

이것을 성경은 뭐라 말하는가?

> 하나님을 사랑하는 자 곧 그의 뜻대로 부르심을 입은 자들에게는 모든 것이 합력하여 선을 이루느니라 롬 8:28

이쪽으로 이탈하든, 저쪽으로 이탈하든, 잠시 사랑으로 정신을 잃어버리든, 아니면 사랑을 상실하여 자포자기하든 하나님을 사랑하는 자는 결국 모든 것이 합력하여 육지에 도달하게 되어 있다는 것이다.

나는 한때 '사람이 악해질 수는 있어도 양심이 회복되는 것이 과연 가능한가?'란 의문을 가졌던 적이 있었다. 사랑과 이별을 반복하고, 배반과 상처와 아픔을 반복하며 이런 생각을 하게 됐다. 비단 이성 간의 사랑만을 말하는 것이 아니다. 가족 간의 사랑, 사역을 향한 사랑, 동역자와의 사랑 등 모든 사랑에는 상처가 뒤따르곤 했다. 그러면서 내 양심과 타협하는 나 자신을 보며 '과연 나는 정말 내 옛 모습으로 돌아갈 수 있을까?'란 생각에 빠지기도 했다.

그런데 주님을 사랑하는 마음으로 가다 보니 점차 확실해지는 것이 있었다. 바로 내 양심이 보이더라는 것이다. 시간이 가면 갈수록 죄짓는 것이 더 편해져야 하는데 더 불편해졌다. 시간이 가면 갈수록 내 멋대로 사는 것이 더 불편해졌다. 하나님께 길이 든 것이다.

지금 이 시간, 하나님 앞에서 길이 든 우리 모두가 주님의 사랑의 등대를 바라보며 용서를 체험하게 되기를 바란다. 주님 안에서 신음하며 납득하고 주님의 선물을 기다리는 축복이 있기를 바란다.

하나님의 길을 끝까지 달려가는 **믿음의 사람**

하나님의 사람으로 완주하다

삼하 7:1-17

… 12 네 수한이 차서 네 조상들과 함께 누울 때에 내가 네 몸에서 날 네 씨를 네 뒤에 세워 그의 나라를 견고하게 하리라 13 그는 내 이름을 위하여 집을 건축할 것이요 나는 그의 나라 왕위를 영원히 견고하게 하리라 14 나는 그에게 아버지가 되고 그는 내게 아들이 되리니 그가 만일 죄를 범하면 내가 사람의 매와 인생의 채찍으로 징계하려니와 15 내가 네 앞에서 물러나게 한 사울에게서 내 은총을 빼앗은 것처럼 그에게서 빼앗지는 아니하리라 16 네 집과 네 나라가 내 앞에서 영원히 보전되고 네 왕위가 영원히 견고하리라 하셨다 하라 17 나단이 이 모든 말씀들과 이 모든 계시대로 다윗에게 말하니라

대상 22:7-10

7 다윗이 솔로몬에게 이르되 내 아들아 나는 내 하나님 여호와의 이름을 위하여 성전을 건축할 마음이 있었으나 8 여호와의 말씀이 내게 임하여 이르시되 너는 피를 심히 많이 흘렸고 크게 전쟁하였느니라 네가 내 앞에서 땅에 피를 많이 흘렸은즉 내 이름을 위하여 성전을 건축하지 못하리라 … 10 그가 내 이름을 위하여 성전을 건축할지라 그는 내 아들이 되고 나는 그의 아버지가 되어 그 나라 왕위를 이스라엘 위에 굳게 세워 영원까지 이르게 하리라 하셨나니

CHAPTER

건축자

인생의 건축자

우리는 인생의 건축자들이다. 한평생 뭔가를 열심히 잘 건축하려는 것이 우리 삶의 공통점이다. 견고한 집을 만들려 하고, 더 좋은 것들로 내 집을 가꾸려 한다. 수많은 장식품으로 내 집을 꾸미는 것이 우리의 낙이요, 그것을 삶의 자랑으로 삼는 경우도 참 많다.

그러나 주님이 우리에게 주시는 한 가지 부르심이 있다. 본문 말씀이 우리에게 전하고자 하는 진리를 한 마디로 이야기하자면 이것이다.

"인생의 건축자 된 너희여, 선한 건축자 되신 그분께 너의 삶을 의탁하라."

그분의 손에 우리의 건축 과정이 의탁되지 않는 한, 우리의 삶은 만족을 모를 것이다. 화려한 장식으로 끊임없이 치장해가며 한평생 목말라하는 것이 인생의 운명이다. 그렇기 때문에 이 말씀을 통해 주님의 부르심을 받게 되기를 바란다.

이 같은 관점에서 본문 말씀을 좀 더 이해하기 위해 건축자가 범하기 쉬운 오류와 그런 건축자를 바로 세우시는 하나님의 손길이라는 두 가지 측면으로 나누어 생각해보려고 한다. 먼저 건축자가 범하기 쉬운 오류에 대해 살펴보자.

건축자는 흔히 건축에 몰두하다가 자신도 모르게 오류를 저지르게 된다. 이것이 건축자가 주의해야 할 함정이기도 하다. 본문의 다윗에게서 네 가지 오류가 발견되는데, 이것이 하나님이 다윗에게 성전 건축을 허락하지 않으신 이유이기도 하다. 이 네 가지 함정을 살펴보면서 우리 안에는 어떤 함정이 있는지 진단해보면 좋겠다.

오류 1, 하나님의 음성을 오해하는 것

첫 번째 오류는 자신의 열정으로 하나님의 음성을 오해한 것이다.

다윗이 솔로몬에게 이르되 내 아들아 나는 내 하나님 여호와의 이름을 위하여 성전을 건축할 마음이 있었으나 여호와의 말씀이 내게 임하여 이르시되 너는 피를 심히 많이 흘렸고 크게 전쟁하였느니라 네가 내 앞에서 땅에 피를 많이 흘렸은즉 내 이름을 위하여 성전을 건축하지 못하리라 보라 한 아들이 네게서 나리니 그는 온순한 사람이라 내가 그로 주변 모든 대적에게서 평온을 얻게 하리라 그의 이름을 솔로몬이라 하리니 이는 내가 그의 생전에 평안과 안일함을 이스라엘에게 줄 것임이니라 그가 내 이름을 위하여 성전을 건축할지라 그는 내 아들이 되고 나는 그의 아버지가 되어 그 나라 왕위를 이스라엘 위에 굳게 세워 영원까지 이르게 하리라 하셨나니 대상 22:7-10

우리는 일반적으로 다윗이 너무 많은 피를 흘려서 하나님이 그에게 성전 건축을 허락하지 않으셨고, 그 아들 솔로몬에게 성전 건축을 맡기셨다고 알고 있다. 어떤 사람은 여기서 한 걸음 더 나아가 다윗에게는 성전을 짓기 위해 준비하는 역할이 주어졌다고 설명하기도 한다.

우리는 하나님이 다윗을 향해 이렇게 말씀하셨다고 아주 어릴 때부터 배워왔다.

'성전을 지으려는 네 마음이 귀하다. 그러나 너는 수많은 사람의 피를 흘렸기 때문에 거룩한 성전의 공사를 맡을 수는 없어. 하지만 그 재료는 네가 준비해라. 네 아들을 통해 이 위대한 성전 건축을 내가 이루리라.'

하지만 나는 이런 해석이 오해에서 비롯된 것이라고 생각한다. 나 역시 본문을 묵상하며 말씀을 준비하는 과정 가운데 가장 어려웠던 것 중에 하나가 너무나 강하게 뿌리 내리고 있는 이 말씀을 향한 이런 고정관념과의 싸움이었다. 내 안에도 이 말씀을 있는 그대로 보지 못하게 하는 장애물들이 있었다. 아무리 노력해도 이미 어렸을 때부터 보고 듣고 배워왔던 데서 벗어나기가 쉽지 않았기 때문이다. 하지만 이제 우리가 함께 살펴볼 때는 모든 고정관념을 내려놓고 하나님의 말씀을 있는 그대로 정리해가면 좋겠다.

다윗이 흘린 피 때문에 성전을 짓지 못한다?

이런 오해의 원인은, 먼저 다윗 자신의 오해에서 시작된 것 같다. 몇 가지로 나누어 생각해보자. 보통 우리가 가장 많이 믿고 있는 것이 이것이다.

'하나님이 다윗에게 성전 건축을 허락하지 않으신 이유는 다윗이 전쟁에서 많은 피를 흘렸기 때문이다.'

다윗 자신도 이렇게 생각하고 있었다. 하지만 나단 선지자를 통해 전달된 하나님의 말씀에는 이런 내용이 없었다. 사무엘하 7장에서 나단 선지자는 하나님에게 받은 메시지를 그대로 다윗에게 전한다.

"내가 네 몸에서 날 네 씨를 네 뒤에 세워 … 그는 내 이름을 위하여 집을 건축할 것이요"(삼하 7:12,13).

그저 다윗의 성전 건축은 허락지 않으며 그 아들로 짓게 하겠다는 말씀이었다. 그런데 다윗이 솔로몬에게 전하는 말을 가만히 보면 여러 다른 내용들이 추가된다. 다윗은 왜 이런 말들을 했을까? 다윗 안에도 확실하게 정리되지 않은 부분들이 있었던 것이다.

게다가 다윗이 치른 전쟁들은 모두 하나님의 명령에 순종한 것들이었다. 특히 블레셋과의 전쟁은 하나님의 영광을 위해 집행되었다는 사실을 기억해야 한다. 다윗이 골리앗을 죽일 때 사용했던 방법이 조금 특이하다. 다윗은 골리앗을 물맷돌로 쓰러뜨린 후 골리앗의 칼집에서 그 칼을 뽑아 죽였다고 기록한다. 죽인 것으로 끝나지 않았다. 그의 목을 절단시켰다. 그 이유는 사무엘상 전반에 기록되어 있는 내용에서 찾아볼 수 있다.

블레셋은 하나님의 언약궤를 탈취하여 블레셋의 가장 대표적인 신인 다곤 신상 앞에 놓았다. 그리고 무슨 일이 벌어졌는가? 우리는 성경을 통해 하나님께서 스스로 자신의 영광을 지키시는 장면을 목격할 수 있다. 아침에 일어나 보니 다곤 신상이 엎드러져 있었다.

마치 골리앗이 다윗 앞에 엎드러진 것과 같았다. 다윗은 골리앗이 쓰러진 후에 바로 죽인 것이 아니라 달려가서 그 블레셋 사람을 밟았다(삼상 17:51). 얼굴을 땅에 대게 하고 엎어뜨렸다는 뜻이다. '너도 네 신과 똑같이 죽임을 당할 것'이란 뜻이다.

또 성경은 다곤 신상이 어떻게 되었다고 기록하는가? 목과 손목이 절단된 상태였다. 다윗이 골리앗의 사형을 집행할 때도 같은 방식이었다. 그것은 다윗 안에 이것은 신들의 명예가 걸린 전쟁이란 사실에 대한 분명한 이해가 있었기 때문이다.

따라서 다윗이 피를 흘린 것은 다윗의 개인적인 욕구 때문도 아니었고 원한 때문도 아니었다. 왕좌에 대한 욕심 때문도 아니었다. 하나님의 명예가 걸려 있던 문제였다. 그러니 하나님께서 그런 다윗에게 '너는 피를 너무 많이 흘려서 그 귀한 일을 맡기지 못하겠다'라고 하신다면 얼마나 억울하겠는가?

또 어떤 사람은 '우리아 장군을 살해했기 때문에 성전을 지을 수 없었던 것'이라고 생각한다. 그러나 지금 우리가 살피는 이 사건은 밧세바와 우리아의 사건이 일어나기 훨씬 전의 일이다.

하나님이 솔로몬에게 성전 건축을 맡기셨다?

다윗이 솔로몬에게 했던 말로 인해 우리 안에 생겨난 또 하나의 오해가 있다. 그것은 하나님이 성전을 건축할 자로 솔로몬을 지정하셨다고 생각하는 것이다. 그런데 성경을 자세히 보면 하나님은 솔로몬을 지정하신 적이 없다.

"보라 한 아들이 네게서 나리니 그는 온순한 사람이라 내가 그로 주변 모든 대적에게서 평온을 얻게 하리라"(대상 22:9).

그리고 본문에서 언급된 또 하나의 사실이 무엇인가? 하나님은 다윗이 아닌 그의 아들을 통해 성전이 지어질 것을 말씀하시면서 그 시기에 대해 뭐라고 말씀하고 계시는가?

"네 수한이 차서 네 조상들과 함께 누울 때에 내가 네 몸에서 날 네 씨를 네 뒤에 세워 그의 나라를 견고하게 하리라"(삼하 7:12).

즉, 하나님은 솔로몬을 지명하신 적이 없을 뿐 아니라 그 아들에 대해서도 "네 씨를 네 뒤에 세우겠다"라고만 하셨다는 것이다. 이는 솔로몬이 될 수도 있지만 다윗의 다른 아들일 수도 있다는 말이다.

어쨌든 분명한 것은 다윗이 솔로몬에게 "보라 한 아들이 네게서 나리니 … 그의 이름을 솔로몬이라 하리니 … 그가 내 이름을 위하여 성전을 건축할지라"라고 전하며 '너의 사명은 성전을 짓는 것'이라고 한 것은 정확한 이야기가 아니란 것이다.

또 다윗은 하나님이 그 아들의 이름을 '솔로몬이라 하리라'고 말씀하셨다고 하나, 사실 하나님이 주신 이름은 '여디디야'였다.

"선지자 나단을 보내 그의 이름을 여디디야라 하시니"(삼하 12:25).

시간적인 개념에도 오류가 있었음을 짚고 넘어가자. 하나님과 다윗 사이에는 시차가 존재했던 것이 분명하다. 하나님께서는 뭐라고 하셨는가?

"네 수한이 차서 네 조상들과 함께 누울 때에 내가 네 몸에서 날 네 씨를 네 뒤에 세워 그의 나라를 견고하게 하리라"(삼하 7:12)라고 하셨다. 따라서 하나님이 세우실 '다윗의 씨'는 그의 아들 솔로몬이 아니라 그를 통해 태어날 한 후손을 가리키고 있었던 것이 분명하다. 특히 성전이 다윗의 생전에 지어질 것이라는 약속은 어디에도 없다. 그 일이 언제 성취될지는 확실하지 않지만 분명한 것은 다윗이 죽은 후였다. 그때가 되면 다윗은 더 이상 이 땅에 존재하지 않을 것이기에 하나님은 "내가 그의 아버지가 되고 그가 내 아들이 된다"라고 하셨다(대상 17:13).

그런데 지금 상황을 보면 다윗은 아직 살아 있고 여전히 왕이었다. 그럼에도 불구하고 솔로몬을 통해 성전이 지어질 것이라고 하는 것은 뭔가 오해가 있었다는 것이다.

하나님의 뜻을 오해한 이유

그럼 여기서 다시 질문이 생긴다. 다윗은 왜 이런 거짓말을 했을까? 솔로몬에게 동기부여를 하기 위해서인가? 하지만 간사한 것이 없는 다윗의 성품이나 그의 인생을 보나 하나님의 침묵을 볼 때 의도한 거짓말은 아니다.

그러면 또 하나의 질문이 생긴다. 다윗은 왜 이런 오류를 저질렀을까? 열정은 선할 수도 있지만 너무나 많은 경우 우리의 눈과 귀를 가려 하나님의 뜻을 바로 보고 들을 수 없게 한다. 다윗의 인생을 가만히 보자. 어떤 일들이 있었는가? 한평생 도망자로 살면서 온갖 고난을 당했다. 그런데 드디어 사무엘하 7장에 이르러 모든 원수가 잠잠해지고 왕궁은 안정되었으며 언약궤도 돌아왔으니, 다 이루어진 것 같았다. 이제 딱 한 가지가 남았다.

심리학자 매슬로우의 연구에 의하면 사람은 만족에 도달하기까지 5단계를 거친다고 한다. 가장 아래 단계는 기본적인 생존이며, 그다음 단계로 안정감, 소속감, 존중받고자 하는 욕구가 채워지면 가장 상위 단계는 자아실현의 욕구라고 한다. '내 인생 헛되지 않았어'라는 것을 확인하고 싶은 욕구다. 하나님을 믿는 우리에게 그것을 가장 잘 증명할 수 있는 도구가 무엇인가? 바로 '나는 하나님을 위해서 이렇게 살았어, 이런 일들을 했어'라는 것들이다.

수많은 성도들이 여기서 넘어지기 쉽다. 한평생 도망자로 사느라, 사업 때문에 씨름하느라, 내 집 마련하느라, 자녀들 학교 보내느라 수고하다가 결국 마지막에 이르러서는 큰 오류를 저지르는 경우를 자주 목격하게 된다.

'지금까지 정신없이 살아온 내 인생이지만 이렇게 끝내선 안 돼. 내가 살 날이 이제 얼마 안 남았는데 그래도 의미 있는 일을 해야지' 하면서 무턱대고 일을 저지른다.

"목사님, 교회 건축합시다! 목사님, 이 사역 합시다!"

이 건축이 하나님의 뜻이 아니라고 해도, 이렇게 무리하게 움직이면 선교지에서 쫓겨난다고 해도 들리지 않는다. 왜냐하면 자기 인생을 최고로 장식할 마지막 장신구가 눈앞에 보이기 때문이다.

우리가 인생을 사는 동안 내 욕구와 욕심, 채워지지 않는 목마름과 헛된 동기와의 싸움은 마지막 숨이 다하는 그날까지 계속된다. 바짝 정신을 차리고 있지 않으면 한평생 정신없이 살다가 마지막 순간 자기 인생을 최종적으로 장식할 것을 찾게 된다. 크리스마스트리에 여러 장신구를 달고도 맨 꼭대기에 별이 안 달리면 너무 허전한 것처럼 말이다.

조심스런 추측이긴 하지만 다윗의 상황도 그랬던 것이 아닐까 싶다. 모든 것이 안정을 찾은 지금, 마지막 한 가지, 성전을 건축하는 것 말고는 이제 더 이상 바랄 것이 없다. 그러나 그것을 허락해주지 않으시니 어떻게 되었는가? 쓸데없이 돌아다니다가 밧세바를 범하게 됐다.

다윗 안에는 여전히 목마름이 있었다. 전장을 누비며 솟구치는 아드레날린으로 흥분된 삶을 달려왔지만 이제는 더 이상 그런 열정을 쏟아낼 곳이 없었다. 사람의 열정은 아무리 선한 것이라 해도 방향이 잘못되면 하나님의 음성을 잘못 들을 수 있다. 나단 선지자의 음성은 분명했다.

"당신에게는 허락되지 않습니다. 당신이 죽은 후에 먼 훗날 당신의 씨를 통해 언젠가 성전이 세워질 것입니다. 그리고 당신의 아들은 여디디야입니다."

그런데 다윗 안에서는 어떻게 이해가 됐는가?

'하나님께서 솔로몬이란 이름을 주셨다.'

왜 그런가? 하나님이 뭐라고 말씀하셨는가?

'성전은 다른 사람이 지을 것이다. 그리고 그 나라가 평화롭게 될 것이다.'

'평화'란 단어를 들었을 때 다윗 안에 '아, 응답은 솔로몬이구나'란 생각이 들어갔을 것이다. '솔로몬'이란 단어를 히브리어로 표현하면 'slmn', 즉 '샬롬'이 된다. 왜냐하면 히브리어에는 모음이 없기 때문이다.

혹 우리는 자기 인생을 최고로 완공하기 위해 불필요한 열정으로 하나님의 뜻을 오해하고 있는 것은 없는지 우리의 삶을 돌아봐야 한다. 도망자로서 살아가는 동안에 조심해야 할 부분도 있지만, 다 이룬 후에 정말 조심해야 할 때가 온다. 이제 내 삶의 마지막 한 바퀴만 남겨놓았을 때, 우리는 어떤 고백으로 우리의 삶을 마무리해야 하겠는가?

오류 2, 자기 기준으로 하나님의 필요를 평가하는 것

두 번째 오류는 자신의 기준으로 하나님의 필요를 평가하는 행위가 뒤따르게 된다는 것이다.

> 여호와께서 주위의 모든 원수를 무찌르사 왕으로 궁에 평안히 살게 하신 때에 왕이 선지자 나단에게 이르되 볼지어다 나는 백향목 궁에 살거늘 하나님의 궤는 휘장 가운데에 있도다 나단이 왕께 아뢰되 여호와께서 왕과 함께 계시니 마음에 있는 모든 것을 행하소서 하니라 그 밤에 여호와의 말씀이 나단에게 임하여 이르시되 가서 내 종 다윗에게 말하기를 여호와께서 이와 같이 말씀하시되 네가 나를 위하여 내가 살 집을 건축하겠느냐 삼하 7:1-5

사람들은 다양한 이유로 최대한 견고한 집을 건축하고자 노력한다. 이는 문자적인 집은 물론이고 상징적인 의미에서도 동일하다. '언젠가 내 인생의 모든 수고를 내려놓고 짐을 풀 수 있는 날이 왔으면 좋겠다'는 마음으로 평생 수고한다.

그런 면에서 일본 사람들과 독일 사람들은 비슷한 점이 많다. 젊었을 때는 최대한 절제한다. 일본이나 독일에 가서 "당신 인생의 낙이 무엇입니까?"라고 물어보면 많은 사람들이 이렇게 대답한다.

"은퇴한 후에 노후를 즐기는 것이 소원입니다."

또 이런 측면에서 한국 사람들과 이탈리아 사람들, 스페인 사람들이 비슷한 것 같다. 이들은 보통 오늘을 위해 산다. 내일은 내일이고, 오늘을 즐기는 것이 중요하다.

물론 일반화의 오류의 위험을 안고 있는 과한 예일 수는 있지만, 내가 만나본 많은 이들이 이런 반응을 보였다. 내일을 중시 여기든 오늘을 중시 여기든 모든 사람의 마음 안에는 근본적으로 이런 소원이 있다. '내 인생의 짐을 풀 수 있는 자리를 마련하는 것, 그리고 될 수 있는 대로 견고하게 짓는 것'이다. 자기가 세우고 있는 인생이 무너지지 않도록 가장 좋은 소재로, 최대한 화려하게 짓고 싶어 한다. 그것이 자기 인생 상태를 보여주는 것이기 때문이다. 한평생 수고했는데 집이 초라하면 듣게 될 '너 뭐하고 살았냐'는 한 마디가 두렵다. 그래서 최대한 화려하고 위대하고 견고한 집을 짓기 위해 달려간다. 이것이 우리 인생의 목적이다.

드디어 모든 전쟁이 끝나고, 모든 이들에게 인정받고, '나의 인생'이란 집을 완공하는 그날이 되면 사람들은 정말 행복해한다. 보호받기 위해, 안식하기 위해, 안정되기 위해, 아름답기 위해 애쓰고 수고한 결과이기 때문이다.

그런데 한평생 이렇게 살면서 우리 안에 세워진 이런 잣대를 가지고 우리 인생을 평가할 뿐 아니라 하나님께도 똑같이 적용하려고 한다.

'하나님께도 이런 것이 필요하겠지!'

다윗은 이렇게 말한다.

"나는 백향목 궁에 살거늘 하나님의 궤는 휘장 가운데에 있도다"(삼하 7:2).

이 말 안에는 백향목과 휘장(장막)을 평가하는 기준이 전제되어 있다. 백향목은 좋은 것이고 장막은 나쁜 것이다. 백향목은 값진 것이고 장막은 값싼 것이다. 그 기준을 그대로 적용하여 하나님께도 마치 화려하고 값진 백향목이 필요할 것이라고 착각한다. 하지만 하나님은 그런 기준이 적용되는 분이 아니시다. 하나님은 그런 다윗을 향해 이런 말씀을 주신다.

"네가 나를 위하여 내가 살 집을 건축하겠느냐?"(삼하 7:5)

'네가 내 집을 지어줘?'라는 의미다. 사실 하나님께서는 얼마나 우스우셨을까?

하나님께도 집이 필요하실까?

한 가지 질문을 해보자. 하나님께 정말 집이 필요하셨을까? 사람은 보호받기 위해 집을 짓는다. 그런데 하나님이 보호받으실 필요가 있으신가? 하나님 자신이 우리의 요새시다. 사람은 안심할 보금

자리가 필요해서 집을 짓는다. 그런데 하나님께 안심할 수 있는 거처가 필요하신가? 졸지도 주무시지도 않으시는 하나님께서는 안심과 안식이 필요 없는 분이시다.

또 사람은 안정을 위해 보금자리를 마련한다. 사람들이 오랫동안 썩지 않을 백향목과 같은 소재로 집을 짓는 이유는 그 보금자리에 뿌리를 내림으로 안정감을 얻기 위해서다. 오랫동안 그곳에 머물 수 있다는 확신이야말로 안정감을 가져다주기 때문이다. 도망자로서의 삶에 마침표를 찍으려는 행위다.

나도 여러 곳을 다니다 보면 같은 호텔에 며칠을 투숙하느냐에 따라 안정감이 다르다는 것을 경험하곤 한다. 한곳에서 1박 2일만 묵을 예정이라면 짐을 풀기도 애매하다. 하지만 한곳에서 4박 5일이라도 묵게 되면 짐 다 풀어서 서랍에 옮겨놓는다. 3일 더 묵는 것만으로도 내가 느끼는 안정감이 다르다.

그렇다면 하나님께도 과연 이런 안정감이 필요하신가? 아무리 오래 지속된다고 하는 백향목으로 집을 짓는다 한들 언젠가는 쇠하여 소멸되고 만다. 그러니 영존하시는 하나님께는 그와 같은 건물이 필요 없으시다.

또한 사람들이 집을 아름답게 꾸미려는 이유가 무엇인가? 그것이 내 인생을 평가하는 도구가 되기 때문이다. 그리고 그 잣대를 하나님께도 그대로 적용하려 한다.

'나는 아름다운 백향목 집에 살면서 하나님의 언약궤는 장막 안

에 있으니, 이 장막을 더 아름답게 꾸며보자.'

그런데 하나님께서는 이렇게 말씀하신다.

'더 추구하지 마. 나의 언약과 나와의 교제에 그 어떤 것도 덧붙이지 마라.'

복음은 그 자체로 완벽하며, 하나님과의 관계는 그 자체로 아름답기 때문에 다른 것들을 덧붙이지 말라는 것이다. 언약궤가 장막 안에 거하든 성전 안에 거하든, 중요한 것은 주님과의 언약관계이다. 있는 그대로 충분하기 때문에 더 이상 미화할 필요가 없다는 것이다.

그런데 사람은 어떤가?

'이 말씀을 조금 더 아름답게 포장하면 사람들이 칭찬해줄 거야. 성도들이 조금 더 세련되고 편하게 신앙생활 할 수 있도록 교회를 아름답게 짓고 예배도 더 세련되게 구성해야지. 더 재미있는 자료와 프로그램을 동원해야지. 그러면 사람들이 우리의 가치를 더 알아줄 거야.'

하지만 아니다. 복음은 복음 그 자체로 아름답다. 오히려 우리가 자꾸 무언가를 덧붙이고 미화시키고 합리화시켜서 하나님께 가는 길을 더 어렵게 만들었다. 사람들의 생각이 얼마나 짧고 좁은지 모르겠다. 성전 건축은 하늘과 땅이 채울 수 없는 하나님의 임재를 하나의 특정 건물로 국한하는 행위일 뿐임을 왜 그렇게 자주 잊고 사는지 모르겠다.

여호와께서 이와 같이 말씀하시되 하늘은 나의 보좌요 땅은 나의 발판이니 너희가 나를 위하여 무슨 집을 지으랴 내가 안식할 처소가 어디랴 나 여호와가 말하노라 내 손이 이 모든 것을 지었으므로 그들이 생겼느니라 무릇 마음이 가난하고 심령에 통회하며 내 말을 듣고 떠는 자 그 사람은 내가 돌보려니와 사 66:1,2

다윗의 때나 오늘 이 시대나 한 가지 동일한 것이 있다. 성전 건축은 절대적으로 사람을 위한 것이지 하나님께 도움이 되는 것은 아니란 것이다.

성전을 아무리 아름답게 짓고 아무리 견고하게 만든다 한들, 하나님은 그 안에 사시는 분이 아니시기 때문이다. 땅과 하늘이 하나님을 가두지 못하는데 인간이 만든 그 작은 건물이 어떻게 하나님을 담겠는가?

우리가 양심적으로 생각해봐야 한다. '하나님을 위해 성전을 건축합시다'가 아니다. 하나님은 필요 없다고 하신다. 나에게 필요한 것이 하나님에게도 필요할 것이라고 생각하는 오류에서 벗어나야 한다.

오류 3, 건축자의 영광이 높아지는 위험

세 번째 오류는 건물의 의미보다 건축자의 영광이 높아지는 위험이 반드시 따른다는 것이다.

내가 이스라엘 자손을 애굽에서 인도하여 내던 날부터 오늘까지 집에 살지 아니하고 장막과 성막 안에서 다녔나니 이스라엘 자손과 더불어 다니는 모든 곳에서 내가 내 백성 이스라엘을 먹이라고 명령한 이스라엘 어느 지파들 가운데 하나에게 내가 말하기를 너희가 어찌하여 나를 위하여 백향목 집을 건축하지 아니하였느냐고 말하였느냐 그러므로 이제 내 종 다윗에게 이와 같이 말하라 만군의 여호와께서 이와 같이 말씀하시기를 내가 너를 목장 곧 양을 따르는 데에서 데려다가 내 백성 이스라엘의 주권자로 삼고 네가 가는 모든 곳에서 내가 너와 함께 있어 네 모든 원수를 네 앞에서 멸하였은즉 땅에서 위대한 자들의 이름같이 네 이름을 위대하게 만들어주리라 삼하 7:6-9

사람들은 건물 자체를 감상하며 감탄하는 것으로 절대 끝나지 않는다. 그 건물이 어떤 목적으로 지어졌는지에만 관심을 기울이지도 않는다. 결국 건물은 한 가지를 가리키게 된다. 바로 건축자의 위대함이다.

예를 들어 만리장성을 보고 '아, 만리장성 대단하다'로 끝나지 않는다. 거기에 잠시 머무르다가도 만리장성이 가리키고 있는 그 중국 황제의 위대함을 바라보고 감탄하게 된다. 자금성을 보며 황제의 위대함을 떠올린다. 뉴욕의 세계무역센터(World Trade Center)를 보며 미국 금융의 능력을 한눈에 보게 된다. 영국의 빅벤(Big Ben)을 바라보며 대영제국의 영광을 절감하기도 한다. 그렇듯 이스라엘의 성전을 바라보며 하나님께 관심을 갖는 사람은 거의 없다. 다윗 왕국의 위대함을 떠올릴 뿐이다.

히브리서 기자는 이것을 너무나 통쾌하게 한 마디로 정리했다.

"집 지은 자가 그 집보다 더욱 존귀함 같으니라"(히 3:3).

위대한 성전을 세우겠다는 다윗의 동기가 아무리 하나님 앞에서 온전하다 해도 결국 형태적인 결말은 '아, 다윗이 위대하구나! 저 웅장한 성전을 어떻게 지었을까?'로 귀결될 것이다.

얼마 전에 인도 뉴델리에 다녀왔다. 물론 그동안 인도 여러 곳을 다니며 전도를 했었지만, 지금까지 한번도 찾아보지 못한 명소가 있었다. 바로 타지마할이었다. 이번에는 일정을 일부러 빼서라도 꼭 방문하고 싶었다. 그래서 모든 일정을 마치고 마지막 날 타지마할에 가기로 계획을 세웠다. 뉴델리 시내에서 가는 데 3시간 반, 돌아오는 데 3시간 반이 걸리는 만만치 않은 여정이었다.

타지마할의 배경에는 유명한 러브스토리가 있다. 타지마할은 무굴제국의 5대 황제 샤 자한이 사랑하는 왕비 뭄타즈 마할이 죽자 그녀를 기리기 위해 세운 무덤이자 궁전이다. 무려 22년간 지었다. 2만여 명의 사람과 천 마리나 되는 코끼리가 동원됐으며, 특별하고 희귀한 하얀 대리석을 비롯한 값비싼 보석과 건축에 필요한 각종 자재를 전 세계에서 공수해왔다. 그 결과 세계에서 가장 아름다운 건축물로 꼽히는 타지마할이 지어졌다.

건물 전체가 하얀 대리석으로 되어 있어 빛에 따라 그 색깔이 바뀌는 타지마할은 최소 3번은 방문해야 한다고 한다. 새벽 해 뜰 때와 밤, 그리고 보름달이 떴을 때다. 실제로 보니 정말 대단한 건축물이었다. 그걸 보면서 그저 감탄하고 끝나지 않았다. 무굴제국의 위대함과 그 남자의 지극한 사랑을 뼈저리게 목격하고 왔다.

그렇다. 위대한 성전은 결국 한 가지를 상징한다. 왕국의 위대함이다. 어느 시대, 어느 문명이든지 그 왕국의 강대함과 위대함은 반드시 화려한 종교로 나타나곤 한다. 이것이 역사가 증명하는 현실이다. 달리 말하면, 어느 종교가 화려하고 세련됐다는 것은 그것을 뒷받침하는 국가의 힘과 부가 그만큼 대단했다는 의미이다.

그래서 하나님께서는 다윗에게 한 가지 사실을 떠올릴 수 있도록 나단을 통해 말씀을 전하셨다.

> 만군의 여호와께서 이와 같이 말씀하시기를 내가 너를 목장 곧 양을 따르는 데에서 데려다가 내 백성 이스라엘의 주권자로 삼고 네가 가는 모든 곳에서 내가 너와 함께 있어 네 모든 원수를 네 앞에서 멸하였은즉 삼하 7:8,9

이 말씀의 의미가 무엇인가?

'네가 어떤 존재인지 기억하니? 너는 위대한 존재인데 네 인생의 마지막을 그렇게 끝내고 싶니? 성전이 중요한 게 아니야. 네 인생은 그렇게 건축되고 끝나면 안 돼. 너는 내 마음에 합한 자다. 아무것도 없는 곳에서 내가 너를 일으켜 이 위대한 자리에 이르게 했다. 이제 그 성전을 지어 네 이름이 높임 받는 자리에서 네 인생이 막을 내려선 안 돼. 그러면 네 인생은 비참한 인생이 되고 말 거야.'

하나님께서는 다윗을 참 사랑하셨던 것 같다. 사랑하셨기에 허락하지 않으신 것이다. 그러니 때로는 하나님이 우리에게 주시는 것보다 허락하지 않으시는 것에서 주님의 사랑을 더 경험할 수 있는 것 같다는 생각이 든다. 만약 다윗이 성전을 건축했다면 하나님의 마음에 합했던 그의 그 위대한 간증이 무너져내리고 말았을 것이다. 하나님 마음에 합했던 다윗이 아니라 이스라엘 역사와 종교사에 크게 기여한 위대한 인물로 기억되었을 것이기 때문이다. 하나님 마음에 합한 자로 시작했다가 그렇게 끝나버렸다면 얼마나 안타까운 일이겠는가?

오류 4, 조건적 관계의 위험

네 번째 오류는 은혜를 경시하는 조건적인 관계로 연결되는 결과를 야기할 수 있다는 것이다. 하나님께서는 다윗의 성전 건축을 허락하지 않으심으로 이 같은 오류를 방지하셨다.

> 내가 또 내 백성 이스라엘을 위하여 한 곳을 정하여 그를 심고 그를 거주하게 하고 다시 옮기지 못하게 하며 악한 종류로 전과 같이 그들을 해하지 못하게 하여 전에 내가 사사에게 명령하여 내 백성 이스

라엘을 다스리던 때와 같지 아니하게 하고 너를 모든 원수에게서 벗어나 편히 쉬게 하리라 여호와가 또 네게 이르노니 여호와가 너를 위하여 집을 짓고 네 수한이 차서 네 조상들과 함께 누울 때에 내가 네 몸에서 날 네 씨를 네 뒤에 세워 그의 나라를 견고하게 하리라

삼하 7:10–12

이 말씀을 한 마디로 요약하면 이렇다.

'네가 나에게 집을 지어준다고? 내가 네 집을 지어줄 거야.'

현대시대의 종교들도 예외는 아니지만 특히 고대시대의 종교에서 두드러지게 나타나는 한 가지 현상이 있다. 그것은 신과 조건적 관계에 놓인다는 것이다. 쉽게 말해서, 축복의 크기에 따라 헌물의 크기가 정해진다. 승리가 크면 성전도 크고, 수확이 많으면 제물도 많다. 이것이 모든 신들의 요구였다.

이런 세계관을 이미 소유하고 있었던 주변 나라들이 이스라엘 성전을 바라볼 때 어떤 렌즈를 통해 이해했을지 상상이 가는가?

'아, 이스라엘의 신도 똑같구나. 저런 웅장한 성전을 얻기 위해 다윗이 지금 그 자리에 오르도록 축복한 것이구나. 거저 주는 것인 줄 알았는데 결국 저런 성전을 요구하는구나.'

바로 이런 프레임으로 이스라엘이 섬기는 야훼 하나님을 평가했을 것이다. 이렇게 되면 의도와 동기가 아무리 하나님 앞에서 의롭다 해도 하나님의 은혜는 저절로 축소되고 만다.

게다가 다윗처럼 숱한 전쟁을 통해 이방 나라를 피바다로 만들고 전리품으로 탈취하여 모은 수많은 재물로 성전을 건축하면 어떤 일이 벌어지겠는가? 이방인들이 보기에는 수많은 피를 흘려서라도 자기 성전을 짓기 원하는 신의 요구가 표현된 상징일 뿐이다.

그래서 하나님은 나단을 통해 다윗에게 '너를 위해서 성전을 지어선 안 돼'라고 말씀하신 것이다.

하나님의 말씀을 들은 다윗의 내면에 수많은 자기 욕구와 이해가 혼란을 일으키면서 '아, 내가 사람들의 피를 많이 쏟아서 나는 성전을 지을 수 없다'라고 이해하고는 그 내용을 솔로몬에게 전한 것이다. 그렇기에 다윗이 전한 내용이 완전히 잘못된 것은 아니다. 다만 다윗의 이해가 완전하지 않았을 뿐이다. 그는 하나님의 말씀을 들은 그대로 아들에게 전한 것이 아니라 본인이 받은 메시지와 깨달음을 전한 것이다.

이런 오류들은 사실 다윗에게만 있는 문제가 아니다. 오늘날 우리도 똑같다. 자기 자신을 진단해보라. 어떤가? 내 욕구로 인해 하나님이 나에게 정말 요구하시는 것을 듣지 않고 엉뚱한 것을 시도하고 있지는 않은가? 내 기준으로 하나님의 필요를 평가하고, 다른 사람들이 어떻게 생각하든 나만 만족스럽고 시원하게 하나님께 드리면 된다고 여기고 있지는 않은가?

사실 우리는 매일매일 이런 오류들을 반복하고 있다. 그렇기에 우리는 하나님 앞에 내 인생을 어떻게 건축하고 완공하는 것이 주님의 뜻인지를 다시 한번 신중하게 생각해보아야 한다.

건축자를 바로 세우시는 하나님의 손길을 기억하라

그는 내 이름을 위하여 집을 건축할 것이요 나는 그의 나라 왕위를 영원히 견고하게 하리라 나는 그에게 아버지가 되고 그는 내게 아들이 되리니 그가 만일 죄를 범하면 내가 사람의 매와 인생의 채찍으로 징계하려니와 내가 네 앞에서 물러나게 한 사울에게서 내 은총을 빼앗은 것처럼 그에게서 빼앗지는 아니하리라 네 집과 네 나라가 내 앞에서 영원히 보전되고 네 왕위가 영원히 견고하리라 하셨다 하라 나단이 이 모든 말씀들과 이 모든 계시대로 다윗에게 말하니라

삼하 7:13-17

본문을 곰곰이 묵상하면 할수록 내 안에 한 가지 확신이 들었다. 성전 건축 자체를 하나님이 원하셨던 것은 아니다. 하나님은 왕을 달라고 요구하는 이스라엘 민족에게 결국 왕을 허락하셨다. 그것처럼 하나님은 "하나님을 사랑하는 자 곧 그의 뜻대로 부르심을 입은 자들에게는 모든 것이 합력하여 선을 이루기" 때문에 '성전 건축을 허락하마'라고 침묵하신 것이지 성전 자체를 원하셨던 것은 아니다.

또 본문을 읽을수록 명백해지는 것 한 가지가, 주님이 '다윗의 씨'

에 대해 예언하셨을 때 그것이 솔로몬을 가리켜 말씀하신 것이 아니라면 이 말씀의 내용이 전혀 달라진다는 것이다. 우리가 알고 있다고 생각하는 것을 잠시 내려놓고 찬찬히 생각해보자. 하나님은 말씀하신다.

'네가 아니라 언젠가 너를 통해 탄생하는 한 씨를 통해 성전을 건축할 날이 올 거야. 그런데 그 성전은 네가 생각하는 형태가 아닐 수 있어. 네가 생각하는 때가 아닐 수 있어. 그런데 그 성전을 네가 건축한다고?'

우리는 보통 성전을 건축하는 사람이 다윗이 아니라 솔로몬이라고 생각하기에 이 말씀을 읽으며 솔로몬이 지은 성전을 생각하고, 하나님께서 그것을 원하셨다고 착각한다. 하지만 모든 고정관념을 내려놓고 백지로 돌아가 생각해보면 이 말씀은 바로 이렇게 이야기하고 있는 것이다.

'그 성전, 솔로몬에게 허락한 성전. 솔로몬에게 부탁한 적도 사실은 없어. 네게 그 재료를 준비하여 제공하라고 분부한 적도 없어. 언젠가 네가 죽은 후에 네 씨를 통해 내가 원하는 성전을 건축하겠다고 말한 것뿐이야.'

지금까지 살펴봤듯이 이것은 다윗이 가지고 있었던 오해였고, 하나님의 음성은 아니었다. 하나님께서는 언젠가 다른 이를 통해 성전을 건축하길 원하셨다.

성전을 건축하실 다른 이

그렇다면 다른 이가 존재한다는 말인가? 이 질문을 잠시 생각해 보자. 시원하게 답을 하자면, 그렇다. 다른 이가 존재한다. 다윗이 더 이상 이 땅에 존재하지 않게 된 그날에 다윗의 가문에서 한 인물이 등장한다. 그분은 바로 예수 그리스도시다.

조상인 다윗은 더 이상 살아 있지 않고, 그의 육신의 아버지 요셉도 그에게는 아버지의 역할을 할 수 없는 삶이었다. 그래서 하나님께서는 이렇게 말씀하신다.

"내가 그에게 아버지가 되고 그가 나의 아들이 되리라. 아버지가 답해주지 못하는 것들을 내가 친히 아버지가 되어 답해주리라. 내가 그를 키우리라. 인간으로서 있을 수밖에 없는 아버지의 빈자리를 내가 채워줄 것이다."

그리고 아버지에게 받지 못한 사랑을 이 한 마디로 날려버리신다.

"이는 내 사랑하는 아들이요 내 기뻐하는 자라"(마 3:17).

예수 그리스도는 우리 인생의 모퉁잇돌이 되어주심으로 그 누구도 입성할 수 없는 최고의 집으로 우리를 안내해주시는 분이다. 우리 눈에는 그 집이 보이지 않기에 평생 '내 인생의 집을 어떻게 멋지게 지어볼까? 어떤 장신구로 멋지게 꾸며볼까?' 전전긍긍하며 각자 나름의 자기 인생의 집을 완공하는 것이 한평생 우리의 숙제다. 나의 모자라는 부분, 드러날까봐 두려운 약하고 악한 모습에 덧바르고 덧붙여 리모델링함으로 자신 있게 보여줄 수 있는 집으로 세워보고자 끝없이 노력하는 것이 우리 삶의 부끄러운 모습이다.

그런 우리 인생을 향해 주님이 약속하신 것은 이것이다.

'네 인생의 집이 그렇게 화려하지 않아도, 견고하지 않아도, 완벽하지 않아도 괜찮아. 모퉁잇돌 되신 주님이 너의 삶의 기반이 되어주신다면, 그분이 친히 너의 인생의 건축자가 되어주신다면 이제 네 손으로 짓는 그 집은 안 지어도 되지 않겠니?'

그래서 하나님이 이렇게 말씀하신 것이다.

"네가 나에게 집을 지어준다고? 내가 네 집을 지어줄게!"

그리고 예수님은 뭐라고 말씀하시는가?

"우리 아버지의 집을 예비하러 내가 먼저 갈게. 다 준비되면 내가 데리러 올게."

이것을 믿으면, 그리고 그 확신을 가지고 살면 우리 인생의 집은 주님이 예비하신 집에 비하면 아무것도 아니기에 초라하게 느낄 필요도 없고, 그 집이 없어서 목말라 할 필요도 없다. 최고의 한방으로 내 인생의 집을 멋지게 장식하겠다는 생각으로 달음질할 필요도 없다.

최고의 집으로 우리를 안내해주시는 예수 그리스도, 그분을 경험하는 사람은 더 이상 내 인생의 건축에 연연하지 않는다. 내 집이 어떻게 지어지든 가장 위대한 집이 우리를 기다리고 있기 때문이다.

지금 하나님 앞에서 '내가 나를 위해 이런 집을 건축해내리라. 내가 주님을 위해 이런 집을 완공하리라'는 헛된 목표를 내려놓자. 그리고 나를 위해 집을 지어주시는 하나님과 그 집을 바라보면서 달려가는 우리 모두가 되기를 간절히 바란다.

대상 29:26-28

26 이새의 아들 다윗이 온 이스라엘의 왕이 되어 27 이스라엘을 다스린 기간은 사십 년이라 헤브론에서 칠 년간 다스렸고 예루살렘에서 삼십삼 년을 다스렸더라 28 그가 나이 많아 늙도록 부하고 존귀를 누리다가 죽으매 그의 아들 솔로몬이 대신하여 왕이 되니라

시 71:1-24

1 여호와여 내가 주께 피하오니 내가 영원히 수치를 당하게 하지 마소서 2 주의 의로 나를 건지시며 나를 풀어주시며 주의 귀를 내게 기울이사 나를 구원하소서 3 주는 내가 항상 피하여 숨을 바위가 되소서 주께서 나를 구원하라 명령하셨으니 이는 주께서 나의 반석이시요 나의 요새이심이니이다 … 9 늙을 때에 나를 버리지 마시며 내 힘이 쇠약할 때에 나를 떠나지 마소서 … 23 내가 주를 찬양할 때에 나의 입술이 기뻐 외치며 주께서 속량하신 내 영혼이 즐거워하리이다 24 나의 혀도 종일토록 주의 의를 작은 소리로 읊조리오리니 나를 모해하려 하던 자들이 수치와 무안을 당함이니이다

CHAPTER

완주자

완주자의 기도

본문인 역대상 29장 26-28절과 시편 71편의 말씀은 한평생의 여정을 마치는 다윗 왕의 인생 장면이다. 육신이 쇠하고 연약해져 젊을 때의 생기는 희미해져버리고 만 그날이 왔을 때, 어떻게 여전히 하나님 마음에 합한 자로 그 인생을 마무리했는지 본문을 통해 살펴보자. 우리에게도 그러한 남은 여정이 있기 때문이다.

시편 72편 20절은 이렇게 기록한다.

"이새의 아들 다윗의 기도가 끝나니라."

어느 신학자들은 이 구절이 시편 제2권(시 42-72편)과 제3권(시 73-89편)을 나누는 역할을 한다고 분석한다. 하지만 나는 개인적으로 이 주장에 동의하지 않는다. 시편 제2권 안에도 다윗 외에 다른 기자들의 시가 포함되어 있기 때문이다. 예를 들어 시편 49편은 고라 자손의 시이고, 50편은 아삽의 시다. 그렇다면 여기서 "다윗의 기도가 끝나니라"라는 구절은 도대체 무엇을 가리키는 것일까?

나는 이 구절이 가리키는 것이 본문으로 삼은 시편 71편과 이어지는 72편의 기도라고 생각한다. 이것은 다윗이 노년에 부른 시로, 생애를 마무리하는 과정에서 드린 기도의 내용이다. 71편을 요약하면 다윗 자신을 위한 기도요, 72편은 그 아들 솔로몬을 위한 기도라고 할 수 있다. 나는 이 마지막 기도가 다윗의 인생을 가장 극명하게 드러낸다고 생각한다. 그래서 사무엘서나 역대서의 내용이 아닌 시편 71편을 살펴봄으로써 그 마음에 합한 자 다윗의 삶을 살펴보는 것을 마무리 지으려고 한다.

다윗의 마지막 기도인 만큼 이 안에는 지금까지 한평생 고백해온 다윗의 표현들이 많이 포함되어 있다. 다윗은 여기서 이제껏 걸어온 길을 돌아보며 주님께 감사드리고, 여전히 변하지 않은 자신의 중심을 점검하며 생명이 다하는 마지막 순간까지 남은 시간을 위해 겸손히 간구하고 있다.

아무리 출발이 좋아도 마지막까지 좋은 사람은 별로 없다. 이런 측면에서 다윗이 생애 마지막 때에 드린 이 기도를 통해 우리 인생의 마무리를 어떻게 준비하면 좋을지 살펴보면 좋을 것 같다. 하나님 앞에서 멋지게 완주해낸 다윗의 심장에서 한평생 불타오르며 그가 평생 바르게 달려가게 했던 원동력이 과연 무엇인지, 결코 변치 않았던 그의 신뢰는 무엇이었는지 생각해보도록 하자. 우리는 그의 발걸음을 비춰준 네 가지 심지를 목격할 수 있다. 하나씩 살펴보면서 그것을 우리의 토대로 삼아 다시 한번 달려나가는 원동력으로 삼았으면 좋겠다.

첫째, 끝없이 의지하는 주님의 은혜

여호와여 내가 주께 피하오니 내가 영원히 수치를 당하게 하지 마소서 주의 의로 나를 건지시며 나를 풀어주시며 주의 귀를 내게 기울이사 나를 구원하소서 주는 내가 항상 피하여 숨을 바위가 되소서 주께서 나를 구원하라 명령하셨으니 이는 주께서 나의 반석이시요 나의 요새이심이니이다 나의 하나님이여 나를 악인의 손 곧 불의한 자와 흉악한 자의 장중에서 피하게 하소서 주 여호와여 주는 나의 소망이시요 내가 어릴 때부터 신뢰한 이시라 내가 모태에서부터 주를 의지하였으며 나의 어머니의 배에서부터 주께서 나를 택하셨사오니 나는 항상 주를 찬송하리이다 나는 무리에게 이상한 징조같이 되었사오나 주는 나의 견고한 피난처시오니 시 71:1-7

여기에 기록된 간구의 말들은 주님의 은혜를 의지하는 표현들이다. 정말 기가 막힌 표현들이다. 주님의 은혜를 의지하지 않고는 단 한 걸음도 걸을 수 없었던 그의 인생의 사정들을 한눈에 보여주는 애절한 간구들이다. 다윗이 친구 요나단에게 자신의 속마음을 털어

놓았던 말을 기억하는가?

"나와 죽음의 사이는 한 걸음뿐이니라"(삼상 20:3).

굉장히 짧은 표현이지만, 그가 어떤 삶을 살아왔는지 명확하게 표현해주는 말이다. 이런 인생의 매 순간을 은혜로 붙드시고 채우시고 달려내게 하신 주님을 향해 또 한 번 간구하는 것이 바로 본문의 말씀이다. 우리는 여기서 다윗이 평생 어떤 심정으로 주님의 은혜만을 의지하며 살아왔는지, 또 인생의 마지막 순간까지 어떻게 하나님의 은혜를 붙드는지를 목격할 수 있다.

세월이 안겨주는 힘이 있다. 세상에서는 이것을 '경륜'이라고 부른다. 경륜이 쌓이면 사회적으로 더 인정받는 위치와 지위와 명예를 얻게 된다. 그래서 그것을 원동력 삼아 나머지 인생을 향해해나가는 것이 인간의 자연적인 모습이다. 청년의 때에는 열정은 넘치지만 미숙하고 불안정한 모습일 수밖에 없다. 그러다 삼십 대가 되고 사십 대로 접어들면서 직장이 안정되고, 진로가 분명해지고, 가정의 안정을 누리다 보면 어느덧 익숙해지면서 나태해지곤 한다.

경륜이 쌓이고 자신감이 생기고 사회적 위치가 확보되면 사람은 반드시 위기를 맞게 된다. 주님을 향한 목마름이 식어간다는 것은 주님의 은혜 없이 살 수 있다는 착각에서 시작된다. 그러나 하나님 앞에 선 우리는 세상의 경험이나 경륜을 의지할 것이 아니라, 지금껏 은혜 하나만을 의지하여 이 자리까지 이르렀던 것처럼 다시 한번 연약한 자의 모습으로 주님만을 의지함으로 남은 길을 달려가야 한다. 그래서 우리의 마지막 호흡이 다하는 순간까지 주님의 은혜 없이는 살 수 없다고 고백하는 우리가 되어야 한다.

주 은혜 때문에 기이한 인생이 되었다

그렇다면 세월의 흐름과 함께 쌓여가는 경륜과 자신감과 사회적 위치를 마다하고 오히려 끝없이 주님의 은혜만을 한평생 의지하는 것은 어떻게 가능할까? 시편 71편 7절에서 그 답이 발견된다.

"나는 무리에게 이상한 징조같이 되었사오나 주는 나의 견고한 피난처시오니."

우리말로는 '이상한 징조같이 되었다'라고 표현되어 있는데, 영어 성경에는 '도저히 설명할 수 없는, 이해할 수 없는 불가사의한 현상이 되었다'라고 표현되어 있다. 다윗은 자기 자신을 두고 '나는 사람들에게 이상한 존재, 이해할 수 없는 존재가 되었습니다. 내 인생은 설명하려야 도저히 설명할 수 없는 불가사의한 인생이 되었습니다'라고 말한다. 왜 이런 말을 했을까?

그는 곰곰이 자기의 추억을 더듬어본다. 장자가 기름 부음을 받은 것이 아니요, 막내가 기름 부음을 받았다. 궁전 태생이 왕좌에 앉은 것이 아니라 유목민 출신이 왕좌에 올랐다. 훈련된 용사가 적을 무찌른 것이 아니라 양치기 소년이 거인 대적을 쓰러뜨렸다. 또 한평생 얼마나 많은 죽을 고비들을 넘겨왔는가? 다 셀 수 없으나 그때마다 하나님은 살 길을 허락하셨다. 얼마나 많은 죄 중에 지내

왔는지 다 헤아릴 수 없으나 주님은 그때마다 피해 가게 하셨다.

교만할 만하면 연약함을 깨닫게 하신 것도 주님의 은혜요, 긴장을 놓지 못하게 하신 것도 주님의 은혜다. 무지한 것 같지만 지혜로운 자로 살게 하신 것도 주님의 은혜요, 세상을 사랑할 만하면 세상의 쓴맛을 보게 하신 것도 주님의 은혜다. 우리를 경책하시며 작은 것으로 놀라게 하시고 낮추시어 주님만 바라보게 하신 그 은혜를 어찌 잊을 수 있겠는가? 가난한 것 같지만 부유하게 채우신 것도 주님의 은혜요, 연약한 것 같지만 항상 이기게 하신 것도 주님의 은혜다. 사람들이 보기에는 도저히 설명할 수 없고 이해할 수 없는 불가사의한 존재가 바로 '나'라는 고백이다.

이것은 누구도 가르쳐줄 수 없는 것들이다. 누가 대신 설명해줄 수도 없는 것들이다. 스스로 하나님 앞에서 '저는 연약한 자입니다'라는 고백 없이는 아무리 이해하려고 해도 이해할 수 없으며, 또 이 고백이 진심이 아니고서는 주님의 은혜를 의지할 수도 없다. 혹시 우리는 경륜에 취해 우리 자신을 크게 보고 있지는 않은가? 사울이 버림받은 이유를 기억하는가? 사무엘은 사울에게 이렇게 말한다.

"사무엘이 이르되 왕이 스스로 작게 여길 그때에 이스라엘 지파의 머리가 되지 아니하셨나이까 여호와께서 왕에게 기름을 부어 이스라엘 왕을 삼으시고 … 죄인 아말렉 사람을 진멸하되 다 없어지기까지 치라 하셨거늘 어찌하여 왕이 여호와의 목소리를 청종하지 아니하고 탈취하기에만 급하여 여호와께서 악하게 여기시는 일을 행하였나이까"(삼상 15:17-19).

하나님이 사울에게 언제 기름을 부으셨는가? 스스로 작게 여길 때다. 즉 사울도 한때 스스로 작게 여기는 날이 있었다는 뜻이다. 그러나 그가 스스로 크게 여기는 순간 버림받게 되었다. 여기서 우리는 다윗이 끝까지 쓰임 받았던 이유를 알 수 있다. 그는 마지막 숨을 다하는 그날까지 자신이 작은 존재라는 것을 알고 있었다. 끝까지 주님의 은혜를 의지하는 자만이 완주할 수 있다.

둘째, 세월을 거스르는 경건의 열정

주를 찬송함과 주께 영광 돌림이 종일토록 내 입에 가득하리이다 늙을 때에 나를 버리지 마시며 내 힘이 쇠약할 때에 나를 떠나지 마소서 내 원수들이 내게 대하여 말하며 내 영혼을 엿보는 자들이 서로 꾀하여 이르기를 하나님이 그를 버리셨은즉 따라 잡으라 건질 자가 없다 하오니 하나님이여 나를 멀리하지 마소서 나의 하나님이여 속히 나를 도우소서 내 영혼을 대적하는 자들이 수치와 멸망을 당하게 하시며 나를 모해하려 하는 자들에게는 욕과 수욕이 덮이게 하소서 시 71:8-13

다윗에게서 목격할 수 있는 두 번째 심지는 세월을 거스르는 경건의 열정이다. 이것은 주님의 은혜를 의지하는 것에서 피어나는 모습니다. 그렇다면 '경건'은 무엇을 의미하는가? 여기서 말하는 경건은 어떤 형태가 아니다. 주님도 모양만 남은 경건에 대해 경고하셨다. 여기서 말하는 경건은 한 마디로 말해서 '거룩함을 추구하는 삶'이다. 거룩함을 추구하는 삶은 한 경지에 도달한 것으로 만족하지 않는다. 어떤 형태를 갖추었다고 해서 그에 안주하지 않는다. 충분히 성장했다고 안심하지 않는다. 왕년에 대단했다고 자부하지 않는다. 거룩함을 추구하는 삶은 그분을 향한 쉼을 모르는 목마름이다.

'어떻게 하면 그분을 더 알 수 있을까? 어떻게 하면 그분을 더 성실하게 섬길 수 있을까? 어떻게 하면 그분께 더 가까이 나아갈 수 있을까?'

한평생 이런 목마름이 그치지 않는 것, 이것이야말로 거룩을 추구하는 경건이요, 참된 행복을 향한 추구가 아닐까 싶다.

다윗은 자신이 영원한 왕국에 들어가기까지 이 세상 왕국에 만족할 수 없었다. 하나님나라의 진짜 왕관을 받기까지 어차피 쇠하여 사라질 이 땅의 왕관은 별 의미가 없었던 것이다. 세월의 흐름 속에서 우리 육신은 쇠퇴할 수밖에 없다. 그리고 그 육신에 따라 우리의 의지와 마음과 열정도 약해진다. 그래서 우리는 너무 자주 우리 자신을 이런 말로 타이른다.

'이만하면 충분히 했잖아? 그동안 열심히 살았잖아. 이제 좀 쉬어도 되지 않니? 이제 잠시 한숨 돌리자.'

그러나 다윗은 하나님께 이렇게 간구한다.

“주를 찬송함과 주께 영광 돌림이 종일토록 내 입에 가득하리이다 늙을 때에 나를 버리지 마시며 내 힘이 쇠약할 때에 나를 떠나지 마소서 … 하나님이여 나를 멀리하지 마소서 나의 하나님이여 속히 나를 도우소서”(시 71:8,9,12).

여기서 우리는 주님을 향한 다윗의 갈급함과 목마름과 간절함을 한눈에 목격할 수 있다. 그는 이 간구 속에서 이렇게 결단하고 있는 것이다.

‘세월이 지나 내 육신이 약해지는 만큼 나는 주님을 더 붙들겠습니다!’

어떻게 하면 끝까지 하나님의 영광을 가리지 않고 잘 살다 갈 수 있을까 하는 것이 그의 주된 관심사였음을 알 수 있다. 비록 육신은 연약해지지만 어떻게 하면 그분과 더 가깝게 지낼 수 있을 것인가가 인생의 가장 중요한 숙제였던 것이다.

당신의 경건생활은 어떤가? 혹시 ‘지난 수년간 열심히 신앙생활하고 봉사했으니 이제는 결혼도 하고 안주할 때가 되었다, 이제 좀 천천히 갈 때가 되었다’라고 생각하진 않는가? 그렇다면 하나만 물어보자. 혹시 말씀이 바뀌었는가? 주님이 오셨는가? 땅 끝까지 복음이 전해지리란 말씀이 성취되었는가?

어떤 사람이 나에게 이렇게 물었다.

“JGM(예수세대운동)은 언제까지 합니까?”

나쁜 의도를 가지고 던진 질문은 아니었을 것이다. JGM이 너무

좋지만 언제까지 이 상태가 유지될지 조마조마한 마음에서 한 질문이라고 생각한다. 나는 그 질문에 이렇게 답했다.

"주님이 그만하라고 하실 때까지입니다."

지나온 날들을 돌아보면 내 육신도 쇠하고 있다는 것을 다시금 깨닫게 된다. 육신이 쇠하다 보면 지금껏 충분히 했으니 이제 쉬고 싶다는 유혹을 받을 때가 있다. 그런데 그런 우리에게 다윗이 보여주는 참 좋은 본보기는 이렇다.

"주를 찬송함과 주께 영광 돌림이 종일토록 내 입에 가득하리이다. 늙을 때에 나를 버리지 마시며 내 힘이 쇠약할 때에 나를 떠나지 마소서."

끊임없이 하나님의 얼굴을 바라는 기도이다. 항상 주님의 얼굴을 바라며 구하는 것, 즉 거룩함을 추구하는 인생이다.

하나님이 우리에게 요구하시는 것은 딱 한 가지다.

"주의 궁정에서의 한 날이 다른 곳에서의 천 날보다 나은즉 악인의 장막에 사는 것보다 내 하나님의 성전 문지기로 있는 것이 좋사오니"(시 84:10).

바로 이 고백이다. 그리고 이것이 지금 다윗이 드리고 있는 기도의 내용이다. 우리는 우리가 살아가는 인생의 길목 길목에서 무엇을 위해 달려가기를 원하는지 선택해야 한다. 사역의 길인가, 아니면 내 인생의 꿈인가? 주님의 얼굴을 가장 가까이에서 대하는 것인가, 아니면 세상과 벗 삼아 안락함을 누리는 것인가?

어느 시대든 주님을 정말로 사랑하는 자들은 동일한 고백을 가지고 있다. 그 고백을 소개한다. 너무나 잘 아는 고백이지만, 다시 한번 이 고백을 꼭꼭 씹어서 삼켰으면 좋겠다. 그래서 그 고백이 오늘 우리의 고백이 되기를 바란다.

내 구주 예수를 더욱 사랑 엎드려 비는 말 들으소서
내 진정 소원이 내 구주 예수를 더욱 사랑 더욱 사랑
이전엔 세상 낙 기뻤어도 지금 내 기쁨은 오직 예수
다만 내 비는 말 내 구주 예수를 더욱 사랑 더욱 사랑
이 세상 떠날 때 찬양하고 숨질 때 하는 말 이것일세
다만 내 비는 말 내 구주 예수를 더욱 사랑 더욱 사랑

신앙생활이 만족되는 순간 이미 경주의 낙오자란 사실을 기억하라. 신앙생활의 건강 상태를 진단하는 한 가지 잣대는 '내 안에 목마름이 있느냐' 하는 것이다. 주님을 향한 목마름이 내 안에서 감지되지 않으면 그 순간 비상벨이 울리고 있음을 인지해야 한다.

셋째, 변질을 거절하는 헌신의 자세

나는 항상 소망을 품고 주를 더욱더욱 찬송하리이다 내가 측량할 수 없는 주의 공의와 구원을 내 입으로 종일 전하리이다 내가 주 여

호와의 능하신 행적을 가지고 오겠사오며 주의 공의만 전하겠나이다 하나님이여 나를 어려서부터 교훈하셨으므로 내가 지금까지 주의 기이한 일들을 전하였나이다 하나님이여 내가 늙어 백발이 될 때에도 나를 버리지 마시며 내가 주의 힘을 후대에 전하고 주의 능력을 장래의 모든 사람에게 전하기까지 나를 버리지 마소서 시 71:14-18

끝까지 하나님의 은혜를 바라는 것과 끝까지 주님을 향한 추구를 멈추지 않는 경건의 모습, 이 두 가지만 있어도 사람은 성화를 향해 나아가게 되어 있다. 그런데 이 두 가지가 무너지면 아무리 모양으로는 여전히 거룩하게 산다고 해도 속에서부터 곪기 시작한다. 심한 경우, 언젠가 사건을 터트리게 되어 있다. 그러다 결국 어떻게 되는가? 하나님의 영광을 가리고, 인생의 달음질을 완주하지 못하는 비극을 낳게 된다. 우리는 이런 경우를 너무 많이 봐왔다. 그래서 우리는 우리 자신이 넘어질 수밖에 없는 존재임을 알아야 한다. 동시에 '이만했으면 됐다'라는 안주 대신 날마다 더 사랑하기를, 더 거룩하기를, 하나님께로 더 가까이 나아가기를 원해야 한다. 이것이 거룩을 향한 참된 추구이다.

이제 우리가 살펴볼 세 번째 심지는 변질을 거절하는 헌신의 자세이다. 육신의 쇠퇴와 의지의 약화로 인한 또 하나의 위험에 주의해야 한다. 거룩함을 추구하는 열정이 식어버리는 것뿐만 아니라 주님을 섬기는 종의 자세가 흐트러지는 것 역시 인생의 치명적인 위험 요소 중 하나다.

전도에 소홀해지고, 찬양도 더 이상 내 가슴을 찢는 고백이 아니다. 선교는 교회 활동에 불과하게 되었고, 섬김은 희생으로만 여겨져 부담스럽기 시작한다. 예배도 더 이상 즐겁지 않기에 기대도, 준비도 없다. 혹시 이런 증상을 경험하고 있다면 바로 지금, 깨어나는 계기를 맞게 되기 바란다.

그런데 어떻게 하면 이미 흐트러질 대로 흐트러진 나의 삶을 다시 일깨울 수 있을까? 어떻게 하면 더 이상 뛰지 않는 심장을 다시 뛰게 할 수 있을까? 예배를 향한 열정이 회복되고, 전도를 향한 소명의식이 다시 한번 불타오르고, 나태해진 종의 모습이 새롭게 세워지기 위해서는 어떻게 해야 하는가? 여러 방법이 있겠지만 나는 가장 기본적인 세 가지로 권면하고 싶다.

선택하라

첫째로 우리는 선택해야 한다. 의지를 사용하여 생각하고, 결심하고, 선택하는 것이다.

본문의 14-16절을 영어성경으로 보자.

> But as for me, 'I will' always have hope; 'I will' praise you more and more. 'My mouth will' tell of your righteousness, of your salvation all day long, though I know not its measure.

'I will' come and proclaim your mighty acts, O Sovereign LORD; 'I will' proclaim your righteousness, yours alone. NIV

여기서 계속 반복되며 강조되는 것이 무엇인가? 'I will'이다. 그렇게 하겠다고, 그렇게 작정하겠다고 의지를 사용하여 결단하고 그렇게 살아내는 것이다. 즉, 어떻게 살 것인가 생각하고 결심하고 선택하는 것이다. 열정적으로 주님을 섬기다가 이제 장로 됐다고, 목사 안수 받았다고, 입시에 성공했다고, 입사에 성공했다고, 이제 살 만하다고 신앙생활이 느슨해져서는 안 된다. 우리는 주님 앞에서 결단해야 한다.

"나는 그렇게 하지 아니하리라! 나는 일어서리라! 나는 다시 한 번 주님 앞에서 살아내리라!"

지속하라

둘째로 우리는 지속해야 한다.

"하나님이여 나를 어려서부터 교훈하셨으므로 내가 지금까지 주의 기이한 일들을 전하였나이다 하나님이여 내가 늙어 백발이 될 때에도 나를 버리지 마시며"(시 71:17,18).

여기서 다윗은 늙어 백발이 될 때에도 자신을 버리지 말 것을 하나님께 구하며 그 근거로 무엇을 대는가? "나를 어려서부터 교훈하셨으므로"이다. 즉 다윗에게 하나님을 섬기는 것은 생소한 일이 아니었다. 어려서부터 한평생 주님을 섬겨왔기 때문이다.

그렇다. 헌신, 봉사, 주님을 섬기는 것들은 어느 날 갑자기 이루어지는 것이 아니다. 젊을 때 안 하던 것을 나이 들어서 여유가 생겼다고 할 수 있는 것이 아니다. 선교는 은퇴하면 하는 것이 아니다. 예배는 입시가 끝난 후에 드리는 것이 아니다. 헌금은 살 만해지면 바치는 것이 아니다. 지금 하지 않으면 나중에도 할 수 없게 된다. 지금 쉬면 시간이 갈수록 회복하기 더욱 어려워진다. 지금 하지 않으면 나중에는 생소해지기 때문이다.

다윗은 한평생 주님을 섬겨왔기에, 그래서 "지금부터도 이제까지와 똑같이 주님을 섬기기 원합니다"라고 고백할 수 있었다. 그러니 지금 헌신하는 것이 중요하고, 지금의 헌신을 지속하는 것이 중요하다.

지켜내라

셋째로 끝까지 변질되지 않고 헌신하기 위해서 우리는 지켜내야 한다.

본문을 통해 우리가 분명히 알 수 있는 사실이 하나 있다. 그것은 완주하고자 하는 다윗의 동기가 분명했다는 것이다. 다윗의 소망은 주의 힘을 후대에 전하는 것, 주의 능력을 장래의 모든 사람에게 전하는 것뿐만이 아니었다. 지금까지 살펴보았듯이 하나님의 영광을 끝까지 가리지 않는 것, 그것이 그가 인생을 살아가는 기준이었다.

지켜낼 것이 있기에 포기할 수 없는 것이다. 우리에게는 주님이 다시 오실 때까지, 내 생명 다하는 그날까지 지켜내야 할 의무가 있다. 주님의 영광을 지켜내야 하고, 내가 받은 것들을 후대에 전해야 한다. 남은 일들이 있다는 것이다. 그렇기 때문에 우리는 포기할 수 없는 것이다.

이 세 가지가 흔들리기 때문에 목사의 자리에서, 선교사의 자리에서, 직분자의 자리에서, 성도의 자리에서 이탈하여 어울리지 않는 행동들을 하게 된다. 변질된 모습으로 우리의 자녀들을 믿음 안에서 키워내지 못한다. 학교나 직장에서 크리스천으로 살지 못하는 이유가 바로 여기 있다. 이런 변질을 막기 위해서는 현실이 흔들릴 때마다 항상 이 세 가지를 기억해야 한다.

살다 보면 현실이 흔들릴 때가 얼마나 많은가? 특히 육신이 약해지면 이전에 했던 만큼 헌신할 만한 열정이 생기지 않는다. 하지만 그럴 때마다 우리가 지켜내야 할 것을 기억하며 'I will, I will'의 의지로 이겨내야 한다. 또 오늘 하지 않으면 내일은 절대로 할 수 없기에 지금 헌신해야 하며, 오늘 헌신하는 것을 꾸준히 지속해야 한다. 그럴 때 변질되지 않는 헌신의 자세를 유지할 수 있다.

변질되는 또 하나의 이유

나는 최근에 이런 생각을 많이 한다. 시간이 갈수록 사람들이 점점 더 많이 변질되는 이유 중 하나가 '행복'이란 단어가 우리에게 미치는 안 좋은 영향 때문이 아닐까 하는 생각이다. 왜냐하면 성경에서 말하는 '행복'은 우리가 생각하는 '행복'의 개념과 너무나 다르기 때문이다.

예전에 어떤 분이 이런 질문을 한 적이 있다.

"목사님, 성경에서는 행복이란 단어를 사용하지 않습니까?"

번역상 '행복'으로 표현 가능한 것이 있긴 하다. 예를 들어, 마태복음 5장의 "복이 있나니, 복이 있나니, 복이 있나니"를 '행복'으로 번역할 수 있다. '심령이 가난한 자는 행복하다'라는 것이다(happy are those who poor in spirit). 하지만 여기서 말하는 '행복'은 우리가 생각하는 행복이 아니다. 성경이 약속한 것은 행복이 아니라 '풍성한 삶'이다.

오늘날 수많은 성도와 교회가 '행복'의 개념을 잘못 이해하고 있다. 특히 서방교회가 이것을 크게 오해하고 있다. 많은 사람들이 '행복한 크리스천이 되어야 해. 우리는 행복해야 하고, 누려야 해'라고 생각한다. 그러나 미국 사회의 현실을 보면 행복이 우선되는 삶에 따르는 결과는 상상을 초월한다. 행복을 오해하기 시작하면 인생의 기준 자체가 흔들리기 시작하기 때문이다.

요즘엔 이런 말을 많이 한다.

"난 행복하고 싶어. 이제 더 이상 불행하고 싶지 않아. 난 행복할 권리가 있어."

너무나 많은 이들이 이것을 당연하게 생각하고 그대로 받아들인다. 심지어 신앙생활을 열심히 하며 하나님을 믿는다는 사람들도 '난 행복할 권리가 있어'라고 말한다. 그런데 이것을 기준 삼으면 어느 순간부터는 주님을 따를 수 없게 된다. 왜 그런가? 누군가 나에게 불행을 준다면 행복한 것이 내 인생의 목적이기에 그 사람을 피하거나 무시하면 된다. 삶의 현장에서 내가 행복한 것이 우선이기에 하고 싶은 대로 하면 된다. 행복이 기준이라면 하나님의 말씀은 그 기준의 능력을 상실해버리는 것이다.

'이제 좀 편안하게 살자. 우리가 그렇게까지 헌금할 필요 없잖아, 나를 위해서도 써야지. 피곤한데 무슨 새벽예배까지 가니? 우린 행복해야 해. 누려야 하지 않겠어?'

그러나 시간이 갈수록 한 가지 절실히 깨닫게 되는 것이 행복이 나를 달려가게 하지 못한다는 것이다. 행복은 주님을 향한 우리의 열정을 좀먹어버린다. 분명히 말하고 싶은 것이 있다. 행복할 권리는 하나님께서 나에게 주시는 축복 안에 포함된 한 가지이지, 내가 주장해서 내 손으로 취하는 것이 아니다. 하나님이 우리에게 주시는 것은 그런 것이 아니다.

'결단해라. 정말 무엇이 중요한지 생각해라. 어차피 100년도 못 살고 떠나는 삶인데, 네 인생 마지막에 무엇을 남기고 싶니? 이 시간 잠시 행복하다 한들 네 인생은 무엇으로 마감하고 싶니?'

하나님의 부르심 앞에 선택하고, 지속하며, 지켜내는 우리 모두가 되길 바란다.

넷째, 부활을 사모하는 참 소망

하나님이여 주의 의가 또한 지극히 높으시니이다 하나님이여 주께서 큰일을 행하셨사오니 누가 주와 같으리이까 우리에게 여러 가지 심한 고난을 보이신 주께서 우리를 다시 살리시며 땅 깊은 곳에서 다시 이끌어 올리시리이다 나를 더욱 창대하게 하시고 돌이키사 나를 위로하소서 나의 하나님이여 내가 또 비파로 주를 찬양하며 주의 성실을 찬양하리이다 이스라엘의 거룩하신 주여 내가 수금으로 주를 찬양하리이다 내가 주를 찬양할 때에 나의 입술이 기뻐 외치며 주께서 속량하신 내 영혼이 즐거워하리이다 나의 혀도 종일토록 주의 의를 작은 소리로 읊조리오리니 나를 모해하려 하던 자들이 수치와 무안을 당함이니이다 시 71:19-24

부활을 사모하는 참 소망이 없으면 인생의 경주를 완주할 수 없다. 구약시대에 살았던 다윗에게 부활에 대한 정리가 어디까지 되어 있었는지 사실 알 수 없다. 하지만 한 가지 분명한 것은, 그는 땅 깊은 곳에서 다시 이끌어 올리신다는 것은 알고 있었던 것 같다.

이런 소망이 없는 사람은 절대로 끝까지 싸워 이겨낼 수 없다. 결국 타협하게 되고, 포기하게 되고, 어딘가에서 무너져 내리게 되어 있다. 그러나 하나님께서 언젠가는 반드시 보응해주시고, 복수해주시고, 알아주시고, 위로해주시고, 다시 살려주시고, 쉬게 해주신다는 사실을 정말 신뢰하며 살아가는 사람이라면 반드시 완주할 수 있다. 지금 나에게 주어지지 않아도 언젠가 갚아주실 것이기 때문이다. 뿌린 대로 거두는 날이 반드시 있을 것이며 반전이 있을 것이기 때문이다. 눈물로 씨를 뿌렸기에 기쁨으로 단을 거두는 날이 우리에게 올 것이기 때문이다. 다윗은 바로 이 사실을 믿었기에 끝까지 완주할 수 있었다.

어떤 사람들은 하나님이 무슨 복수를 하시냐며 불쾌하게 여긴다. 하지만 하나님께서는 은혜의 하나님인 동시에 공의의 하나님이시다. 예수 그리스도께서는 나 대신 십자가에 달려 돌아가신 희생을 치러주신 어린양이신 동시에 심판자이시다. 심판이 무엇인가? 가해자를 판단하여 그에게 대가를 지불시키는 것이다. 이것은 공의의 필수조건이다. 아벨의 피가 억울하다고 외치고 있는데 가인에게 아무 일도 없었던 것처럼 평화를 약속하시는 분이 아니시란 말이다.

언젠가 주님이 갚아주실 것이라는 확신이 없으면 현실이 흔들릴 때 결국 타협하고 만다. 끝이 어떻게 될지 정확하게 알기 때문에, 가장 선한 결과로 보장되어 있다는 사실을 믿기 때문에 우리는 이 길을 갈 수 있는 것이다. 끝이 불분명한데 확신을 가지고 살아가는 사람은 없다. 결국 다윗이 그 인생을 끝까지 달려낼 수 있었던 한 가지 이유는 끝이 보장되어 있었기 때문이다.

우리의 끝은 어떻게 보장되어 있는가? 본문에서도 여전히 자신을 감추며 장차 오실 참된 왕에게 손가락을 가리키고 있는 다윗의 음성에 귀를 기울여보자. 이 기도를 마친 다윗은 마치 우리에게 이렇게 말하고 있는 것 같다.

"나에 대해 열심히 지켜봐주어 감사합니다. 그런데 솔직히 말씀드리겠습니다. 저는 여러분을 위해 이룬 것이 하나도 없습니다. 단지 나의 씨로 오실 그분의 길을 예비했을 뿐입니다. 그분이 오셔서 여러분을 대신하여 그 경주를 완주해주시고 마지막에 다 이루었다고 선포하지 않으셨습니까? 다 이루어주셨기에 우리는 끝이 보장되어 있습니다. 그분이 다 이루어주셨기에 우리를 기다리는 것은 아버지의 품이요, 영원한 왕국이요, 쇠하지 않는 유업입니다. 지금 당장은 외롭고 힘겹고 억울하고 고통스럽다 할지라도 우리가 이 경주를 향해 다시 일어날 수 있는 까닭은 완주의 현장에서 날 기다리고 계시는 그분의 품이 있기 때문입니다.

자, 여러분, 갈 길이 멉니다. 지금 쉬고 낙담하고 주저앉아 있을 시간이 없어요. 지금껏 충분히 달렸으니 여기서 잠깐 머물자 하는 분이 있다면 다시 일어나기 바랍니다. 그래서 우리에게 주어진 인생의 경주를 완주하는 그 영광스런 날을 향해 달려가기 바랍니다."

완주자의 고백

이러므로 우리에게 구름같이 둘러싼 허다한 증인들이 있으니 모든 무거운 것과 얽매이기 쉬운 죄를 벗어버리고 인내로써 우리 앞에 당한 경주를 하며 믿음의 주요 또 온전하게 하시는 이인 예수를 바라보자 그는 그 앞에 있는 기쁨을 위하여 십자가를 참으사 부끄러움을 개의치 아니하시더니 하나님 보좌 우편에 앉으셨느니라 히 12:1,2

배우가 자기가 맡은 역할을 피와 땀으로 수행하고 나면 막이 내리고, 조명은 꺼지며, 연기자는 어김없이 무대에서 내려오게 된다. 주님은 한 시대라는 무대에 한 종을 출연시켜 너무나 아름다운 하나님의 드라마를 역사에 펼쳐 보여주셨다. 이것이 다윗의 인생이다. 그리고 그 역할을 완수한 다윗은 이제 자기의 위치로 겸손히 돌아간다. 다윗뿐만 아니라 이와 같이 그 임무를 완성한 수많은 영웅들

이 서 있는 자리를 히브리서 기자는 이렇게 묘사한다.

"우리에게 구름같이 둘러싼 허다한 증인들이 있으니…."

그들은 모두 경주를 끝까지 달려낸 완주자들이다. 그들은 이제 바통을 전해받은 우리를 둘러싸고 있다. 우리를 향해 환호성을 지르며 응원과 격려의 목소리를 높이고 있다. 끝까지 달려내기 위해서 혹 무거운 것을 짊어지고 있는 것은 아닌지 스스로 확인하라는 권면의 음성이다. 거추장스러운 것을 몸에 잔뜩 진 채 최고의 결과를 바라는 것은 교만하고 무지한 태도이다. 경주하는 자는 0.1초라도 그 기록을 단축시키기 위해 냉혹한 노력을 기울인다는 사실을 기억하자. 경주에 맞춰 자신의 삶을 최적화하지 않는다면 금메달을 꿈꿀 자격이 없다. 우리는 과연 최상의 기록을 바랄 수 있는 준비가 되어 있는가?

얽매이기 쉬운 죄를 벗으라

우리가 완주하고자 하는 이 경주를 이미 돌파한 신앙의 선진들은 "얽매이기 쉬운 죄"를 벗어버리라고 경고하고 있다. 여기서 "얽매이기 쉬운 죄"라고 표현하고 있다는 점에 주목하라. 이 표현은 우리가 일반적으로 떠올리는 죄의 최종적인 결과인 멸망을 상기시키기보다 죄의 접근성에 대한 부분을 강조하고 있다. 죄는 멀리 있는 것이 아니라 가까이 있다는 뜻이다.

얼핏 보기에는 그다지 해로워 보이지 않을 수 있다. 일상에서 대수롭지 않게 여기는 습관일 수도 있다. 그러나 이런 것이 바로 얽매이기 쉬운 죄이다. 그 죄는 우리를 반드시 얽어매어 멸망과 파괴와 사망으로 끌고 간다. 처음부터 극히 혐오스럽게 다가오는 죄로 인해 실족하는 자는 적다. 대개 일상에서 패배한다. 매일매일의 삶에서 자신과 동행하며 동거하는 심히 작은 죄가 서서히 장성하여 결국 그 죄에 완전히 삼킴을 당하는 경우이다. 혹시 지금 우리는 일상의 작은 죄들을 너무나 너그럽게 대하고 있지는 않은가?

인내로써 경주를 감당하라

믿음의 선진들이 우리를 향해 호소하고 있는 또 한 가지 당부가 있다. 우리 앞에 당한 경주를 인내로써 감당하라는 부탁이다. 경주는 우리 자신의 방식으로 완주하는 것이 결코 아니다. "당한 경주"(the race marked out for us, NIV/the race that is set before us, ESV)이기 때문이다. 사도 바울은 "경기하는 자가 법대로 경기하지 아니하면 승리자의 관을 얻지 못할 것"(딤후 2:5)이라고 말한다. 요구된 희생을 회피하고, 예정된 고난에서 도망치는 것은 반칙이다! 십자가 없이 면류관을 추구하는 것은 편법이다!

주님의 연단과 채찍과 훈계 없이 이 길을 갈 수 있다는 망각에서 깨어나라고 히브리서 기자는 현실을 폭로하고 있다. 그래서 '인내'가 필요하다. 인내는 풀무불 속에서도 손상되지도, 파괴되지도, 변질되지도 않는 중심을 소중히 간직하며 정해진 기한이 다 차기까지 묵묵히 그 자리를 지켜내는 모습이다. 우리가 지금까지 살펴본 다윗이 바로 그 대표적인 예라고 할 수 있다. 우리는 진정 끝까지 인내할 각오가 되어 있는가?

믿음의 주요 온전케 하시는 그리스도를 바라보라

우리는 당한 경주를 달려내고자 할 때, 주의 용사로서 용맹스럽게 분투하고 승리의 개가를 부를 때도 있겠지만, 도망자로 쫓길 때도 있을 것이고, 실패자로 넘어지거나, 죄인으로 바닥에 고꾸라져 엎드릴 때도 있을 것이다. 그러니 완주하기를 원한다면 반드시 명심해야 하는 한 가지가 있다. "믿음의 주요 또 온전하게 하시는 이인 예수"를 바라보는 것이다!

믿음의 선진들도 예수를 바라보았다. 그리고 그들은 모두 완주하였다. 그들은 단지 예수님을 "멀리서 보고 환영"할 수밖에 없었다(히 11:13). 약속의 성취이신 그리스도를 직접 보지는 못했기 때문이다. 다윗도 그리스도 되신 예수님을 인정하고 기다렸다. 예수님이 이 사실을 바리새인들에게 설명하신 내용을 기억하는가?

> 너희는 그리스도에 대하여 어떻게 생각하느냐 누구의 자손이냐 대답하되 다윗의 자손이니이다 이르시되 그러면 다윗이 성령에 감동되어 어찌 그리스도를 주라 칭하여 말하되 주께서 내 주께 이르시되 내가

네 원수를 네 발 아래에 둘 때까지 내 우편에 앉아 있으라 하셨도다 하였느냐 다윗이 그리스도를 주라 칭하였은즉 어찌 그의 자손이 되겠느냐 하시니 마 22:42-45

히브리서 기자는 예수 그리스도에 대해 "믿음의 주요 또 온전하게 하시는 이"라고 소개하고 있다. 여기서 사용되는 "믿음의 주"는 원어로 '챔피언'이라는 뜻이다. 그분은 우리를 대신하여 싸워주신 참된 용사이시다. 그분은 우리가 엄두도 내지 못했던 죄와 사망과의 십자가 전투에서 대신 승리를 거두어 주신 장군이시다. (고대시대에 한 지역을 정복하고 돌아온 충성된 장군들에게 허락된 상급은 왕의 오른쪽에 앉는 것이었다. 따라서 히브리서 기자가 예수 그리스도께서 하나님 보좌 우편에 앉으셨다고 말하고 있는 것은 정복하고 귀환한 장군의 모습을 묘사하기 위해서다.) 또한 '당한 경주'는 어떻게 달려내야 하는지 몸소 보여주신 최우수 선두주자이시다.

뿐만 아니라 히브리서 기자는 그분을 "온전하게 하시는 이"라고 소개하고 있다. 원어로 이와 동일한 단어가 요한복음 19장 30절에서도 발견된다. 주님은 달려갈 경주를 다 마치시고 최후 승리를 선포하신다.

"예수께서 신 포도주를 받으신 후에 이르시되 다 이루었다 하시고 머리를 숙이니 영혼이 떠나가시니라."

즉, "온전하게 하시는 이"라는 타이틀은 "다 이루었다!"라고 세상에 공포하실 수 있는 유일한 권한을 소유하신 분이라는 뜻이다.

이제 막은 내려가고, 조명은 소등되며, 다윗은 겸허히 자신의 자리로 사라졌다. 다시 한번 더 막이 열리며 무대에 등장하는 주인공은 완주자 되신 예수 그리스도 한 분이시다. 그분 없이 우리가 어찌 이 경주를 달려내겠는가? 그분을 위해서가 아니라면 이 경주를 달려낼 또 다른 이유가 있겠는가? 그분을 바라보자! 그분께 우리의 시선을 고정하자! 이것은 그분을 흠모하고 사랑한다는 것이다. 이것이 완주자의 최종 목적지이다. 주님과 마침내 함께하는 것이다! 주님을 마침내 얼굴과 얼굴을 맞대고 영원토록 함께하시는 것이다. 당신의 믿음의 경주는 오늘 어디를 향하고 있는가!

예수님은 "그 앞에 있는 기쁨을 위하여 십자가를" 참으셨다. 우리를 즐거움 삼고 고난을 견뎌내셨다는 뜻이다. 이제 우리 차례다! 이제 우리가 그분께 우리의 사랑을 삶으로 고백할 때이다! 어지러운 세상 속에서, 허무한 세월 속에서, 인생에 어김없이 찾아오는 계절들 속에서 우리의 주님 되신 예수 그리스도만을 전심으로 흠모하길 간절히 기도한다.

> 야곱이 라헬을 위하여 칠 년 동안 라반을 섬겼으나 그를 사랑하는 까닭에 칠 년을 며칠같이 여겼더라 창 29:20

주님을 사랑하는 우리의 중심 앞에서 길고 험한 이 여정도 며칠같이 여겨지리라 확신한다. 이것이 완주자의 고백이다!

완주자

초판 1쇄 발행 2019년 11월 21일
초판 4쇄 발행 2019년 12월 20일

지은이 다니엘 김

펴낸이 여진구
책임편집 이영주 김윤향
편집 최현수 안수경 김아진
책임디자인 마영애 조은혜 | 노지현 조아라
기획·홍보 김영하
마케팅 김상순 강성민 허병용
제작 조영석 정도봉
해외저작권 기은혜
마케팅지원 최영배 정나영
경영지원 김혜경 김경희

이슬비전도학교 최경식
303비전성경암송학교 박정숙
303비전장학회 & 303비전꿈나무장학회 여운학

펴낸곳 규장

주소 06770 서울시 서초구 매헌로 16길 20(양재2동) 규장선교센터
전화 02)578-0003 팩스 02)578-7332
이메일 kyujang0691@gmail.com
홈페이지 www.kyujang.com
페이스북 facebook.com/kyujangbook
인스타그램 instagram.com/kyujang_com
카카오스토리 story.kakao.com/kyujangbook
등록일 1978.8.14. 제1-22

책값 뒤표지에 있습니다.
ISBN 979-11-6504-023-9 03230

이 도서의 국립중앙도서관 출판시도서목록(CIP)은 서지정보유통지원시스템 홈페이지(http://seoji.nl.go.kr)와 국가자료종합목록구축시스템(http://www.nl.go.kr/kolisnet)에서 이용하실 수 있습니다.
(CIP제어번호 : CIP2019046663)

규 | 장 | 수 | 칙

1. 기도로 기획하고 기도로 제작한다.
2. 오직 그리스도의 성품을 사모하는 독자가 원하고 필요로 하는 책만을 출판한다.
3. 한 활자 한 문장에 온 정성을 쏟는다.
4. 성실과 정확을 생명으로 삼고 일한다.
5. 긍정적이며 적극적인 신앙과 신행일치에의 안내자의 사명을 다한다.
6. 충고와 조언을 항상 감사로 경청한다.
7. 지상목표는 문서선교에 있다.

하나님을 사랑하는 자 곧 그의 뜻대로 부르심을 입은 자들에게는 모든 것이 合力하여 善을 이루느니라(롬 8:28)

규장은 문서를 통해 복음전파와 신앙교육에 주력하는 국제적 출판사들의 협의체인 복음주의출판협회(E.C.P.A:Evangelical Christian Publishers Association)의 출판정신에 동참하는 회원(Associate Member)입니다.